t fueste... [texto cubierto por código de barras]
una...
solo...
adios, pero un día
volviste cuando menos
esperava, feliz y rozaconte
para verte otra vez.
Yo ahora se pradre mio
porque eras feliz, porque
estabas alli, y un dia
no lejano yo pienso que
otra vez nos veremos para
ser muy felizes alli

ordenasion de
Felipe 12-9-95
en la catedral
10 AM

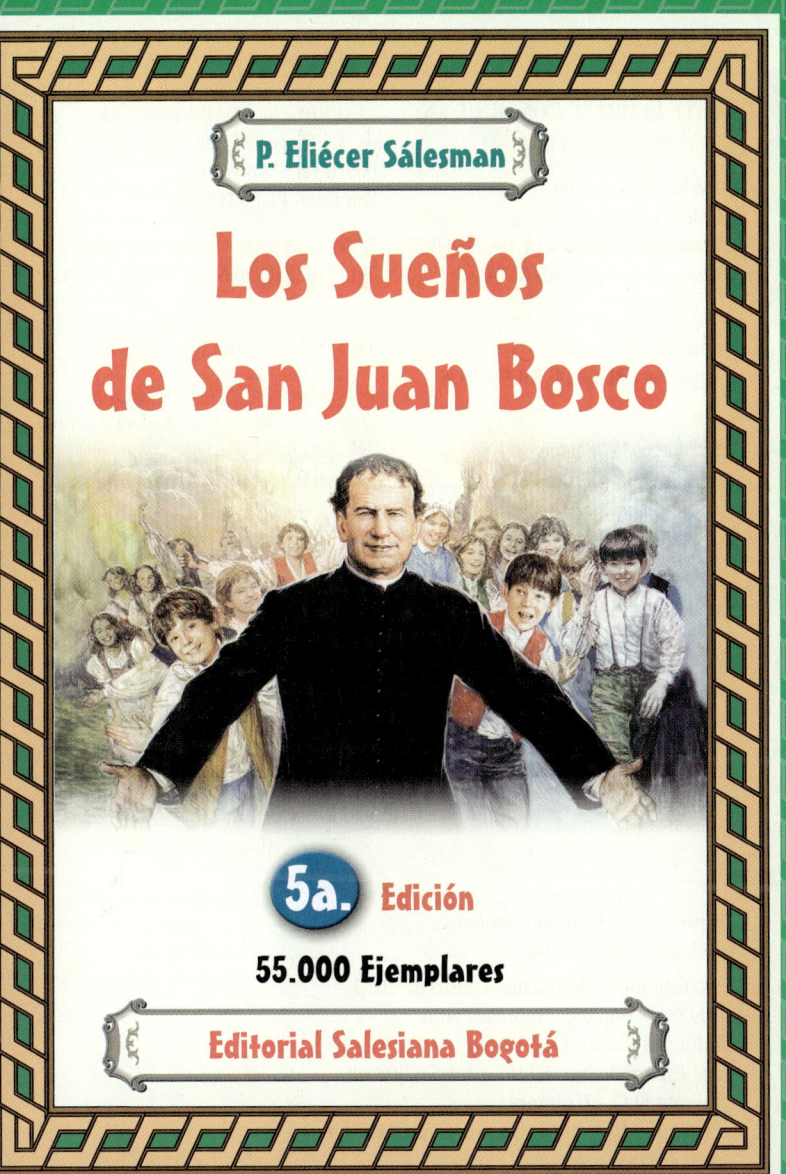

P. Eliécer Sálesman

Los Sueños
de San Juan Bosco

5a. Edición

55.000 Ejemplares

Editorial Salesiana Bogotá

ESTE LIBRO SE CONSIGUE EN:
DISTRIBUIDORA LATINO

Av. Miguel Prostella.
Galerías El Dorado
Local No. 12 PANAMÁ Tel.: 3644627
REPÚBLICA DE PANAMÁ

LIBRERÍA CATÓLICA ATENAS
Calle Atenas D. 122
Bayamón - PUERTO RICO 00959

LIBRERÍA DIVINO NIÑO JESÚS
San Jorge, 357 Santurce
PUERTO RICO - 00912
Tel.: (809) 728-5207

LIBRERÍA CATÓLICA
LA INMACULADA
Calle Celis Aguilera No. 72
Tel.: 787-2584735
Caguas - PUERTO RICO - 00725

LIBRERÍA CATÓLICA ANAWIN
Arecibo - Bayamón - Moyaguez
San Juan - PUERTO RICO

LIBRERÍA SAGRADA FAMILIA
Av. De Diego 555. Puerto Nuevo
00920 Tel.: 787-793-6802
San Juan - PUERTO RICO

LIBRERÍA SAN PEDRO CLAVER
Tel.: 7183530956 NEW YORK, U.S.A.

EDICIONES DON BOSCO
Tel.: 5357557 -MÉXICO D.F.

PARROQUIA DE SAN ANTONIO
Diag. San Antonio 1931 A - Col. Narvarte
Tel.: 530 78 77
México D.F. - MÉXICO

ALMACENES UNIDOS
Tel.: 554444 - San José - COSTA RICA

Para envíos al exterior hacer
los pedidos a:
HERNANDO NEIRA
Cra. 50 No. 52-126 Of. 405
Fax: (4) 571 85 52 Medellín Colombia.

Apostolado Bíblico Católico
ISBN 958-654-020-0

5a. Edición Colombiana Agosto de 2012
10.000 ejemplares impresos en la
Editorial Centro Don Bosco
Av. ElDorado No. 69-96 – Tel. 263 08 08
Bogotá D.C. - Colombia
Printed in Colombia - Impreso en Colombia

PRÓLOGO

El diccionario dice que "sueño es una representación de hechos o personas o de otros seres que sucede en la mente de uno, mientras duerme"

Todos soñamos todas las noches. Pero por lo general no recordamos al día siguiente lo que hemos soñado. Sólo logramos recordar lo que hemos soñado muy poco tiempo antes de despertarnos.

A nuestros sueños no les debemos dar ninguna importancia pues son repeticiones, la mayor parte de las veces sin orden ni lógica, de lo que hemos pensado u oído, o de lo que nos ha sucedido, o de lo que tememos que nos suceda. Durante el sueño, las células del cerebro no están dirigidas por la voluntad y quedan libres y se dedican a hacer "mezclas" caprichosas de los pensamientos que les han llegado.

LOS SUEÑOS EN LA BIBLIA

En la S. Biblia se le da importancia solamente a ciertos Sueños Proféticos que han tenido famosos personajes porque en ellos les habló Dios y les anunció lo que en el futuro iba a suceder. Así Jacob en el Sueño de la Escala Misteriosa vio que los ángeles suben por una escalera hacia el cielo, llevando nuestras oraciones, y que vuelven hacia la tierra trayendo los favores y regalos de Dios, y oyó que Nuestro Señor le decía:

LA VISIÓN DE JACOB

Rebeca indujo a Jacob a que huyera y se refugiara en casa de su tío Labán, hasta que se hubiese calmado el enojo de Esaú. Despidióse Jacob. En el camino tuvo que pernoctar al raso. Tomó una piedra como cabecera y se durmió. En sueños vio una escalera que iba de la tierra al cielo y por la que subían y bajaban los ángeles. Y vio que el Señor estaba sobre la escala, y le decía: "Yo soy el Dios de Abraham, tu padre, y el Dios de Isaac. La tierra en que duermes te la daré a ti y a tu descendencia. En ti y en el que descenderá de ti serán benditas todas las naciones de la tierra". Cuando Jacob despertó, era ya de mañana. Y dijo: "Verdaderamente el Señor habita en este lugar y yo no lo sabía". Cogió la piedra que le había servido de cabecera y la consagró a Dios, como monumento. A este lugar lo llamó Betel, que significa: "Casa de Dios".

LOS SUEÑOS DEL FARAÓN

Genesis Capítulo Cuarenta y Uno

JOSÉ INTERPRETA SUS SUEÑOS

"Haré tu familia tan numerosa como las arenas del mar, y por uno de tu descendencia (Jesucristo) serán bendecidas todas las familias de la tierra. Yo te protegeré dondequiera que tú estés y dondequiera que tú vayas. Yo nunca te abandonaré". Jacob, en recuerdo de aquel sueño levantó allí mismo un monumento y prometió que durante toda su vida daría para Dios la décima parte de todo lo que ganara. Y así lo hizo (Génesis Cap. 28).

Los sueños de José (Génesis Cap. 37)

Son muy famosos los Sueños tenidos por José, el hijo preferido de Jacob. En el primero, el Sueño de los montones de trigo, vio que estaban recogiendo la cosecha y que los once montones de trigo que correspondían a sus once hermanos se inclinaban ante el montón de trigo de José (con esto le estaba comunicando el cielo que un día sus once hermanos se inclinarían ante él para obedecerle. Como en efecto sucedió cuando él llegó a ser Primer Ministro de Egipto).

En su segundo Sueño vio que el sol, la luna y once estrellas se inclinaban ante él y le rendían culto de veneración. (Era el anuncio de que un día su padre y sus hermanos le rendirían culto de obediencia como a Virrey de Egipto).

Luego Dios le concedió a José la gracia de saber interpretar algunos sueños proféticos que iban sucediendo. (Nosotros no debemos confiar jamás en los que dicen que saben interpretar nuestros sueños. Esos son simplemente unos engañadores y robaplatas, que sólo buscan estafarnos y robarnos).

No creamos jamás ni en libros que dicen cómo interpretar sueños, ni en adivinos o brujos o mentalistas que anuncian que saben interpretar o explicar lo que hemos soñado. Eso es sencillamente un estafadero y un engañadero de bobos.

Los dos primeros sueños interpretados por José. (Génesis Cap. 40)

Dos ayudantes del Faraón estaban en la cárcel con José, el Copero y el panadero. El Copero soñó que tomaba en sus manos tres racimos de uvas y con ellos fabricaba vino y se lo daba a beber al rey. José le dijo: "Eso significa que dentro de tres días te pondrán en libertad". Y así sucedió.

El Panadero soñó que llevaba tres canastos de pan sobre su cabeza y que llegaban las aves y le robaban el pan. José le dijo: "El significado de su sueño es que dentro de tres días lo condenarán a muerte". Y sucedió exactamente como él le había dicho.

Los sueños del Faraón. (Génesis Cap. 41)

Soñó el Faraón que aparecían junto al río Nilo siete vacas flacas y devoraban a siete vacas gordas. Y siete espigas flacas que devoraban a siete espigas gordas. Como ningún sabio lograba explicarle al Faraón qué significaban esos sueños, el copero le habló de José, el que le había explicado su sueño en la cárcel.

El Faraón mandó llevarlo a su presencia y José le explicó: "Las siete vacas gordas y las siete espigas robustas significan siete años en los cuales vamos a tener muy buenas cosechas. Las siete vacas flacas y las siete espigas raquíticas

LOS SUEÑOS DEL FARAÓN

significan siete años en los cuales no va a haber cosechas. Nombre a alguno que recoja lo que sobre en los siete años de abundancia, para que lo reparta en los siete años de carestía". Y el Faraón nombró para ello a José, como Primer Ministro y Virrey de Egipto.

Pero José advirtió claramente primero al copero y al panadero, y después al Faraón que la ciencia que él tenía para saber interpretar ciertos sueños no era un saber que él había aprendido, sino un don especial que Dios le concedía para anunciar lo que iba a suceder en el futuro. Este don no se lo concede Dios sino a personas muy santas (como a José y a San Juan Bosco, etc.). Pero los brujos y adivinadores del futuro serán todo lo demás, menos unos santos, pues son unos vulgares mentirosos y engañabobos. No creamos jamás a los estafadores que dizque explican nuestros sueños. Ellos no son santos ni iluminados por Dios.

Sueño de Nabucodonosor. (Libro de Daniel Cap. 2).

El rey Nabucodonosor tuvo un Sueño en el cual vio una gran estatua con cabeza de oro, el pecho y los brazos de plata, el vientre de bronce, las piernas de hierro y los pies de barro. Y se deslizó desde la montaña una pequeña piedra y dio contra la estatua y la pulverizó y la hizo desaparecer. Y la pequeña piedra creció y se convirtió en una gran montaña que se extendió por toda la tierra.

Y el profeta Daniel en el nombre de Dios le explicó a Nabucodonosor el significado de aquel sueño: "La estatua eran los reinos que iban a sucederse en el mundo. Primero uno muy rico como el oro (Nabucodonosor). Enseguida otro un poco menos rico, como la plata (Ciro). Después uno fuerte como el bronce (Alejandro Magno). Luego otro muy duro, como el hierro (los romanos). Al final otros reinos muy débiles (como el barro) y luego algo que empieza como una pequeña piedrecita y va creciendo y hace desaparecer los demás reinos y se extiende por todo el mundo, es el Reino del Mesías, el Reino de Cristo (Dan. 2,44).

Y la S. Biblia dice que la explicación de este Sueño la consiguió Daniel después de dedicarse a rezar mucho, junto con sus compañeros a Nuestro Señor para que lo iluminara (Dan. 2,16). Era santo y rezaba mucho. Así sí se le podía creer a su explicación.

Los sueños de San José (San Mateo Cap. 1 y 2)

Cuando San José se dio cuenta de que su prometida María iba a tener un hijo sin haber estado juntos, dispuso abandonarla en secreto y huir. Pero el Ángel del Señor se le apareció en sueños y le dijo: "José, hijo de David, no tengas temor en aceptar a María como esposa, porque lo concebido en Ella viene del Espíritu Santo. Dará a luz un hijo y le pondrás por nombre Jesús, porque El salvará al pueblo de sus pecados". Despertó José del Sueño y aceptó a María como esposa (Mat. 1,18).

Cuando los magos se fueron, se le apareció el ángel del Señor en sueños a José y le dijo: "Levántate, toma al Niño y a su Madre y huye con ellos a Egipto, y allí estarás hasta que yo te avise, porque Herodes va a buscar al Niño para matarlo". José se levantó, tomó de noche al Niño y a su madre y se fue con ellos a Egipto (Mt. 2,13).

Muerto Herodes, el Ángel del Señor se apareció de nuevo en sueños a José en Egipto y le dijo: "Levántate, toma contigo al Niño y a su madre y márchate a tierra de Israel, porque ya han muerto los que buscaban la vida del Niño". El se levantó y tomó consigo al Niño y a su madre y entró en tierra de Israel (Mt. 2,19).

En los sueños que tienen los santos sí se puede creer. A los sueños que tenemos los que no somos santos, no les debemos dar ninguna importancia.

El sueño de San Pablo (Hechos Cap. 16)

Por la noche tuvo Pablo una visión: vio que un hombre de Macedonia le suplicaba diciéndole: "Tienes que pasar a Macedonia y ayudarnos". Después de esta visión se propuso irse para Macedonia, convencido de que Dios lo había llamado a evangelizar a esas gentes (Hechos de los Apóstoles 16,9).

LOS SUEÑOS DE SAN JUAN BOSCO

En la vida de San Juan Bosco (escrita en 19 volúmenes llamados Memorias Biográficas) se narran 159 sueños de este santo.

Al principio él no les daba mayor importancia, pero luego se fue dando cuenta de que lo que en sus sueños veía o escuchaba se cumplía después con maravillosa exactitud, y empezó a narrarlos a sus discípulos de mayor confianza. No había pensado escribirlos, pero el Sumo Pontífice Pío Nono, al darse cuenta del mucho bien que estos sueños podrían hacer a la gente, le mandó terminantemente que los escribiera.

El santo decía: "He llegado a convencerme de que a veces la narración de un sueño de éstos les hace mayor bien a los oyentes que un sermón". Y en 1886, dos años antes de morir, al oír que su gran amigo el Padre Lemoyne le decía: "Muchos de sus sueños se pueden llamar "Revelaciones de Dios", Don Bosco exclamó: "Así es, son revelaciones de Dios".

Lo que más impresionaba a los que le escuchaban a San Juan Bosco narrar los sueños que había tenido, era el constatar poco tiempo después cómo se iba cumpliendo a la letra todo lo que en el Sueño le había sido avisado que iba a suceder.

Cuando a mitad del siglo veinte fue fundada la ciudad de Brasilia, los constructores se quedaron admirados al constatar que ellos sin habérselo propuesto, fundaron la ciudad en el sitio exacto donde la vio Don Bosco en sueños, 70 años antes. Y otro tanto sucedió en Argentina cuando encontraron pozos de petróleo donde nadie imaginaba, pero donde las había visto en sueños nuestro santo.

1. EL SUEÑO DE LOS 9 AÑOS

Tuve por entonces un sueño que me quedó profundamente grabado en la mente para toda la vida. En el sueño me pareció estar junto a mi casa, en un paraje bastante espacioso, donde había reunida una muchedumbre de chiquillos en pleno juego. Unos reían, otros jugaban, muchos blasfemaban. Al oír aquellas blasfemias, me metí en medio de ellos para hacerlos callar a puñetazos e insultos. En aquel momento apareció un hombre muy respetable, de varonil aspecto, noblemente vestido. Un blanco manto le cubría de arriba abajo; pero su rostro era luminoso, tanto que no se podía fijar en él la mirada. Me llamó por mi nombre y me mandó ponerme al frente de aquellos muchachos, añadiendo estas palabras:

EL SUEÑO DE LOS 9 AÑOS

Ella me dijo: "He ahí tu campo, he aquí donde debes trabajar".

- No con golpes, sino la mansedumbre y la caridad deberás ganarte a éstos tus amigos. Ponte, pues, ahora mismo a enseñarles la fealdad del pecado y la hermosura de la virtud.

Aturdido y espantado, dije que yo era un pobre muchacho ignorante, incapaz de hablar de religión a aquellos jovencitos. En aquel momento, los muchachos cesaron en sus riñas, alborotos y blasfemias y rodearon al que hablaba. Sin saber casi lo que me decía, añadí:

-*¿Quién sois vos para mandarme estos imposibles?* -Precisamente porque esto te parece imposible, debes convertirlo en posible por la obediencia y la adquisición de la ciencia.

-*¿En dónde? ¿Cómo podrá adquirir la ciencia?* -Yo te daré la Maestra, bajo cuya disciplina podrás llegar a ser sabio y sin la cual toda sabiduría se convierte en necedad.

-Pero *¿quién sois vos que me habláis de este modo?* -Yo soy el Hijo de aquella a quien tu madre te acostumbró a saludar tres veces al día.

-Mi madre me dice que no me junte con los que no conozco sin su permiso; decidme, por tanto, vuestro nombre.

-Mi nombre pregúntaselo a mi madre.

En aquel momento vi junto a él una señora de aspecto majestuoso, vestida con un manto que resplandecía por todas partes, como si cada uno de sus puntos fuera una estrella refulgente. La cual, viéndome cada vez más desconcertado en mis preguntas y respuestas, me indicó que me acercase a ella, y tomándome bondadosamente de la mano: mira me dijo.

La habitación donde Juanito Bosco tuvo su Primer Sueño a los 9 años.

Al mirar me di cuenta de que aquellos muchachos habían escapado, y vi en su lugar una multitud de cabritos, perros, gatos, osos y varios otros animales.

-He aquí tu campo, he aquí en donde debes trabajar. Hazte humilde, fuerte y robusto, y lo que veas que ocurre en estos momentos con estos animales, lo deberás tú hacer con mis hijos.

Volví entonces la mirada y, en vez de los animales feroces, aparecieron otros tantos mansos corderillos que, haciendo fiestas al hombre y a la señora, seguían saltando y bailando a su alrededor.

En aquel momento, siempre en sueños, me eché a llorar.

Pedí que se me hablase de modo que pudiera comprender, pues no alcanzaba a entender qué quería representar todo aquello. Entonces ella me puso la mano sobre la cabeza y me dijo:

- A su debido tiempo todo lo comprenderás .

Dicho esto, un ruido me despertó y desapareció la visión. Quedé muy aturdido. Me parecía que tenía deshechas las manos por los puñetazos que había dado y que me dolía la cara por las bofetadas recibidas; y después, aquel personaje y aquella señora de tal modo llenaron mi mente por lo dicho y oído, que ya no pude reanudar el sueño aquella noche.

Por la mañana conté en seguida aquel sueño; primero a mis hermanos, que se echaron a reír, y luego a mi madre

RENDITI UMILE, FORTE, ROBUSTO......
A SUO TEMPO TUTTO COMPRENDERAI

Narré a mis familiares el Sueño y cada uno fue dando una explicación distinta.

y a la abuela. Cada uno lo interpretaba a su manera. Mi hermano José decía: "Tú serás pastor de cabras, ovejas y otros animales". Mi madre: "¡Quién sabe si un día serás sacerdote!". Antonio, con dureza: "Tal vez, capitán de bandoleros". Pero la abuela, analfabeta del todo, con ribetes de teólogo, dio la sentencia definitiva: No hay que hacer caso de los sueños.

Yo era de la opinión de mi abuela, pero nunca pude echar en olvido aquel sueño. Lo que expondré a continuación dará explicación de ello. Y yo no hablé más de esto, y mis parientes no le dieron la menor importancia. Pero cuando en el año 1858 fui a Roma para tratar con el Papa sobre la Congregación Salesiana, él me hizo exponerle con detalle todas las cosas que tuvieran alguna apariencia de sobrenatural. Entonces conté por primera vez el sueño que tuve a los nueve años. El Papa me mandó que lo escribiera literal y detalladamente, y lo dejara para alentar a los hijos de la Congregación; ésta era precisamente la finalidad de aquel viaje a Roma.

En la vida de Don Bosco se cumplió a la perfección lo señalado en éste el primero de sus 159 sueños proféticos. Toda su vida la empleó en transformar jóvenes difíciles como fieras, en buenos cristianos como mansos corderos. Los 47 años de su sacerdocio los dedicó por completo a educar la juventud y con la ayuda de María Auxiliadora obtuvo que Jesucristo convirtiera y volviera buenos cristianos a centenares de miles de jóvenes. Hoy los religiosos y religiosas fundados por San Juan Bosco tienen más de dos mil colegios en más de setenta países y educan millones de jóvenes, especialmente a las clases pobres y aban-

La Familia Bosco

Margarita Ochiena de Bosco
1 abril 1788
25 noviembre 1856

José Bosco
El buen hermano
8 abril 1813 - 12 Dic. 1860

Antonio Bosco
El hermanastro
3 Feb. 1803 - 18 Ene. 1849

Juanito Bosco
16 Agosto 1815
31 Enero 1888

donadas. Y siguen obteniendo los mismos prodigios del primer sueño: los pecadores que son como fieras se convierten en mansos corderos, o sea en católicos convencidos y prácticos.

Análisis estructural:

Son tres episodios, tras una pequeña introducción:

- *Primer episodio, con dos actos:*
  1er, acto: jóvenes jugando.
  2o. acto: Juanito peleando con ellos.

- *Segundo episodio: diálogo con Jesús, con tres actos:*
  1er. acto: Juanito y Jesús.
  2o. acto: Los muchachos rodean a Jesús.
  3er. acto: Prosigue el diálogo.

Tercer episodio: encuentro diálogo con María, con tres actos:
  1er. acto: niños convertidos en animales salvajes.
  2o. acto: animales salvajes convertidos en corderos.
  3er. acto: confusión de Juanito; anuncio profético de que lo comprenderá todo a su tiempo.

Tema principal: vocación y misión de Don Bosco.

Temas secundarios: cómo ha de tratarlos: (no con golpes), tiene que prepararse: (hazte humilde), oficio mediador de María.

Personajes: Señor y señora de noble aspecto simbolizan a Jesús y a María. Animales salvajes representan a jóvenes abandonados. Corderos simbolizan a jóvenes felices y educados.

Interpretación: **Don Bosco escribió este sueño en 1873, por orden del Sumo Pontífice.**

Este su primer sueño lo dejó vivamente impresionado. Lo sintió como una comunicación divina, como un mensaje sobrenatural y en adelante guió el modo de vivir de Don Bosco.

El sueño se volvió a repetir durante 18 años, el cuadro general es el mismo; pero cada vez iban apareciendo escenas accesorias nuevas que precisan aspectos de su misión apostólica.

2. SUEÑO DE LOS 15 AÑOS: 1830 (MB. 1,188)

Represión por confiar más en los hombres que en Dios.

"En aquel tiempo tuve otro sueño en el cual se me reprendía severamente por haber puesto mi esperanza en la ayuda de los hombres y no en la bondad del Padre Celestial" (Palabras de Don Bosco en su autobiografía).

NOTA: El joven Juan Bosco estaba totalmente triste porque se le había muerto el gran amigo que lo estaba ayudando para poder estudiar, el Padre Calosso. Y aunque el sacerdote antes de morir le dejó las llaves donde tenía su dinero, vinieron los familiares del difunto y le quitaron todo. El joven Bosco lloraba continuamente a su difunto bienhechor. Despierto pensaba en él. Dormido, tenía pesadillas soñando con él. Y su tristeza aumentaba al oír las campanas del templo que por nueve días tocaban a funeral, anunciando la muerte del Pontífice Pío VIII.

La angustia del joven Bosco llegó a tal punto que Mamá Margarita tuvo que enviarlo por unos días a la casa de los abuelos a que se distrajera un poco.

Y el buen Dios intervino con su segundo sueño, llamándole la atención acerca de la demasiada importancia que él le estaba dando a la ayuda de la gente, siendo que lo importante es confiar mucho en la ayuda de Nuestro Señor, que nunca fallará.

EL SUEÑO TENIDO POR JUANITO BOSCO AL MORIR SU GRAN AMIGO, EL PADRE CALOSSO.

En adelante Juan Bosco recordará siempre la frase del profeta: "Desdichado el que pone su confianza en ayudas humanas. Dichoso el que pone toda su confianza en la ayuda de Dios" (Jeremías 17,5) y aunque parezca que todos lo abandonan muchas veces, Don Bosco seguirá adelante con toda valentía recordando la promesa que Dios repitió tres veces en la S. Biblia:"Yo nunca te abandonaré" (Hebr. 12).

Juan ¿cómo podrás llegar a ser sacerdote?

A veces me desanimo ¿podrán mi hermano y mi madre pagar la pensión?

Pero una noche se repite el sueño de los nueve años, vuelve a ver al rebaño y la señora...

Hazte humilde, fuerte y robusto y a su tiempo todo lo comprenderás

3. SUEÑO DE LA DIVINA PASTORA: 1831 (MB. 1,207)

Tuve un hermoso sueño: vi acercarse a una gran señora que guiaba un numerosísimo rebaño, y dirigiéndose hacia mí y llamándome por mi nombre, me dijo: "Mira Juanito, todo este rebaño te lo entrego a tus cuidados". Yo le dije: "¿Y cómo me las arreglaré para cuidar de tantas ovejas y de tantos corderitos?" La señora me respondió: "No tengas miedo, yo estaré contigo", y desapareció.

NOTA: Los primeros de estudio los compañeros de Juan lo veían preocupado y serio.

-¿Qué te pasa Bosco que estás como muy preocupado?, le dijo un amigo llamado José Turco.

-Mira es que deseo estudiar y llegar a ser sacerdote, pero no veo cómo lograrlo porque mi mamá es sumamente pobre y no tengo quién me ayude para entrar en el seminario. Ni siquiera tengo dinero para los libros. No sé como llegaré a lo que más deseo, que es ser sacerdote.

Pero un día la familia Turco vio que el joven Bosco estaba alegrísimo, como quien ha recibido la más bella noticia.

-¿Qué te pasa Juanito, que estás tan contento en este día? le preguntó el padre de la familia Turco.

Ah, es que he recibido una agradabilísima noticia. En un sueño la Sma. Virgen me prometió darme toda la ayuda necesaria para que yo logre llegar a ser sacerdote y educador. Y les contó su sueño, tal como lo acabamos de transcribir.

En adelante nadie vio preocupado al joven Bosco. Aunque la pobreza lo acorralaba, aunque los desprecios lo herían y a veces parecía que todo le faltaba (la pobreza lo acompañó hasta la muerte) nunca nadie lo vio triste o preocupado. El recordaba la frase de Nuestra Señora en su segundo sueño: "Yo estaré a tu lado y te ayudaré". Y se cumplió a la letra. Más de ochocientos milagros hizo en vida Don Bosco al rezar con fe a María Auxiliadora, y con su ayuda llevó a cabo obras portentosas con medios económicos y humanos que no presentaban ninguna probabilidad de triunfo. El repetía siempre: "Si tenéis fe en María Auxiliadora veréis lo que son los milagros".

4. JUAN SUEÑA EL EXAMEN QUE LE VAN A HACER: 1832 (MB. 1,215)

Además de la buena memoria, tenía Juan en su favor ciertas ayudas del cielo. Y así sucedió que una *NOCHE SOÑÓ TODO LO QUE AL DIA SIGUIENTE LE IBAN A PREGUNTAR EN EL EXAMEN.* Se levantó y escribió todo lo que había soñado, y lo repasó y se lo aprendió muy bien.

Llegó la hora del examen y Juan lo entregó antes que los demás y estaba perfectamente respondido. El profesor se admiró y le pidió el borrador, y con emoción vio que en borrador había escrito Bosco todo el examen que el profesor había pensado dictar, pero que a última hora recortó, no dictando sino la mitad.

El profesor muy extrañado le preguntó: " ¿Y cómo se explica esto?". El joven le respondió sencillamente: "Es que lo he soñado". (Con razón sus compañeros lo llamaban "El Soñador").

Durante sesenta años sueña Don Bosco, y lo que sueña se cumple admirablemente. ¿Por qué? No tenemos sino una explicación: sus sueños eran iluminaciones llegadas del cielo. La vida de San Juan Bosco es un tejido de hechos tan maravillosos que no podemos menos que repetir la frase que la S. Biblia dice al comentar los hechos milagrosos que Dios obraba en favor de Moisés: "La mano de Dios está aquí" (Éxodo 8,15).

Como San Juan Bosco no buscaba en lo que hacía y en lo que decía sino solamente la gloria de Dios y la salvación de las almas, por eso Dios intervenía tan maravillosamente en su favor.

5. LA ENFERMEDAD DE ANTONIO: 1832 (MB. 1,229)

Aunque su hermanastro Antonio lo había tratado muy mal y lo había hecho sufrir mucho, sin embargo Juan rezaba por él y le guardaba especial cariño y lo trataba con mucho respeto.

Un día les contó a sus compañeros de clase: "Anoche me soñé que mi hermanastro Antonio estaba amasando pan en la casa de la señora Damerino y que le llegó una fiebre tan alta que tuvo que dejar el oficio e irse a acostar". Los otros jóvenes exclamaron: "Seguramente así debió de haber sucedido, porque los sueños de Bosco siempre se cumplen".

Esa tarde vino a visitarlo su hermano José y lo primero que Juan le preguntó fue: "¿Ya se mejoró Antonio? José admirado le respondió: " ¿Y cómo supo que se había enfermado? Ayer tarde estaba Antonio amasando pan en la casa de la señora Damerino y le vino una fiebre tan alta que tuvo que dejar el oficio e irse a acostar. Pero gracias a Dios ya hoy amaneció bastante repuesto".

NOTA: Es de notar que aunque en los primeros años Antonio trató muy cruelmente a Juanito Bosco, más tarde fueron excelentes amigos y Juan le educó gratuitamente los hijos a Antonio cuando éste murió siendo todavía muy joven.

6. SUEÑA QUE NO DEBE ENTRAR DE RELIGIOSO: 1834 (MB. 1,251)

Mientras tanto, se acercaba el final del bachillerato, época en que los estudiantes acostumbraban a decidir su vocación. El sueño de los 9 años estaba siempre fijo en mi mente; es más, se me había repetido otras veces de un modo bastante más claro, por lo cual, si quería prestarle fe, debía elegir el estado eclesiástico, hacia el que sentía, en efecto, inclinación; pero la poca fe que daba a los sueños, mi estilo de vida, ciertos hábitos de mi corazón y la falta absoluta de las virtudes necesarias para este estado, hacían dudosa y bastante difícil tal deliberación.

¡Oh, si entonces hubiese tenido un guía que se hubiese ocupado de mi porvenir! Hubiera sido para mí un gran tesoro; pero este tesoro me faltó. Tenía un buen confesor, que pensaba en hacerme un buen cristiano, pero que en cosas de vocación no quiso inmiscuirse nunca.

Aconsejándome conmigo mismo, después de haber leído algún buen libro, decidí entrar en la orden franciscana. "Si me hago sacerdote secular, pensaba para mí, mi vocación corre riesgo de naufragio. Abrazaré el estado eclesiástico, renunciaré al mundo, entraré en el claustro, me daré al estudio, a la meditación, y así, en la soledad, podré combatir las pasiones, especialmente la soberbia, que ha echado hondas raíces en mi corazón". Hice, pues, la petición a los padres franciscanos, presenté el correspondiente examen, me aceptaron, y todo quedó a punto para entrar en el convento de la Paz, en Chieri.

Pocos días antes del fijado para mi entrada, tuve un sueño bastante extraño. Me pareció ver una multitud de aquellos religiosos con los hábitos rotos, corriendo en sentido contrario los unos de los otros. Uno de ellos vino a decirme: "Tú buscas la paz, y aquí no vas a encontrarla. Observa la actitud de tus hermanos. Dios te prepara otro lugar: otra mies".

Quería hacer alguna pregunta a aquel religioso, pero un rumor me despertó, y ya no oí nada más. Expuse todo a mi confesor, el cual no quiso oír hablar ni de sueños ni de frailes.

-En este asunto -respondió preciso es que cada uno siga sus inclinaciones y no los consejos de los otros.

Sucedió entre tanto algo que me impidió efectuar aquel mi proyecto. Como los obstáculos eran muchos y duraderos, resolví exponer el asunto al amigo Comollo. El me aconsejó hiciera una novena, durante la cual escribiría a su tío, párroco. El último día de la novena, en compañía de mi inolvidable amigo, confesé y comulgué. Oí después una misa y ayudé otra en el altar de Nuestra Señor de las Gracias, en la catedral. De vuelta a casa encontramos una carta del Padre Comollo, concebida en estos términos: "Considerado atentamente todo lo expuesto, aconsejaría a tu compa-

6. Por esta calle pasó Juan Bosco hacia el convento que está en el fondo a pedir que lo admitieran de religioso.

ñero no entrar en un convento; tome la sotana y, mientras sigue los estudios, conocerá mejor lo que Dios quiere de él. No tema perder la vocación, ya que con el recogimiento y las prácticas de piedad superará todos los obstáculos.

Hasta aquí las palabras de Don Bosco en su "autobiografía". Toda la vida tendrá un gran respeto y admiración por la Comunidad Franciscana, pero su vocación no era la de pertenecer a esa Orden Religiosa, sino la de dedicarse a los niños pobres y la de fundar una comunidad religiosa nueva para educarlos.

7. SACERDOTE Y SASTRE: 1834 (MB. 1,310)

"Cuando yo era joven soñé que había llegado a ser sacerdote y que revestido con los ornamentos sacerdotales trabajaba como sastre. Pero que no me dedicaba a coser telas nuevas sino a remendar vestidos ya rotos".

Con este sueño le informó el cielo que su oficio como educador sería no sólo dedicarse a perfeccionar jovencitos ya santos, sino sobre todo a recoger muchachos emproblemados y llenos de defectos y de vicios y hacerlos buenos cristianos y honrados ciudadanos.

Uno de sus más famosos alumnos (D. Savio) le dirá más tarde: "Don Bosco: sea Ud. el sastre. Yo seré la tela. Haga con mi vida un buen vestido de santidad para Nuestro Señor". Y así sucedió.

No con golpes sino con bondad los harás tus amigos. Enséñales a hacer el bien y no el mal.

Me repitió lo que me había dicho en el sueño de los nueve años

8. SU MÉTODO DE EDUCACIÓN DEBE SER A BASE DE BONDAD Y AMABILIDAD: 1836 (MB. 1,342)

Siendo seminarista, un día se encontró con su gran amigo José Turco el cual le preguntó: "Ahora eres seminarista. Pronto serás sacerdote. ¿A qué te dedicarás después?". Juan le respondió: "Mi intención es no ser párroco, sino dedicarme a recoger muchachos pobres y abandonados para educarlos cristianamente e instruirlos y prepararlos bien para la vida". Y luego le narró el siguiente sueño que había tenido:

"Vi una gran ciudad por cuyas calles corrían muchos jovencitos alborotando, jugando y diciendo malas palabras. Por mi horror a las palabras malas y por mi temperamento impulsivo y fuerte, me acerqué a los jóvenes y los regañé por decir Palabras tan indebidas, y los amenacé con castigarlos si no se callaban. Pero ellos no dejaban de decir cosas horribles. Entonces empecé a golpearlos. Pero ellos reaccionaron y se lanzaron contra mí lanzándome fuertes puñetazos. Salí huyendo, pero me salió al paso un personaje que me mandó detenerme y volver otra vez hacia esos jóvenes maleducados para tratar de convencerlos de que se portaran bien y no hablaran mal. Yo le respondí que ya había tratado de decirles eso pero que me habían respondido con golpes, y que si volvía otra vez a donde ellos, me iban a golpear todavía peor.

Entonces aquel personaje me presentó a una nobilísima señora y me dijo: "Esta es mi Madre. Entiéndete con Ella".

La Señora dirigiéndome una mirada llena de bondad me habló así: "Si quieres ganarte a estos jovencitos no has de tratarlos con aspereza ni con golpes o de malas maneras, sino que tienes que esforzarte por atraerlos con amabilidad y bondad, y de buenas maneras, hasta convencerlos de que les conviene volverse buenos".

Y entonces como en el sueño de los 9 años, vi que los jóvenes se transformaban en fieras, y después en ovejas y corderos y que por orden de la Señora yo me encargaba de dirigir todo ese rebaño".

Así se cumplía lo que anunció Dios por medio del Profeta Isaías: "Hasta los que eran tan feroces como las fieras del campo, me darán gloria con su buena conducta" (ls. 43,20).

Vemos como Dios le va anunciando cuál será su oficio principal durante toda su vida, y cuál es el método que debe emplear para educar a la juventud.

En el primer sueño le muestra que debe convertir fieras en corderos. En el siguiente le advierte que no ponga su confianza en medios humanos sino en la ayuda de Dios. En el de los 15 años la Virgen le promete que no le faltarán las ayudas del cielo para el oficio que tiene que hacer. Ahora se le avisa que su trabajo será en una gran ciudad (él vivía en un pueblo) y que todo su oficio de educador debe ser hecho a base de bondad y de amabilidad, tratando de convencer a los jóvenes por las buenas y nunca por medio de la brusquedad o de la violencia.

Con razón sus antiguos compañeros de seminario, cuando llegaban después de muchos años a Turín y veían las grandes obras educativas de Don Bosco, exclamaban emocionados: "Todo esto nos lo había anunciado ya Juan cuando era joven seminarista".

9. APARICIÓN DE COMOLLO: 1839 (MB. 1,377-379)

"Dada la amistad e íntima confianza que mediaba entre mí y Comollo, solíamos hablar de lo que nos podía suceder en cualquier momento, esto es, de nuestra separación cuando llegara la muerte. Un día, recordando lo que habíamos leído en algunas biografías de santos, decíamos, medio en broma medio en serio, que nos podría ser de gran consuelo, si el primero de los dos que fuera llamado a la eternidad hiciera saber al otro en dónde se hallaba. Renovando a menudo esta conversación, nos prometimos recíprocamente rezar el uno por el otro y que el primero que muriera daría noticias de su salvación al compañero sobreviviente. No me daba yo cuenta de la importancia de una promesa tal, confieso que hubo en ello mucha ligereza y jamás aconsejaría que otros lo hicieran; con todo, entre nosotros aquella sagrada promesa se tuvo siempre como algo serio que había que cumplir. A lo largo de la enfermedad de Comollo, se renovó varias veces el pacto, poniendo siempre la condición de si Dios lo permitiese y fuera de su agrado. Las últimas palabras de Comollo y su última mirada me aseguraban que se cumplía el pacto.

Algunos compañeros estaban en el secreto y deseaban verdaderamente que se verificara. Yo estaba con ansias, porque esperaba con ello un gran alivio en mi desconsuelo.

Era la noche del 3 al 4 de abril, la noche siguiente al día de su entierro, y yo descansaba, juntamente con otros veinte alumnos del curso teológico en el dormitorio. Estaba en la cama, pero no dormía; pensaba precisamente en la promesa que nos habíamos hecho; y, como si adivinara lo que iba a ocurrir, era presa de un miedo terrible. Cuando he aquí que, al filo de la medianoche, oyóse un sordo rumor en el fondo del corredor, rumor que se hacía más sensible, más sombrío, más agudo a medida que avanzaba. Semejaba el ruido de un gran carro con muchos caballos o

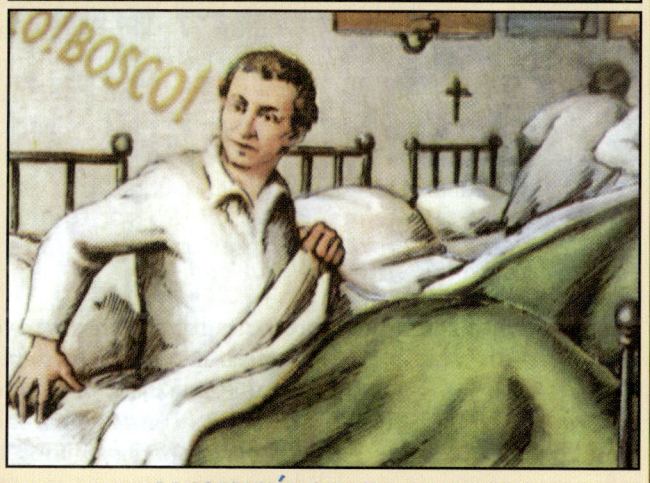

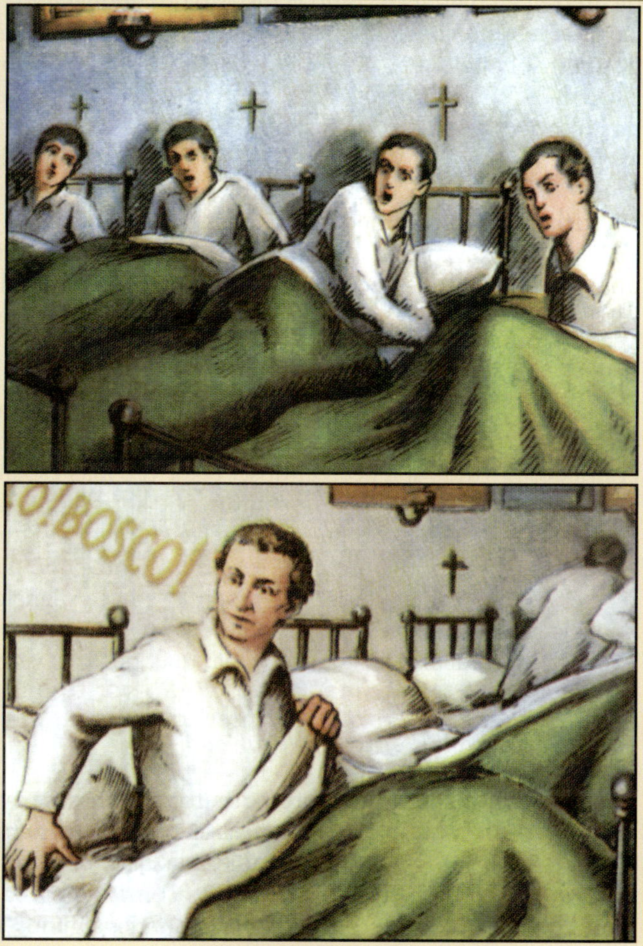

LA APARICIÓN DE LUIS COMOLLO

de un tren en marcha o como el disparo de cañones. No sé expresarlo, sino diciendo que formaba un conjunto de ruidos tan violentos y daba un miedo tan grande que cortaba el habla a quien lo percibía. Al acercarse a la puerta del dormitorio, dejaba tras sí en sonora vibración las paredes, las bóvedas y el pavimento del corredor, hasta el punto de que parecía estar hecho todo con planchas de hierro, sacudidas por potentísimos brazos. No podía apreciarse a qué distancia avanzaba aquello; se producía una incertidumbre como la que deja una locomotora, cuyo punto de recorrido no se puede conocer, si se juzga solamente por el humo que se eleva por los aires.

Los seminaristas de aquel dormitorio se despiertan, mas ninguno puede articular palabra. Yo estaba petrificado por el miedo. El ruido iba acercándose, cada vez más espantoso. Ya se le siente junto al dormitorio. Se abre la puerta, ella sola, con violencia. Sigue más fuerte el fragor sin que nada se vea, salvo una lucecita de varios colores que parece el regulador del sonido. De repente se hace silencio. Brilla la luz vivamente, y se oye con toda claridad la voz de Comollo, más débil que cuando vivía, que, por tres veces consecutivas, dice:

-¡Bosco! ¡Bosco! ¡Bosco! ¡Me he salvado!

En aquel momento el dormitorio se iluminó más, se oyó de nuevo con mucha más violencia el rumor que había cesado, como un trueno que hundiera la casa, pero cesó enseguida y todo quedó a oscuras. Los compañeros, saltando de la cama, huyeron sin saber a dónde; algunos se refugiaron en un rincón del dormitorio; otros se apretaron alrededor del prefecto del dormitorio, don José Fiorito, de Rívoli, y así pasaron el resto de la noche, esperando ansiosamente la luz del día. Todos habían oído el rumor. Algunos percibieron la voz, sin entender lo que decía. Se preguntaban unos a otros qué significaban aquel rumor y aquella voz y yo, sentado en mi cama, les decía que se tranquilizaran, asegurándoles que había oído claramente las palabras:

-Me he salvado-.

También algunos las habían oído, como yo; resonar sobre mi cabeza de modo que por mucho tiempo, se re-pitieron por el seminario.

Yo sufrí mucho; fue tal el terror que sentí, que hubiese preferido morir en aquellos momentos. Es la primera vez que recuerdo haber tenido miedo. Por todo ello, contraje una enfermedad que me llevó al borde del sepulcro, quedó tan mal parada mi salud que no la recuperé hasta muchos años después.

Dios es omnipotente, Dios es misericordioso. Generalmente no atiende estos pactos; pero a veces, en su infinita misericordia, permite que se cumplan, como en el caso expuesto. No seré yo quien dé nunca a otros consejo semejante. Cuando se trata de poner en relación las cosas naturales con las sobrenaturales, la pobre humanidad sufre grandemente, en especial cuando son cosas no necesarias para nuestra eterna salvación. Ya estamos bastante ciertos de la existencia del alma, sin tener que buscar otras pruebas. Bástenos lo que Nuestro Señor Jesucristo nos ha revelado"

NOTA: La primera de las biografías juveniles escritas por San Juan Bosco fue la de LUIS COMOLLO, el mejor amigo de su juventud. En su amistad sí que se cumplió la frase de la S. Biblia: "Hallar un buen amigo es como encontrar un tesoro".

Comollo se admiraba de la gran fuerza de Bosco y de su enorme vitalidad, pero se preocupaba por hacerle comprender que en todo hay que proceder con mucha suavidad, aunque uno tenga muchas fuerzas y enormes energías.

En la hora de la muerte Luis tuvo una visión en la cual veía que la Sma. Virgen llegaba a ayudarlo y a protegerlo, y exclamó: "Lo que más me consuela en la hora final de mi vida es haber comulgado muchas veces y haber sido muy devoto de la Sma. Virgen. Oh María qué felices son sus devotos, defendidos por Ti en la vida y protegidos por Ti en la hora de la muerte". Y expiró santamente.

Entre todos sus compañeros de seminario dejó Comollo una gran fama de santidad. Y tuvo el honor de que su biografía la escribiera el mismo qué escribió las famosas biografías de Santo Domingo y de Miguel Magone: nada menos que Don Bosco.

10. LA PASTORCILLA Y EL REBAÑO: 1844 (MB. 2,191-192)

Dice Don Bosco en su autobiografía:

"El segundo domingo de octubre de aquel año (1844), tenía que anunciar a mis jovencitos que el Oratorio pasaría

ESTE ES EL TEMPLO QUE VIO EN SUS SUEÑOS
VEINTE AÑOS ANTES DE EMPEZAR
A CONSTRUIRLO.

a Valdocco. Pero la incertidumbre acerca del lugar y de los medios y de las personas, me tenía preocupado. La víspera fui a dormir con el corazón inquieto. Aquella noche tuve otro sueño que parece ser una continuación del que tuve en I Becchi cuando tenía nueve años. Creo oportuno exponerlo con detalle.

Soñé, pues, que estaba en medio de una multitud de lobos, zorros, cabritos, corderos, ovejas, carneros, perros y pájaros. Todos juntos hacían un ruido, un alboroto, o mejor, una batahola capaz de espantar al más intrépido. Iba a huir, cuando una amable señora vestida de pastorcilla, me indicó que siguiera y acompañase aquel extraño rebaño, mientras ella se ponía al frente. Anduvimos vagando por varios lugares; hicimos tres estaciones o paradas. A cada parada, muchos de aquellos animales, cuyo número cada vez aumentaba más, se convertían en corderos. Después de andar mucho, me encontré en un prado, en donde aquellos animales corrían y se alimentaban juntos, sin que los unos tratasen de hacer daño a los otros.

Agotado de puro cansancio, quise sentarme junto al camino vecino; pero la pastorcilla me insistió que siguiera andando. Después de un corto trecho de camino me encontré en un patio grande, rodeado de corredores y a cuyo extremo se levantaba una iglesia. En aquel momento, me di cuenta de que las cuatro quintas partes de aquellos animales ya se habían convertido en corderos.

A este punto llegaron algunos pastorcillos para custodiarlos, pero estaban poco tiempo y se marchaban. Entonces sucedió algo maravilloso: no pocos de los corderos se convertían en pastores, que crecían y cuidaban del rebaño. Como aumentaba mucho el número de pastores, fueron dividiéndose y marchando a diferentes sitios para recoger otros animales de otro origen y guiarlos a otros hacia el cambio.

Yo quería marcharme de allí, porque me pareció que era hora ya de celebrar misa, pero la pastora me invitó a mirar hacia el sur. Miré y vi un campo sembrado de maíz, patatas, coles, remolachas, lechugas y muchas otras verduras.

-Mira de nuevo , me dijo.

Miré otra vez. Entonces vi una iglesia alta y grandiosa. Un coro acompañado de orquesta y música instrumental y vocal me invitaban a cantar la misa. En el interior de la iglesia había un gran letrero en el que estaba escrito con letras inmensas: *ESTA ES MI CASA, DE AQUÍ SALDRÁ MI GLORIA.*

Siempre en sueños pregunté a la pastora que en dónde me encontraba; qué querían decir aquel andar y detenerse, aquella casa, una iglesia y después otra iglesia. Ella me respondió:

-Todo lo comprenderás cuando, con los ojos materiales, veas realizado lo que ahora contemplas con los ojos del entendimiento.

Y como me pareciera que estaba despierto, dije:

-Yo veo claro y veo con los ojos materiales. Sé a dónde voy y qué hago.

En aquel momento, sonó la campana de la torre de la iglesia de San Francisco de Asís y me desperté.

Esto duró casi toda la noche; lo acompañaron muchas circunstancias. Entonces entendí poco de su significado, porque no le daba gran crédito; pero después fui entendiendo poco a poco las cosas, según se iban realizando. Más tarde me sirvió, juntamente con otro nuevo sueño, como programa para tomar mis decisiones.

OBSERVACIONES:

La Virgen le va señalando a Don Bosco las distintas etapas que tendrá su labor educativa, y cómo sus alum-nos, que al principio son tan poco educados (como fieras) se irán volviendo corderos: buenos cristianos y honrados ciudadanos, y como muchos de ellos se volverán también pastores. De hecho casi todos los educadores de su comunidad salesiana saldrán de entre los alumnos que él fue recogiendo y educando.

En el Santuario de María Auxiliadora de Turín (que él vio ya en este sueño cuando faltaban 20 años para empezar a construirlo) en la cúpula del Santuario se halla hoy el letrero que el santo vio en 1844: *"ESTA ES MI CASA, DE AQUÍ SALDRÁ MI GLORIA".*

11: LA CINTA MÁGICA: 1845 (MB. 2,229-231)

"Me pareció encontrarme en una extensa llanura, cubierta por un número incontable de jóvenes. Unos peleaban, otros decían groserías. Aquí se robaba, allí se faltaba a la modestia. Una nube de piedras, lanzadas por bandos que se hacían la guerra, volaba por los aires. Eran muchachos abandonados por sus padres y de costumbres corrompidas. Estaba ya a punto de irme de allí, cuando vi a mi lado a una Señora que me dijo:

-Tienes que ir hacia esos jóvenes y actuar.

Fui hacia ellos, pero ¿qué hacer? No había sitio donde colocar a ninguno; quería hacerles el bien: me dirigía a personas que estaban mirando desde lejos y que habrían podido ayudarme mucho, pero nadie me hacía caso y ninguno me ayudaba. Me volví entonces hacia aquella Señora, la cual me dijo:

-Aquí tienes un sitio; y me señaló un prado.

-Pero aquí, dije yo, no hay más que un prado.

- Ella respondió:

- Mi Hijo y los Apóstoles no tenían ni un metro de tierra donde apoyar la cabeza.

Empecé a trabajar en aquel prado; aconsejaba, predicaba, confesaba; pero veía que mi esfuerzo resultaba inútil para la mayoría, si no se encontraba un sitio cercado y con locales donde recogerlos y donde albergar a algunos totalmente abandonados por sus padres, desechados y despreciados por todo el mundo. Entonces aquella Señora me llevó un poco más hacia allá, hacia el norte, y me dijo:

- ¡Mira! . -

Y vi una iglesia pequeña y baja, un patio chiquito y muchos jóvenes. Empecé otra vez mi labor. Pero resultando ya estrecha esa iglesia, recurrí de nuevo a la amable Señora y Ella me mostró otra iglesia bastante más grande y con una casa al lado. Me llevó después un poco más allá, hasta un terreno cultivado, casi frente a la fachada de la segunda iglesia. Y añadió:

-En este lugar, donde los gloriosos mártires de Turín, Adventor y Octavio, sufrieron su martirio, sobre esa tierra bañada y santificada con su sangre, quiero que Dios sea honrado de modo especialísimo.

Y, así diciendo, adelantó un pie hasta Ponerlo en el punto exacto donde tuvo lugar el martirio y me lo indicó con precisión. Quería yo poner una señal para encontrarlo cuando volviese por allí, pero no encontré nada: ni un palito, ni una piedra; con todo, lo fijé en la memoria con toda exactitud. Corresponde exactamente al ángulo interior de la capilla de los Santos Mártires, del lado del Evangelio de la iglesia de María Auxiliadora.

Mientras tanto, yo me veía rodeado de un número inmenso, siempre en aumento, de jóvenes; y al pedirle ayuda

Le dijo la Sma. Virgen: "Esta será mi casa. De aquí saldrá mi gloria."

a la Señora, crecían los medios y el local; y vi, después, una grandísima iglesia, precisamente en el lugar en donde me había hecho ver que sucedió el martirio de los Santos de la legión Tebea, con muchos edificios alrededor y con un hermoso monumento en medio.

Mientras sucedía todo esto, siempre soñando, tenía como colaboradores sacerdotes que me ayudaban en un principio, pero que después se iban. Buscaba con grandes trabajos atraérmelos, y ellos se iban poco después y me dejaban solo. Entonces me volví de nuevo a aquella Señora, la cual me dijo:

-¿Quieres saber cómo hacer para que no se te vayan más? Toma esta cinta y átasela a su cabeza.

Tomé con reverencia la cinta blanca de su mano y vi que sobre ella estaba escrita una palabra: obediencia. Ensayé en seguida lo que la Señora me indicó y comencé a atar la cabeza de algunos de mis colaboradores voluntarios con la cinta y pronto vi un cambio grande y en verdad sorprendente. Este cambio se hacía cada vez más notorio, según se iba cumpliendo el consejo que se me había dado, ya que aquellos dejaron el deseo de irse a otra parte y se quedaron, al fin, conmigo. Así se constituyó la Sociedad Salesiana.

Vi, además, muchas otras cosas que no es ahora el caso de manifestarlas (parece que aludía a grandes acontecimientos futuros). Baste decir que, desde aquel tiempo, yo caminaba siempre sobre seguro, lo mismo respecto a los Oratorios que respecto a la Congregación, y sobre el modo de relacionarme con toda suerte de autoridades. Las grandes dificultades que habrán de sobrevenir, están todas previstas y sé cómo hay que superarlas. Veo con claridad muchas cosas que iban a suceder en el futuro. Por eso después de haber visto casas, iglesias, colegios y religiosos que me iban a colaborar, empecé a hablar de todo esto, y a contarlas como si ya fueran realidad. Por eso algunos me creyeron loco o que disparataba... La Virgen me había informado...

12. LOS MÁRTIRES DE TURÍN: 1845 (MB. 2,261)

Me pareció encontrarme en la plaza de Valdocco, en Turín, y dirigiendo mi mirada al río Dora, alcancé a ver entre los árboles, donde hoy está la Avenida de Regina Marguerita, junto a la calle Cottolengo, en un campo sembrado de hortalizas, maíz, habichuelas y coles, tres hermosísimos jóvenes, radiantes de luz. Estaban de pie en aquel lugar que, en el sueño anterior, se me había señalado como el sitio del glorioso martirio de los tres soldados de la Legión Tebea. Me invitaron éstos a bajar y a acercarme a ellos. Me dirigí hacia ellos, los cuales me acompañaron amablemente al extremo de aquel terreno, donde hoy se levanta majestuosa la iglesia de María Auxiliadora. Después de un corto rato, de maravilla en maravilla, me encontré frente a una dama, magníficamente vestida y de admirable belleza, majestad y resplandor, y acompañada de un selecto grupo de venerables ancianos con aspecto de príncipes. Innumerables personajes, adornados con gracia y deslumbradora riqueza, le hacían corte como a reina. Y formando en su derredor círculos interminables, se extendían hileras e hileras de ángeles hasta perderse de vista. La dama apareció precisamente donde ahora está situado el altar mayor de la gran iglesia de María Auxiliadora y me invitó a acercarme. Cuando me tuvo a su lado, manifestó que los tres jóvenes que me habían llevado a Ella eran los mártires Solutor, Adventor y Octavio, con lo cual parecía indicarme que ellos serían patronos especiales de aquel lugar.

Después, con inefable sonrisa en los labios y con amorosas palabras me animó a no abandonar a los muchachos y a seguir, cada vez con más fervor, la empresa comenzada; me dijo que encontraría gravísimos obstáculos, pero que todos serían allanados y derribados, si ponía mi confianza en la Madre de Dios y en su Divino Hijo.

Por último, me mostró una casa cercana y que realmente existía, que después supe era propiedad de un tal Pinardi; y una Iglesita, precisamente donde está ahora la de San Francisco de Sales, con el edificio contiguo. Después, alzando la mano derecha, exclamó con una voz de inefable armonía: "ESTA ES MI CASA, DE AQUÍ SALDRÁ MI GLORIA".

Al oír estas palabras, quedé tan impresionado que me desperté (Don Bosco).

NOTA: Don Bosco quedó muy impresionado por este sueño. Averiguó con un gran sabio e historiador, para saber en qué sitio habían sido martirizados los tres soldados mártires (que pertenecían a la Legión Tebea) y él le dijo que el martirio había sido en las afueras de Turín, cerca del río Dora (ahí donde el sueño le indicó). 20 años después construirá Don Bosco allí en ese sitio, la Basílica a María Auxiliadora, templo desde el cual se ha propagado la devoción a la Sma. Virgen a muchos países del mundo.

13. TRISTE FIN DE JÓVENES QUE ABANDONAN A LA RELIGIÓN: 1846 (MB. 2, 383)

Tuve un sueño que me causó mucho pesar. Vi a dos jóvenes que se salían de nuestro oratorio y se alejaban de Turín. Pero apenas salieron de la ciudad se les lanzó en contra una fiera enorme de formas espantosas. Esta bestia los llenó de su asquerosa baba y los revolcó por el suelo dejándolos tan llenos de barro y de mugre que causaban asco…

NOTA: Don Bosco narró este sueño a varios de sus colaboradores, entre los cuales estaba su arquitecto y gran amigo José Buzzetti. Y les dijo el nombre de los dos jóvenes. La historia demostró después que el sueño sí correspondía a la realidad, pues aquellos dos muchachos abandonaron la religión y se dedicaron a toda clase de vicios. Buzzetti y sus compañeros lo pudieron comprobar.

14. EL DINERO PARA UN CÁLIZ Y NUEVA ENTREVISTA CON LUIS COMOLLO: 1846 (MB. 3,31)

Necesitaba un cáliz para celebrar la Santa Misa y no tenía dinero para comprarlo. Y una noche soñé que en un baúl de mi habitación había el dinero suficiente para comprar el cáliz. Por la mañana me fui a la ciudad a varias diligencias y andando por la calle me acordé del sueño que había tenido y me llené de alegría pensando que aquello pudiera ser realidad. Y fue tal la emoción que sentí que me volví inmediatamente para la casa a registrar el baúl. Así lo hice

y encontré en el fondo del baúl la cantidad completa de dinero que cobraban por el cáliz.

De cómo la Providencia regaló a nuestro Padre un cáliz para la misa.

Aquello no tuvo explicación pues ese baúl permanecía siempre cerrado y nadie había venido a echar nada allí. Y Mamá Margarita no tenía dinero como para poder darse el lujo de hacer semejantes sorpresas. Ella misma se quedó muy admirada al saber lo que había sucedido.

NOTA: Mamá Margarita le contaba al joven Santiago Belia que una noche, a la madrugada, Oyó a Don Bosco hablar en su habitación y hacer preguntas y responderlas y que ella por la mañana le preguntó con quién había estado hablando esa noche, y Don Bosco le respondió: "Estuve hablando con Luis Comollo".

SUEÑO DEL ROSAL

Ella le dijo: ¿Pero si Luis Comollo hace años que murió?
—Y sin embargo así es— le dijo el santo.

15. EL SUEÑO DEL ROSAL: 1847 (MB. 3,37-39)

"Un día del año 1847, después de haber meditado mucho acerca de la manera de hacer el bien a la juventud, se me apareció la Reina del Cielo y me llevó a un jardín encantador. Había un largo pasadizo lleno de rosas. Enredaderas cargadas de hojas y de flores envolvían y adornaban las columnas, trepando hacia arriba, y se entrecruzaban formando un gracioso toldo. Después del pasadizo había un camino hermoso sobre el cual, a todo el alcance de la mirada, se extendía un jardín colgante encantador, rodeado y cubierto de maravillosos rosales en plena floración. Todo el suelo estaba cubierto de rosas. La bienaventurada Virgen María me dijo:

—Quítate los zapatos.

Y cuando me los hube quitado, agregó:

—*Échate a andar bajo el jardín colgante: es el camino que debes seguir.*

Me gustó quitarme los zapatos: me hubiera dado lástima pisar aquellas rosas tan hermosas. Empecé a andar y advertí enseguida que las rosas escondían agudísimas espinas que hacían sangrar mis pies. Así que me tuve que detener a los pocos pasos y volverme atrás.

—*Aquí hacen falta los zapatos —dije a mi guía—.*

—*Ciertamente —me respondió—; hacen falta buenos zapatos.*

Me calcé y me puse de nuevo en camino con cierto número de compañeros que aparecieron en aquel momento, pidiendo caminar conmigo.

Ellos me seguían bajo el jardín colgante, que era de una hermosura increíble. Pero, según avanzábamos, el pasadizo se hacía más estrecho y bajo. Colgaban muchas ramas de lo alto y volvían a levantarse como estacas afiladas; otras caían perpendicularmente sobre el camino. De los troncos de los rosales salían ramas que, avanzaban horizontalmente de acá para allá; otras, formando un tupido cercado, invadían una parte del camino; algunas colgaban a poca altura del suelo. Todas estaban cubiertas de rosas y yo no veía más que rosas por todas partes: rosas por encima, rosas a los lados, rosas bajo mis pies.

Yo, aunque experimentaba agudos dolores en los pies y hacía contorsiones, tocaba las rosas de una u otra parte y sentí que todavía había espinas más punzantes escondidas por debajo. Pero seguí caminando. Mis pies se enredaban en los mismos ramos extendidos por el suelo y se llenaban de rasguños; movía un ramo transversal, que me impedía el paso, o me agachaba para esquivarlo y me pinchaba, me sangraban las manos y toda mi persona. Todas las rosas escondían una enorme cantidad de espinas. A pesar de todo, animado por la Virgen, proseguí mi camino. De vez en cuando, sin embargo recibía pinchazos más punzantes que me producían dolores muy agudos.

Los que me miraban, y eran muchísimos, y me veían caminar bajo aquél jardín colgante, decían: " ¡Don Bosco marcha siempre entre rosas! ¡En todo le va bien!". No veían cómo las espinas herían mi pobre cuerpo.

Muchos seminaristas, sacerdotes y seglares, invitados por mí, se habían dedicado a seguirme alegres, por la belleza de las flores; pero al darse cuenta de que había que caminar sobre las espinas y que éstas pinchaban por todas partes, empezaron a gritar: " ¡Nos hemos equivocado!".
Yo les respondí:

—*El que quiera caminar deliciosamente sobre rosas, sin sufrir nada, vuélvase atrás y síganme los demás.*

Muchos se volvieron atrás. Después de un buen trecho de camino, me volví para echar un vistazo a mis compañeros. Qué pena tuve al ver que unos habían desaparecido y otros me volvían las espaldas y se alejaban. Volví yo también hacia atrás para llamarlos, pero fue inútil; ni siquiera me escuchaban. Entonces me eché a llorar: ¿Es posible que tenga que andar este camino yo sólo?

Pero pronto hallé consuelo. Vi llegar hacia mí un gran número de sacerdotes, clérigos y seglares, los cuales me dijeron: "Somos tuyos, estamos dispuestos a seguirte". Poniéndome a la cabeza de ese grupo reemprendí el camino. Solamente algunos se desanimaron y se detuvieron. Una gran parte de ellos llegó conmigo hasta la meta.

Después de pasar el espinoso rosal, me encontré en un hermosísimo jardín. Mis pocos seguidores habían enflaquecido, estaban pálidos y ensangrentados. Se levantó entonces una brisa ligera y, a su soplo, todos quedaron sanos. Corrió otro viento y, como por encanto, me encontré rodeado de un número inmenso de jóvenes y clérigos, seglares, coadjutores y también sacerdotes que se pusieron a trabajar conmigo guiando a aquellos jóvenes. Conocí a varios por la fisonomía, pero a muchos no.

Mientras tanto, habiendo llegado a un sitio elevado del jardín, me encontré frente a un edificio monumental, sorprendente por la magnificencia de su arte. Atravesé el umbral y entré en una sala espaciosísima cuya riqueza no podía igualar ningún palacio del mundo. Toda ella estaba cubierta y adornada por rosas fresquísimas y sin espinas que exhalaban un suavísimo aroma. Entonces la Santísima Virgen que había sido mi guía, me preguntó:

— *¿Sabes qué significa lo que ahora ves y lo que has visto antes?*

—*No —le respondí—: os ruego que me lo expliquéis.*

Entonces Ella me dijo:

—Has de saber, que el camino por ti recorrido, entre rosas y espinas, significa el trabajo que deberás realizar en favor de los jóvenes. Tendrás que andar con los zapatos de la mortificación. Las espinas del suelo significan los afectos sensibles, las simpatías o antipatías humanas, que distraen al educador de su verdadero fin, y lo hieren, y lo detienen en su misión, impidiéndole caminar y obtener coronas para la vida eterna.

Soñé que me encontraba con el Rey
CARLOS ALBERTO *y que él me decía...*

Las rosas son símbolos de la caridad ardiente que debe ser tu distintivo y el de todos tus colaboradores. Las otras espinas significan las dificultades, los sufrimientos, los disgustos que os esperan. Pero no perdáis el ánimo. Con la caridad y la mortificación, lo superaréis todo y llegaréis a las rosas sin espinas.

Apenas terminó de hablar la Madre de Dios, me desperté y me encontré en mi habitación".

OBSERVACIONES:

Tenido en 1847, narrado por el santo en 1864 en una conferencia dada después de las oraciones de la noche a los que ya pertenecían a la Congregación Salesiana (V. Alassonatti, M. Rúa, J. Cagliero, C. Durando, J. Barberis...). El sueño se repitió en 1848 y 1856. Antes de narrar el sueño les dijo: "Este es un mensaje que nos dio la Sma. Virgen". Y después de haberlo contado, añadió: "Los que se desanimaron al sentir las espinas, fueron mis primeros colaboradores. Los que me siguieron son los salesianos y los que colaboran con nuestras obras de educación, a los cuales les esperan grandes premios y ayudas del cielo". Animo mis amigos: nos esperan espinas de sufrimientos, pero también rosas de premios eternos.

16. ENCUENTRO CON EL REY CARLOS ALBERTO: 1847 (MB. 3,416)

Soñé que estaba paseándome por una avenida por las afueras de la ciudad de Turín. De pronto se me acercó el rey Carlos Alberto y se detuvo sonriente para saludarme.

¡Buenos días, Majestad! —exclamé—.

— ¿Cómo está Don Bosco?

— Estoy muy bien y muy contento de encontrarme con su Majestad.

— Si es así, ¿quiere acompañarme a dar un paseo?

— ¡De mil amores!

— Pues vamos.

El rey vestía de blanco y no tenía ninguna insignia de su dignidad.

— ¿Qué dice Ud. de mí? —me preguntó—.

—Que vuestra majestad es un buen católico —le respondí—.

Y él añadió: Para Ud. quiero ser no solamente un buen católico, sino que quiero ser también su amigo y protector. Siempre me he interesado por su obra, y he deseado verla progresar. Ya Ud. lo sabe. Hubiera querido ayudarle más, pero los acontecimientos no me lo han permitido.

—Majestad: ¿me quisiera conceder un favor muy especial?

— ¿Cuál será?

— Le pediría que fuera el padrino, el patrono especial en nuestra fiesta de San Luis.

—Con mucho gusto, pero comprenda Ud. que esto llamaría mucho la atención, y causaría mucho alboroto. De todos modos veremos la manera de que Ud. quede contento, aun sin mi presencia.

El rey desapareció y yo me desperté.

NOTA: Carlos Alberto fue rey de Saboya (norte de Italia) desde 1831 hasta 1849. En ese año en marzo, le dejó el reino a su hijo Víctor Manuel, y en julio murió. Fue siempre un benefactor del Oratorio de Don Bosco. Por varios años los cantores de Don Bosco cantaron en la catedral la Misa de Réquiem en el día del aniversario de la muerte de Carlos Alberto.

17. EL GLOBO DE FUEGO: 1854 (MB. 5,58)

Vi en sueños un globo de fuego luminosísimo, sobre el terreno donde más tarde se iba a construir el Templo a María Auxiliadora. Parecía que la Virgen confirmaba con esta señal que Ella seguía deseando que allí se le construyera un templo desde donde Ella iluminaría a muchas almas.

18. LAS 22 LUNAS: 1854 (MB. 5,272-273)

"Me encontraba yo en medio de vosotros en el patio y me alegraba en mi corazón al contemplaros tan vivarachos, alegres y contentos. Quienes saltaban, quienes gritaban, otros corrían. De pronto vi que uno de vosotros salió por una puerta de la casa y comenzó a pasear entre los compañeros con una especie de turbante en la cabeza. Era el tal turbante transparente, estaba iluminado por dentro y ostentaba en el centro una hermosa luna en la que aparecía grabado el número 22. Yo, admirado, procuré inmediatamente acercarme al joven en cuestión para decirle que dejase aquel disfraz carnavalesco; pero he aquí que, entre tanto, el ambiente empezó a oscurecerse y, como a toque de campana, el patio quedó desierto, yendo todos los jóvenes a reunirse en filas debajo de los pórticos. Todos reflejaban en sus rostros un gran temor y diez o doce tenían la cara cubierta de mortal palidez. Yo pasé por delante de todos para examinarlos y, entre ellos, descubrí al que llevaba la luna sobre la cabeza, el cual estaba más pálido que los demás; de sus hombros pendía un manto fúnebre. Me dirigí a él para preguntarle el significado de todo aquello, cuando una mano me detuvo y vi a un desconocido de aspecto grave y noble continente, que me dijo:

—*Antes de acercarte a él, escúchame; todavía tiene veintidós lunas de tiempo; antes de que hayan pasado, este joven morirá. No lo pierdas de vista y prepáralo.*

Yo quise pedir a aquel personaje alguna otra explicación sobre lo que me acababa de decir y sobre su repentina aparición, pero no logré verle más. El joven en cuestión, mis queridos hijos, me es conocido y está en medio de vosotros.

Un vivo terror se apoderó de los oyentes, tanto más que era la primera vez que Don Bosco anunciaba en público y con cierta solemnidad la muerte de uno de los de casa. El buen padre no pudo por menos de notarlo y prosiguió:

—*Yo conozco al de las lunas, está en medio de vosotros. Pero no quiero que os asustéis. Como os he dicho, se trata de un sueño y sabéis que no siempre se debe prestar fe a los sueños. De todas maneras, sea como fuere, lo cierto es que debemos estar siempre preparados, como nos lo recomienda el Divino Salvador en el Evangelio y no cometer pecados; entonces la muerte no nos causará espanto. Sed todos buenos, no ofendáis al Señor, y yo entre tanto no perderé de vista al del número 22, el de las veintidós lunas o veintidós meses, que eso quiere decir; y espero que tendrá una buena muerte".*

OBSERVACIONES:

Cuando este sueño fue narrado, estaban presentes los muchachos Cagliero, Turchi, Anfossi y los clérigos Reviglio y Buzzetti. Esta noticia asustó mucho a los alumnos y todos procuraban mantenerse en gracia de Dios. Don Bosco, de vez en cuando, preguntaba:

— *¿Cuántas lunas faltan?*

—*Veinte, dieciocho, quince... —respondían—. Algunos intentaban adivinar, hacer pronósticos; pero Don Bosco guardaba silencio. El 24 de diciembre de 1854 al cumplirse las 22 lunas, murió el joven Segundo Gurgo.*

19. EL FUTURO DEL JOVEN JUAN CAGLIERO 1854 (MB. 5,87)

En 1854 el activo joven Juan Cagliero, después de haber asistido a los enfermos de cólera, cayó gravemente enfermo. Los médicos dijeron que seguramente se moriría de esa enfermedad.

Fue entonces Don Bosco a preparar a su joven amigo para la muerte, pero he aquí que al llegar a la puerta de la habitación, apareció ante sus ojos una maravillosa visión: vio una hermosísima paloma que esparcía a su alrededor una vivísima luz que iluminaba toda la habitación. Llevaba en el pico un ramo de olivo y giraba revoloteando alrededor del jovencito una y otra vez. De pronto detuvo el vuelo sobre la cabeza del enfermo y tocó sus labios con el ramo de olivo, que dejó luego caer sobre su cabeza. Con destellos de luz aún más viva, desapareció.

Con esto entendió Don Bosco que Cagliero no moriría todavía y que le quedarían todavía muchas obras que hacer para gloria de Dios, y que anunciaría la paz con su palabra (el ramo de olivo significa paz) y que la paloma resplandeciente significaba la plenitud del Espíritu Santo, o sea que este jovencito llegaría a ser obispo. Desde entonces tuvo Don Bosco la idea de que Cagliero llegaría con el tiempo a ser obispo (y en un grupo de jóvenes dijo más tarde: "Uno de Uds. llegará a ser obispo". Ninguno se imaginó cuál iba a ser. Pero allí estaba Cagliero).

Luego tuvo Don Bosco *UNA SEGUNDA VISIÓN*: vio que junto al lecho del enfermo aparecía una multitud de salvajes que le rogaban fuera a evangelizarlos. Eran gente de aspecto negruzco y guerrero, pero algunos tenían aire bondadoso.

NOTA: Más tarde cuando Cagliero sea ya obispo de Patagonia y Tierra del Fuego en el extremo sur de América, descubrirá San Juan Bosco que los indios de esa región eran los que él vio arrodillados ante el lecho del jovencito Cagliero moribundo, pidiendo que fuera a ayudarlos.

Juan Cagliero le dice a Don Bosco que está dispuesto a morir de esa enfermedad, pero el santo le dice que todavía no morirá, porque le espera mucho trabajo en favor de la salvación de las almas.

Y 30 años después, en 1884, el día en que Cagliero es consagrado obispo, le cuenta Don Bosco esta visión que tuvo junto a su cama de enfermito, y luego, por petición de Monseñor, nuestro santo volvió a contar la visión, esa noche en el comedor a todo el personal allí reunido.

20. GRANDES FUNERALES EN LA CORTE: 1854 (MB. 5,136-138)

Me pareció hallarme en un corredor del Oratorio, me hallaba rodeado de sacerdotes y clérigos; de pronto vi adelantarse por el medio del patio un empleado del palacio, de uniforme rojo, quien, acercándose rápidamente, me gritó:

— ¡Noticia importante!

— ¿Cuál? —le pregunté—.

—Anuncia: ¡Gran funeral en la corte! ¡Gran funeral en la corte!

Ante la repentina aparición y aquel grito, me quedé frío y el empleado repitió:

— ¡Gran funeral en la corte!

Quise entonces pedirle explicación del fúnebre anuncio, pero el empleado había desaparecido. Yo me desperté, estaba como fuera de mí, y, al comprender el misterio de la aparición, tomé la pluma e inmediatamente escribí una carta al Rey Víctor Manuel, manifestándole cuanto se me había anunciado y contando sencillamente el sueño.

Después del mediodía, con mucho retraso entraba yo en el comedor: aquél era un año friísimo, llevaba un paquete

Mensaje del cielo al **REY VÍCTOR MANUEL:**
"Si aprueba las leyes contra la Iglesia Católica
HABRÁ GRANDES FUNERALES EN LA CORTE".

de cartas. Se formó un corro a mí alrededor. Estaban allí don Víctor Alasonatti, Ángel Savio, Cagliero, Francesia, Juan Turchi, Reviglio, Rúa, Anfossi, Buzzetti, Enría, Tomatis y otros, en su mayor parte clérigos. Les dije sonriendo:

—*Esta mañana, queridos míos, he escrito tres cartas a personajes muy importantes: al Papa sal Rey y al verdugo.*

Estalló una carcajada general al oír juntos los nombres de estos tres personajes. No les extrañó el verdugo, porque sabían que Don Bosco tenía amistad con los guardianes de las cárceles y que aquel hombre era un buen cristiano.

En cuanto al Papa, bien sabían que mantenía con él correspondencia. Pero aguijoneaba su curiosidad el deseo de saber qué había escrito Don Bosco al Rey, tanto más cuanto que ellos conocían mi oposición a las leyes que robaban los bienes eclesiásticos. Les conté lo que había escrito al Rey para que no permitiese la presentación de la ley contra la Iglesia. Luego narré el sueño, terminando así:

—*Este sueño me ha puesto malo y me ha cansado mucho.*

Estaba preocupado y exclamaba de cuando en cuando:

— *¿Quién sabe?... ¿Quién sabe?... ¡Recemos!*

Los clérigos, sorprendidos, empezaron a conversar, preguntándose unos a otros si habían oído decir que, en el palacio real, hubiese algún noble señor enfermo, pero concluyeron todos en que no había la menor noticia de nada. Entretanto, Don Bosco llamó al clérigo Ángel Savio y le entregó la carta:

—*Copíala -le dije— y anuncia al Rey: ¡Gran funeral en la corte!*

Y el clérigo Savio escribió. Pero el Rey, leyó con indiferencia la carta y no hizo caso de ella.

Pasaron cinco días desde el sueño, y volví a soñar aquella noche. Parecíame estar en mi habitación, sentado a la mesa, escribiendo, cuando oí el galopar de un caballo en el patio. De pronto vi que se abría la puerta y aparecía el empleado del palacio de uniforme rojo, quien, adelantándose hasta el centro de la habitación, gritó:

—*Anuncio: no gran funeral en la corte, sino ¡grandes funerales en la corte!*

Y repitió estas palabras por dos veces. Luego se retiró a toda prisa y cerró tras sí la puerta. Quería saber, quería preguntar, quería pedir explicaciones; me levanté, pues, de la mesa, salí al balcón y vi al empleado en el patio montado a caballo. Le llamé, le pregunté por qué había vuelto a repetirme aquel aviso; pero él respondió gritando: ¡Grandes funerales en la corte!, y desapareció.

Al amanecer, escribí otra carta al Rey, contándole el segundo sueño y terminaba diciéndose: "Procure actuar de tal manera bien que logre evitar los anunciados castigos", y le rogaba que impidiera a toda costa la aprobación de la ley contra la Iglesia.

Por la noche, después de cenar, les dije a los clérigos:

— *¿Sabéis que tengo que deciros algo más extraño que lo del otro día?*

Y les conté lo que había visto durante la noche. Entonces los clérigos, más asombrados que antes, se preguntaban qué podían significar aquellos anuncios de muerte; y ya se puede suponer su ansiedad, esperando cómo llegarían a verificarse aquellas predicciones.

Entretanto, manifestaba abiertamente al clérigo Cagliero y a algunos otros que aquéllas eran amenazas de los castigos que el Señor hacía llegar a quien ya había causado muchos daños y males a la Iglesia y estaba preparando otros. Aquellos días, estaba acongojadísimo y repetía a menudo:

—*Esta ley traerá grandes desgracias en casa del Soberano.*

Decía esto a los alumnos para animarles a rezar por el Rey y para que la misericordia del Señor evitase la dispersión de muchos religiosos y la pérdida de muchas vocaciones.

El Rey confió las cartas al marqués Fassati, el cual, después de leerlas, se presentó en el Oratorio y dijo a Don Bosco:

— *¿Le parece éste un modo decente de poner en angustia a toda la corte? ¡El Rey se ha impresionado y está alterado!... Más aún, está furioso. Yo le respondí: ¿Y si lo escrito es verdad que va suceder? Me apena haber causado sustos al Rey, pero se trata de evitarles males a él y a la Iglesia Católica.*

Se iba a dictar una ley contra la Iglesia Católica quitándole muchísimos conventos y casas, y suprimiendo muchas comunidades religiosas. La ley fue propuesta al Senado el 28 de noviembre de 1854. Don Bosco le escribe al rey pidiéndole que no la firme ni la apruebe. El rey Víctor Manuel no le hace caso a las amenazas de este sueño y entonces se suceden los siguientes funerales:

12 de enero de 1855: muere la reina María Teresa, madre del rey. Sólo tenía 54 años de edad.

20 de enero de 1855: muere la Reina María Adelaida, esposa del rey. Sólo tenía 33 años.

11 de febrero de 1855: muere el Príncipe Fernando de Saboya, hermano del rey. Tenía 33 años.

17 de mayo de 1855: muere el Príncipe Víctor M. Leopoldo, hijo menor del rey. Tenía apenas 4 meses de vida.

El rey aprobó y firmó la ley contra la Iglesia Católica, pero en su familia hubo en sólo pocos meses, cuatro GRANDES FUNERALES. Con Dios no se juega.

21. LA RUEDA DE LA FORTUNA: 1856 (MB. 5,327)

Soñé que se me presentaba alguien con una rueda que anunciaba el futuro, y aquel personaje me dijo: "Oiga el ruido de esta rueda. Cada vuelta que ella da, significa lo que sucederá a su obra educativa en 10 años".

Le dio la primera vuelta el ruido que se produjo fue tan pequeño que apenas se alcanzó a escuchar muy cerca. Al darle la segunda vuelta ya el ruido que produjo la rueda se alcanzó a escuchar desde mucho más lejos. A la tercera vuelta el ruido fue mucho mayor y se alcanzaba a oír por todo el país. A la cuarta vuelta de la rueda ya el ruido fue inmenso y a la quinta vuelta el ruido fue tan grande que parecía oírse por todo el mundo.

> *EXPLICACIÓN:*

Y me fue comunicado que éste era el anuncio del futuro que esperaba a la Obra Educativa de Don Bosco. En los primeros años sólo sería conocida en la ciudad donde estaba su primer Instituto, el Oratorio, en Turín. En su segundo decenio ya se extendería por las provincias de aquella región, el Piamonte. En el tercer decenio su fama y su influencia se extenderían por todo el país de Italia. En el cuarto decenio se difundiría por toda Europa y en el quinto decenio la Obra de Don Bosco sería conocida y apreciada en todos los continentes del mundo.

22. EL SUEÑO DE LOS PANES: 1857 (MB. 5,514)

"Una noche vi en sueños a todos mis alumnos, distribuidos en cuatro grupos distintos. Los jóvenes que foraban el primer grupo comían un pan finísimo y sabroso. Los del segundo grupo comían un pan ordinario. Los del grupo tercero comían un pan de salvado. Y los del cuarto grupo comían un pan mohoso y lleno de gusanos.

Y me fue dicho que los que formaban el primer grupo son los que permanecen siempre con el alma en gracia de Dios y sin pecado. Que los del segundo grupo son los que son buenos, pero a veces cometen faltas. Los del tercer grupo son los que frecuentemente cometen pecados pero se arrepienten y tratan de convertirse. Y los del último grupo son los que viven en paz con sus pecados sin hacer nada serio por corregirse".

NOTA: Don Bosco al narrar este sueño a sus alumnos les dijo: "Recuerdo perfectamente en cuál de los grupos estaba cada uno. Así que los que quieran pueden ir pasando estos días a mi habitación y les diré en qué estado se encuentra su alma".

Los jóvenes fueron pasando a la habitación de nuestro santo en todos esos días y a cada uno le dijo tales detalles acerca del estado en que tenía su conciencia, que los muchachos exclamaban admirados: "Parece que tuviera unos lentes de ver espíritus. Le dice a uno todo lo que tiene en el alma".

Este sueño se repitió después muchas veces en formas diversas en la vida de San Juan Bosco, y siempre logró ver las conciencias tal cual estaban en realidad.

23. EL GIGANTE FATAL: 1859 (MB. 6,234)

Vi en sueños a un hombre de estatura gigante que recorría las calles de la ciudad, y de vez en cuando colocaba sus manos sobre la cabeza de algunas personas. La persona sobre la cual el gigante había colocado sus manos, se ponía negra y caía muerta. "Me pareció que era el anuncio de una epidemia mortal".

NOTA: Hay que recordar que en la ciudad de Turín en un solo año hubo 3.500 enfermos de cólera y murieron 1.400. 700 de esas víctimas murieron en la región donde vivía Don Bosco, junto al río Dora.

24. EL SUEÑO DE LA MARMOTA: 1859 (MB. 6,234)

"Vi en sueños que cuando los jóvenes debían dirigirse a la Iglesia para las confesiones, llegó al patio un hombre que llevaba una cajita. El hombre se colocó en medio de los jóvenes y abriendo la caja sacó de allí una marmota, un animalito roedor, de pelaje espeso y cabeza gruesa que vive en los montes pero que se deja domesticar y hace muchas maromas que distraen y hacen reír a la gente joven. La marmota empezó a bailar y a hacer piruetas y los jóvenes le hicieron un gran corrillo para observarla. Entonces el hombre que llevaba el animalejo se fue alejando y alejando de la Iglesia, y los muchachos con él, y así logró que no fueran a confesarse".

NOTA: Don Bosco al narrar este sueño dijo en qué estado vio la conciencia de ciertos jóvenes, sin decir el nombre de

ninguno, pero los interesados se sintieron perfectamente retratados en aquella descripción. Luego les insistió en que el enemigo del alma hace todos los esfuerzos posibles por obtener que la gente no se confiese y que no comulguen.

Mientras narraba el sueño se puso a describir las piruetas que hacía la marmota, y con ello hizo reír sabrosamente a los muchachos, pero mientras tanto los hizo pensar seriamente en el estado en el que estaba su alma. Muchos jóvenes fueron privadamente a pedirle que les dijera en qué estado había visto su conciencia y se quedaron pasmados al oír de labios de Don Bosco faltas que ellos se imaginaban que nadie sabía.

Dicen las crónicas de ese tiempo que la narración de este sueño llevó a casi todos los jóvenes a confesarse con más frecuencia, y que las comuniones se volvieron muy numerosas en el Oratorio o Instituto Educativo de Don Bosco en Turín.

25. APARICIÓN DE MAMÁ MARGARITA: 1860 (MB. 5,403)

"Mi Mamá Margarita había muerto el 25 de noviembre de 1856. Pero en el mes de agosto de 1860 soñé que viniendo cerca del Santuario de la Consolata me encontraba por el camino con ella. El aspecto de mi madre era bellísimo. Y yo admirado le pregunté:

— *¿Pero cómo, Sumerced aquí? ¿No está muerta?*

— *He muerto pero sigo estando viva —me respondió—.*

— *¿Y Sumerced es feliz?*

—*Totalmente feliz. Felicísima.*

—*Le pregunté si había ido al paraíso inmediatamente después de su muerte, y me respondió que no. Luego le pregunté si en el paraíso estaban algunos de mis mejores alumnos que habían muerto. Le dije los nombres y me dijo que sí estaban allá. Luego le pregunté: ¿Me podrá explicar qué es lo que se goza en el paraíso?*

—*Aunque te lo dijera, no lo podrías comprender —me respondió—.*

— *¿Pero no me podría dar aunque fuera una pequeñita muestra de lo que allá se goza, o se ve, o se oye?*

Y en ese momento vi a mi madre totalmente resplandeciente, adornada con una lujosísima vestidura, con un rostro de maravillosa majestad y belleza, y acompañada de un numeroso coro que cantaba solemnemente. Y ella empezó a cantar un himno de amor a Dios, un canto de una dulzura que nadie logra explicar, un canto tan bello que llenaba de gozo y de dicha el corazón, y que elevaba la mente hacia las alturas celestiales. Parecía que fuera un coro de millones y millones de voces, a cual más de hermosas y armónicas, desde las voces más graves y profundas, hasta las más elevadas y agudas. Y una incontable variedad de modulaciones, tonalidades y vibraciones, unas fuertes, otras suaves, combinadas con el arte más exquisito y con una delicadeza tal que formaban un conjunto maravilloso.

Al oír aquellas finísimas melodías quedé tan emocionado que me parecía estar fuera de este mundo y no fui capaz de decir nada ni de preguntar ninguna otra cosa más a mi madre.

Cuando hubo terminado el canto, Mamá Margarita se volvió hacia mí y me dijo: "Te espero en el cielo, porque nosotros los dos debemos estar siempre cerca el uno del otro. Dichas estas palabras desapareció".

NOTA: Mamá Margarita ejerció una influencia importantísima en la vida de San Juan Bosco. El quedó huérfano de padre a los dos años y medio, y la educación se la dio su santa madre, formidable mujer que, aunque analfabeta, poseía unas dotes maravillosas para educar. Cuando ya su hijo fue sacerdote se fue con él a Turín y allí junto a su hijo pasó los últimos diez años de su vida, haciendo de madre amorosa para esos centenares de huerfanitos abandonados, que Don Bosco iba recogiendo para educarlos y librarlos de peligros materiales y espirituales. Los muchachos de Don Bosco la llamaban cariñosamente "Mamá Margarita", y así la llaman los salesianos de todo el mundo. Don Bosco habla muy hermosamente de ella en la "Autobiografía" que por orden del Papa tuvo él que escribir. Cuando le presentaron el retrato de Mamá Margarita, con su canasto de campesina, Don Bosco exclamó: "Es ella. No le falta sino que hable".

Soñé que Mamá Margarita se me aparecía y me decía: "Te espero en el paraíso. Los dos debemos estar siempre cerca el uno al otro".

Retrato de Mamá Margarita a los sesenta y siete años (1855). Pintado por Rollini, según un croquis de Bartolomé Bellisio. Le fue ofrecido a Don Bosco en el día de su santo, 24 de junio de 1855. Al verlo, exclamó: "Es ella. Sólo le falta hablar". Se conserva en el museo Don Bosco (Turín).

Por haber muerto Mamá Margarita un 25 de noviembre, en las 1.300 casas salesianas del mundo se celebra cada 25 de noviembre una misa por los papás difuntos de los salesianos.

26. AVISO PARA ESCONDER DOCUMENTOS PELIGROSOS: 1860 (MB. 6,546)

"Soñé que entraba a mi habitación una cuadrilla de atracadores y que se dedicaban a esculcar todos los armarios y que revolvían todos mis papeles y mis escritos.

Pero uno de los salteadores, se volvió a mí y con tono bondadoso me dijo:

¿Por qué no esconde aquel escrito y aquel otro documento? ¿No ve que si le llega una requisa del gobierno, aquellas cartas del Arzobispo le podrían traer problemas? ¿Y aquellos documentos que le llegaron de Roma, que los tiene ya casi olvidados en aquel rincón (y me señaló el sitio donde estaban) y aquellos otros papeles que están más allá? Si los hace desaparecer desde ahora se va a evitar después muchos problemas y molestias".

Por la mañana les conté el sueño a algunos de mis amigos y no lo tomaba muy en serio, pero por si acaso me fui a mi habitación y saqué todas las cartas del Arzobispo y los documentos llegados de Roma y otros papeles especiales y los llevé a un sitio muy alto y escondido.

NOTA: El sueño sucedió el 23 de mayo. Don Bosco escondió los papeles el 24. Y luego el 26 de mayo de 1860 el ministro anticlerical Farina mandó requisar toda la casa de Don Bosco en busca de documentos que lo pudieran comprometer contra el gobierno. El gobierno de Piamonte (capital Turín) quería apoderarse de Roma y quitarle al Sumo Pontífice los Estados Pontificios. Buscaban cualquier pretexto para acusar y encarcelar a los amigos del Papa y sabían que Don Bosco es amiguísimo del Pontífice de Roma.

El 26 de mayo llegan tres inspectores y 18 policías a registrar las habitaciones de Don Bosco. Esculcan todo, hasta la cesta de los papeles, y no logran encontrar ni siquiera un solo documento o carta para poderlo acusar. Todo había sido perfectamente escondido por Don Bosco, lejos de allí, el 24, después del aviso del sueño. Diez veces más vendrá la policía a esculcarle todos los papeles y a registrar sus habitaciones y nunca lograron encontrar nada para poderlo acusar. Dios cuida de sus hijos y les avisa a tiempo.

27. LAS CATORCE MESAS: 1860 (MB. 7,534-535)

"Soñé que estaba con todos mis jóvenes en un sitio tan ameno como el más hermoso de los jardines, sentados ante unas mesas que, ascendiendo desde la tierra en forma de gradas, se elevaban tanto que casi no se divisaban las últimas. Dichas mesas, largas y espaciosas, eran catorce, dispuestas en un amplio estadio y divididas en tres órdenes, sostenido cada uno por una especie de muro en forma de terraplén.

En la parte baja, alrededor de una mesa colocada en el suelo polvoriento y desprovista de todo adorno y sin vajilla alguna, vi a cierto número de jóvenes. Aparecían tristes; comían de mala gana y tenían delante de sí un pan semejante al pan duro y feo que les dan a los soldados en la guerra, pero tan rancio y lleno de moho que causaba asco. Este pan estaba en el centro de la mesa mezclado con suciedades e inmundicias. Aquellos pobrecitos se encontraban como unos cerdos inmundos en una pocilga. Yo les quise decir que arrojasen lejos aquel pan, pero me hube de contentar con preguntar por qué tenían ante sí tan nauseabundo alimento.

Me respondieron:

Hemos de comer el pan que nosotros mismos nos hemos preparado, pues no tenemos otro.

Aquello representaba a los que están en pecado mortal.

Dicen los Proverbios en el capítulo I: "Odiaron la disciplina y no abrazaron el temor de Dios y no prestaron atención a los buenos consejos, y por eso tienen que comer el fruto de sus malas obras". Y el salmo 75: "Los que hacen el mal tendrán que beber la copa de la amargura"

Pero a medida que las mesas estaban más y más arriba, los jóvenes que comían en ellas se mostraban más alegres y se alimentaban con un pan más sabroso.

Cuanto más alta se hallaba la mesa donde estaban, tanto más hermosos, elegantes y alegres eran los jóvenes que allí comían, y más lujosos los manteles y más finas las vajillas, y más exquisitos los alimentos que allí les ofrecían. Y me llamaba la atención el ver que en las mesas superiores había muchos jóvenes, más de lo que yo me había imaginado.

Al fin me puse a mirar las más altas mesas, las más elevadas. Los alimentos que allí se servían eran tan extraordinariamente finos y delicados que nadie podría describirlo.

Las mesas parecían de oro. Los vestidos de los jóvenes que allí estaban sentados eran lujosísimos y de un costo elevadísimo. El rostro de cada muchacho resplandecía con luces admirables. Cada joven gozaba de una alegría extraordinaria y cada cual se esmeraba por hacer participantes de su gozo a los demás compañeros. En hermosura, en elegancia, en alegría y en luminosidad y esplendor, los que ocupaban las mesas de más arriba superaban totalmente a los que estaban en las mesas de más abajo.

Y me fue dicho que los que están en las mesas más altas son los que se esfuerzan por conservar el alma sin pecado. Los de las mesas de en medio son los que caen y cometen faltas pero se apresuran a confesarse y a enmendarse. Los de la última mesa de abajo viven tranquilamente en sus pecados sin arrepentirse ni tratar de enmendarse. El Libro Santo enseña: "Dichoso el que pudiendo pecar no peca". Pero "Ay del que vive como si Dios no existiera: ese no tendrá paz" (Is. 48,22).

Pero lo más sorprendente es que en el sueño reconocí a todos mis alumnos uno, por uno, y ahora mismo le puedo señalar a cada cual en qué clase de mesa lo vi. Me parece estarlos viendo ahora mismo, a cada uno en su mesa.

Estando observándolos vi un hombre a lo lejos y quise ir a preguntarle algo, pero me tropecé con algo y... me desperté.

NOTA: Al día siguiente, 6 de agosto de 1860, los jóvenes fueron pasando por la habitación de Don Bosco para preguntarle en que mesa los había visto. Y se extrañaban de la admirable precisión con la cual les informaba el estado de su alma.

Varios le preguntaron si todavía podían pasar de una mesa inferior a otra superior y les dijo que sí, que sí era posible, con tal de esmerarse por evitar el pecado y dedicarse a portarse bien.

¿En cuál de las 14 mesas estaremos nosotros? ¿A cuál queremos pasar?

28. SUEÑO ACERCA DEL ESTADO DE LAS CONCIENCIAS: 1860 (MB. 6,616)

Era el 31 de diciembre y tenía que aconsejarles a los jóvenes el "Aguinaldo", lema o recuerdo para el nuevo año que iba a empezar.

Y en sueños me encontré con el Padre José Caffaso (que había muerto ese año) y le pregunté: "¿Qué consejo o recuerdo les dejo a mis discípulos para este año que va a comenzar?".

El me respondió: Ante todo, que arreglen las cuentas de su conciencia.

Y luego vi un tribunal compuesto por el Padre Caffaso, por el poeta Silvio Péllico y por el Conde Cays. Y vi que mis discípulos, cada uno con un papel en la mano, pasaban ante el tribunal para presentar las cuentas de su conciencia.

Los que presentaban las cuentas bien arregladas eran aprobados y se iban al patio a jugar muy contentos.

28. Soñé que me encontraba con el Padre Caffaso y él me decía...

San José Cafasso, confesor y director espiritual de San Juan Bosco por veinte años. Se le apareció en sueños para darle importantes mensajes.

A quienes tenían pecados sin perdonar, los señores del tribunal les rechazaban sus cuentas y se las devolvían, porque no se les podían aceptar así. Y salían muy tristes y muy angustiados.

Vi a unos que no pasaban a presentar cuentas ante el tribunal. Le pregunté al Padre Caffaso quiénes eran ellos y me respondió: "Son los que no tienen obras buenas para que se les paguen. Dígales que se apresuren a hacer obras para el cielo, porque al árbol que no produce frutos se le corta y se le echa al fuego" (Mt. 3,10).

Salí al patio y vi que los jóvenes que tenían bien las cuentas de su conciencia jugaban felices y se sentían satisfechos como príncipes. En cambio otros jóvenes no sentían alegría. Y unos de éstos tenía una venda en los ojos (para no reconocer la fealdad del pecado y la necesidad de vivir en gracia de Dios) y otros tenían la cabeza llena de humo negro.

Y allá en un rincón del patio vi una escena que me llenó de angustia: Un joven estirado en el suelo, pálido como un muerto (¿tenía muerta el alma por el pecado?). Unos con los ojos muy enfermos (¿malas miradas?), otros con la lengua enferma (¿malas conversaciones?) y algunos muy enfermos de los oídos (¿sordos para oír lo bueno, atentos para escuchar lo malo?). Todos ellos tenían sus sentidos roídos por gusanos. Uno tenía la lengua totalmente podrida, otro con la boca llena de fango hediondo y un tercero con la garganta tan maloliente que no se le podía uno acercar (¿de qué hablarán?). Alguno tenía el corazón carcomido y podrido, débil y corrompido (ya se puede uno imaginar lo malos y corrompidos que serán sus afectos).

Había algunos como cadáveres en descomposición (destruidos por los vicios) y otros tan enfermos que parecían un hospital (¡así de enferma está su alma!). Yo estaba viendo la conciencia de cada uno.

Me acerqué a uno de esos pobrecitos y le pregunté:

¿Pero qué es lo que te ha sucedido? ¿Por qué estás así de mal?

Es que estoy cosechando el fruto de mis malas obras. "Cada uno cosecha lo que ha cultivado. El que cultiva corrupción, cosecha maldades" (Gal. 6,7).

Y lo mismo me respondieron varios más. Yo veía el estado de cada alma tan claramente, que si alguno se me acerca ahora, puedo decirle cómo está su conciencia.

Luego fui llevado a un enorme salón, adornado con oro y plata, y lleno de lámparas maravillosas que producían una luz tan bella como uno no puede imaginar. Y en la mitad del salón había una inmensa mesa con los alimentos más exquisitos que una persona pueda desear. Yo al ver semejante cantidad de alimentos tan sabrosos dispuse salir a llamar a mis discípulos para que entraran a comer, pero el Padre Caffaso me dijo:

Un momento: de esta mesa no pueden participar sino los que tienen la conciencia en paz. Los que han arreglado las cuentas de su conciencia.

Yo fui a llamar a los que estaban con la conciencia purificada de pecados, y la mesa se llenó de comensales que demostraban inmensa alegría y satisfacción.

Supliqué luego que también otros de mis discípulos pudieran entrar a participar de tan rico banquete y me fue dicho: "Sólo los que están sanos del alma pueden participar del banquete del cielo. Los que tienen el alma enferma tienen que aguardar a ser curados".

Y yo veía que los que participaban de aquella mesa se sentían inmensamente felices y contentos. Pero los que tenían el alma enferma y manchada estaban allá en un rincón llenos de profunda tristeza. Los que tenían el corazón carcomido sufrían de una gran melancolía. A ninguno de los que tenían el alma manchada se le dejaba acercarse a la mesa de las delicias. Oh y allí entre esos entristecidos con manchas en el alma veía claramente a muchos de mis discípulos.

Yo le pregunté al Padre Caffaso:

¿Qué remedio me aconseja para que estos jóvenes tengan el alma sana?

El respondió: "Estar alerta y vigilar. "Vigilar y orar para no caer en tentación, porque el espíritu está pronto, pero el cuerpo es débil" (Mt. 26,41). "Estar alerta porque el enemigo, el diablo anda dando vueltas como un león, buscando a quien devorar" (S. Pedro 1P. 5,8).

Y al decir estas palabras, el Padre Caffaso y sus compañeros desaparecieron, y yo me desperté, y me encontré sentado en la cama, temblando de frío.

Yo termino recomendando que todos purifiquen su alma con una buena confesión, y que reciban frecuentemente y con mucha devoción la Sagrada Comunión.

El tribunal estaba compuesto por tres amigos de Don Bosco: el Padre Caffaso, su santo confesor y gran maestro de espiritualidad. El examinaba acerca de las prácticas de piedad y acerca de la moralidad. El poeta Silvio Péllico, que examinaba cómo había sido el cumplimiento de cada uno acerca de sus deberes de estudiante. El Conde Cays, senador, examinaba la disciplina y el buen comportamiento y la obediencia de cada cual.

Los jóvenes fueron acercándose en esos días a Don Bosco y él les informaba si los había visto con el alma sana, y sentados a la mesa del banquete del cielo, o si en cambio había observado que estaban enfermos de los ojos, de los oídos, o del corazón, o hechos unos cadáveres por medio del pecado mortal. Algunos lloraban al sentir que la descripción que les hacía el santo al contarles cómo los había visto en el sueño, era un retrato exacto del estado en que se encontraba su alma.

Sería interesante saber en cuál de estos grupos estará cada uno de nosotros.

El Padre Rufino dejó escrita una Crónica de lo que sucedía aquel año, y allí dice que el efecto de aquel sueño fue inmensamente provechoso para los discípulos de Don Bosco. Que cada día se le acercaban muchos de ellos a preguntarle en qué estado los había visto. Y que un grupo bastante numeroso de jóvenes que hasta aquel día no habían querido arreglar los asuntos de su alma con una buena confesión, empezaron a frecuentar el confesionario con mucho arrepentimiento.

Don Bosco sentía la alegría de comprobar que la narración del sueño de las conciencias estaba haciendo mayor bien que una tanda de Retiros Espirituales.

A los dos días al bajar Don Bosco por las escaleras se encontró con un joven y le dijo: " ¿Cuándo te confesarás de tal pecado...que nunca te has atrevido a confesar?".

El muchacho se echó a llorar. Nunca en su vida se había atrevido a confesar ese pecado. Y fue enseguida y se confesó y quedó en paz.

La Crónica del Oratorio sigue diciendo:"Muchos jóvenes se han echado a llorar cuando Don Bosco les ha dicho en qué estado lamentable los vio en el sueño. Los alumnos de los talleres han ido en su mayoría a hacer una confesión general de toda su vida.

Los alumnos le pidieron a Don Bosco en el patio, en el recreo, que les diera más explicaciones del sueño y él añadió: "En ese sueño aprendí más que si hubiera leído varios libros. Los que tienen humo en la cabeza son los que se dejan llevar por el orgullo y el amor propio y el deseo de aparecen De algunos que estaban con el corazón corroído, me fue dicho que son los que tienen el corazón lleno de antipatías, de rencores y de odios, o de envidias. El corazón de algunos estaba lleno de tierra y me fue dicho que son los que viven muy apegados a los bienes de este mundo y a los placeres sensuales".

Y añadió: "Vi a unos con el corazón vacío: Son los que no hacen obras malas, pero tampoco hacen obras buenas y poco rezan con fervor (ni fa, ni fu)".

Después en otra charla de buenas noches les dijo: "He pasado horas muy angustiosas pensando en algo que me llena de horror: el número tan crecido de discípulos míos que viven con la conciencia tan desordenada y con el alma tan manchada. Al recordar a los que vi tendidos por el suelo como cadáveres, y cubiertos de llagas asquerosas, he sentido una tristeza muy profunda. Algunos ya arreglaron los asuntos de su conciencia. Y los otros ¿por qué no lo hacen? Y se echó a llorar. Varios alumnos empezaron a llorar también, y las palabras del santo consiguieron el buen efecto deseado" (Mb. 6,627).

29. UNA AMENAZA DE MUERTE: 1860 (MB. 6,625)

El 12 de enero de 1860 Don Bosco llamó al joven Bartolomé C. a su habitación y le dijo: "He visto en sueños que la muerte te amenazaba. Se acercaba a ti con el deseo de llevarte a la eternidad. Al ver esto, corrí inmediatamente a impedir que la muerte te llevara, pero oí una voz que me dijo:

¿Para qué dejar que siga viviendo a uno que quiere seguir en pecado y no quiere hacer caso a las invitaciones que tú le haces para que empiece a tener un buen comportamiento y abusa de las gracias que Nuestro Señor le concede?".

"Yo rogué para que te alargaran la vida y lo obtuve".

Aquel pobrecito, al oír el relato de este sueño quedó tan preocupado y conmovido que entre lágrimas y sollozos hizo su confesión de toda su vida y formuló muy buenos propósitos que luego se esmeró por cumplirlos lo mejor posible.

Y Bartolomé le contaba luego al Padre Bonetti que desde su primera comunión nunca más se había confesado bien, pero que desde que Don Bosco le contó este sueño había arreglado completamente las cuentas de su conciencia con Dios.

¿Se podrá decir de nosotros esa frase terrible que oyó Don Bosco respecto al tal joven? ¡Ojalá que no!

30. UN PASEO AL PARAÍSO: 1861 (MB. 653)

En la noche del 7 de abril de 1861 dijo Don Bosco a sus jóvenes:

"Voy a contarles un sueño que tuve durante tres noches. Lo que más emoción me produjo fue que cada noche reanudé el sueño en el punto preciso en el que había quedado la noche anterior al despertarme. El sueño consta de tres partes:

PRIMERA PARTE:

Soñé que llegaba con mis discípulos a una hermosa y amplia llanura y que les preguntaba: ¿Quieren que vayamos a dar un paseo?

Los jóvenes dijeron: -¿Pero a dónde?

Y uno respondió: -¡Vamos al paraíso!

Y todos aclamaron: -¡sí, vamos al paraíso!

Atravesamos la llanura y llegamos a una hermosísima colina llena de toda clase de árboles frutales, y cada árbol estaba totalmente lleno de las frutas más exquisitas. Por todas partes se veían flores bellísimas y en el ambiente se sentía una paz y una alegría imposibles de describir. Los jóvenes mientras gustaban aquellas sabrosas frutas me preguntaban: ¿Qué significa todo esto? Y yo les respondía: "Esto es un recuerdo de los goces y alegrías que nos esperan en el paraíso".

Nos imaginábamos que ya estábamos en el paraíso, pero luego al llegar a la cumbre de la colina divisamos a lo lejos una altísima montaña. Allá sí estaba el paraíso.

Y vimos que una inmensa cantidad de gente subía por esa encumbrada montaña, con mucha dificultad pero con enorme entusiasmo, y que desde arriba Dios, desde una luz hermosísima, invitaba a todos a seguir subiendo y a no desanimarse por las dificultades.

Vimos también que varios de los que ya estaban muy altos, bajaban otra vez para ayudar a los que estaban pasando por sitios demasiado difíciles, y les ayudaban para que lograran subir también ellos.

Y se notaba que a los que llegaban a subir hasta la cumbre los recibían allá con una gran fiesta y con muchísima alegría.

Numerosos jóvenes, al contemplar a lo lejos el paraíso, sintieron tal entusiasmo que emprendieron veloz carrera hacia él, para llegar lo más pronto posible, y se adelantaron mucho al resto del grupo.

El lago de sangre. Antes de empezar la subida hacia el paraíso nos encontramos con un lago de sangre, de varias cuadras de ancho y de largo, y allí junto a él vimos multitud de brazos, manos, pies, cabezas y cuerpos descuartizados. Parecía que allí hubiera habido una horrible batalla. Era un espectáculo espantoso.

Los jóvenes que se habían adelantado corriendo, estaban allí mirando horrorizados. Los demás jóvenes que iban llegando y que venían tan alegres, quedaron silenciosos y llenos de susto y de tristeza.

En la orilla del lago había un gran letrero que decía: *"POR MEDIO DE LA SANGRE"*.

Yo pregunté qué significaba todo aquello y una voz me dijo: "El lago significa la sangre que han derramado los mártires de la santa religión, desde la sangre del justo Abel hasta la del último profeta asesinado" (Lc. 11, 51) y la sangre del gran mártir Jesucristo, y la de todos los que han muerto por defender la religión.

Y los brazos, pies, manos y calaveras, ¿qué significan?

La voz nos respondió: "Son los que han pretendido luchar contra la Iglesia. Han quedado tendidos en el campo de batalla, pues la promesa de Jesús dice: "Los poderes del infierno no podrán contra Ella" (S. Mateo 16,18).

Yo les expliqué a mis discípulos que los que se sacrifican por defender la santa religión subirán muy alto hacia el cielo y que los que atacan la religión de Jesucristo se quedarán destrozados a mitad del camino de la eternidad. Y seguimos nuestro viaje.

El lago de agua. Encontramos otro gran lago de aguas cristalinas, con un inmenso letrero que decía: "POR MEDIO DEL AGUA". También junto a este lago había muchos cuerpos destrozados. Y una voz nos explicó: Esto significa que para ir al cielo hay que ser purificados por el agua del bautismo y por el sacramento de la penitencia, porque "al cielo no puede llegar nada manchado" (Apoc. 21,27). Y los restos humanos son los que no quisieron purificarse por la penitencia, y se dedicaron a obrar contra la Iglesia de Dios.

El lago de fuego. Seguirnos el viaje y llegamos a un lago de fuego. Allí a su alrededor había también restos de cuerpos humanos y en el otro extremo un gran letrero que decía: "POR MEDIO DEL FUEGO".

Y una voz nos dijo: "Esto significa que para ir al paraíso es necesario tener un gran fuego de amor a Dios y de caridad hacia el prójimo. Los restos de cuerpos humanos que hay alrededor significan los que en vez de amar a Dios y a su prójimo, se dedicaron fue a atacarlos. Han quedado destrozados, a mitad del camino de la eternidad.

El circo de las fieras. Llegamos luego a un enorme circo llenito de terribles fieras: lobos, osos, tigres, leones, panteras, serpientes, perros bravos, gatos rabiosos y cada monstruo tenía la boca abierta mostrando sus colmillos y aguardando que alguno se le acercara para devorarlo.

La voz nos dijo: "Esos son los peligros que el demonio, el mundo y la carne presentan contra el alma para hacerla pecar y llevarla a la condenación".

Los jóvenes me preguntaron si nos acercábamos a las fieras pero yo les respondí: "El que ama el peligro, en él perece". Y nos retiramos de allí y seguimos nuestro viaje. Si pasábamos por entre el circo, el camino era mucho más corto, pero muchísimo más peligroso. En cambio, dando la vuelta, el viaje era mucho más largo pero con menos peligros, y dispusimos más bien dar la vuelta.

La multitud mutilada. Llegamos a una llanura donde había una inmensa multitud de personas, pero a cada cuerpo le faltaba algo. A unos les faltaban los ojos, a otros las orejas, a unos las manos y a otros la cabeza. Unos no tenían lengua. Los jóvenes estaban aterrados al ver a esa gente tan mutilada, pero una voz nos explicó: "Esos son los que por salvar el alma y por no pecar sacrificaron su vista o sus oídos o hicieron sacrificios en el hablar o hicieron sufrir a su cuerpo con ayunos y penitencias. Los que no tienen cabeza son los que se consagraron a Dios ofreciéndole toda su vida para su santo servicio. Estas gentes cumplieron lo que decía Jesús: "Si tu mano o tu ojo te es ocasión de pecado, sacrifícalo. Que más vale entrar al Reino de los cielos manco o ciego, que irse con las dos manos al infierno" (Mt. 18,8).

Estos resucitarán gloriosos para reinar eternamente en el cielo.

Y en aquel momento oí que una gran muchedumbre venía desde el cielo para animar a los que iban subiendo hacia el paraíso y les decían: "Animo, bien, bien", y al oír aquel ruido de aplausos y de gritos me desperté. Esta es la primera parte del sueño.

SEGUNDA PARTE

La plaza y el túnel. En nuestro viaje hacia el paraíso llegamos a una gran plaza llena de gente muy alegre. Pero la plaza terminaba en un túnel sumamente estrecho y el que quería pasar por él tenía que despojarse de todo lo superfluo, de todo lo no necesario, porque si no, no cabía por el angostísimo túnel. Entonces recordé la frase de Jesús: *"El que no renuncie por amor a mí, a lo que mucho ama, no es digno de mí" (Mt. 10,37).*

Los atados a los animales. Entonces llegamos a un valle donde había muchos individuos, pero cada uno amarrado a un animal. Uno amarrado a un buey, otro a un asno o a un caballo, un tercero a un cerdo y otro a un perro o a un gato o a un conejo.

Y me fue comunicado que los que están amarrados a un buey son los perezosos, en los cuales se cumplirá lo que dijo San Pablo: "El que poco cultiva, poco cosechará". Y los que estaban amarrados a un asno son los tercos, los testarudos, los que siguen sus caprichos sin hacer caso a lo que les aconsejan los sacerdotes y los superiores. A ellos les dice el salmo 32: "No seáis como asnos y mulas que hay que guiarlos con freno y si no, no hacen caso". Me fue dicho que los que estaban amarrados a unos caballos son los que no emplean su cerebro para pensar en lo eterno y en la salvación del alma, sino que sólo piensan en lo que es de la tierra y del cuerpo material.

A muchos los vi amarrados a cerdos y revolcándose con ellos entre el barro y me fue dicho que son los que se dedican a las pasiones sensuales y con el pecado se alejan de Dios. Y me acordé del Hijo Pródigo del cual dice el evangelio que: *"Se dedicó a vivir impuramente y lo pusieron a cuidar cerdos".*

Vi a unos amarrados a gatos: son los ladrones. Y otros amarrados a perros: los que dan escándalo y mal ejemplo. Y varios amarrados a conejos: los que son cobardes y no se atreven a defender su santa religión ni a practicarla delante de los demás.

El jardín infectado. Llegamos a un jardín muy hermoso lleno de rosas, violetas y manzanas. Pero apenas nos acercamos a las rosas notamos que en vez de aroma despedían un olor muy desagradable. Y las violetas en vez de oler agradablemente, olían a fetidez asquerosa. Y uno de los jóvenes quiso probar una de las hermosas manzanas que allí había y tuvo que vomitar porque tenía un sabor horriblemente feo.

Y me fue comunicado que eso significa los goces materiales que ofrece el mundo: tienen apariencia de belleza y de sabrosura, pero en realidad producen asco y aversión y desagrado.

La muchedumbre del camino ancho. Luego llegamos a una avenida ancha y atrayente y vimos que por allí corría alegremente muchísima gente. Orquestas, conjuntos musicales, gritos y aplausos. Unos bailaban, otros brincaban, y la algarabía de todos era ensordecedora.

Pero notamos con susto que entre esa inmensa multitud que descendía por el camino ancho, iban unos tipos muy elegantes empujando para que no se detuvieran, pero a esos individuos les salían unos cuernos por debajo de sus sombreros. Entonces me acordé de lo que dice el Libro de los Proverbios: "Hay caminos que a la gente le parecen buenos pero que terminan llevando al desastre" (Prov. 16,25).

Y una voz dijo: "Miren cuánta gente va viajando tranquilamente hacia el infierno sin darse cuenta". Entonces nosotros nos devolvimos llenos de susto y en vez de seguir por ese camino ancho que lleva a la condenación, nos dirigimos hacia una senda estrecha que subía. Recordábamos aquellas palabras de Jesús: *"Que ancha es la vía que conduce a la perdición y cuán numerosos son los que se van por ella, y qué angosto es el sendero que lleva a la Vida Eterna y qué poquitos son los que por él caminan. Viajad por la vía angosta"* (S. Mateo 7,13).

Y yo pensaba: diré a mis discípulos: recuerden que los placeres que conducen a la perdición no son sino mera apariencia. Ofrecen sólo belleza exterior, pero no alegría interior. Estén alerta para no dedicarse a pecados que los hacen semejantes a los animales, como la pereza, la gula, la impureza, el robo, la desobediencia o el falso respeto humano. Qué triste que tengan que decir de nosotros como del hijo pródigo: se dedicó a vivir impuramente y lo pusieron a cuidar cerdos.

Y en aquel momento, cuando íbamos a empezar a subir por el camino angosto, los muchachos comenzaron a gritar: "Este como que no es el camino. ¡Quizás nos equivocamos de camino! y al oír estos gritos, me desperté.

TERCERA PARTE

El puente. Nos volvimos del camino ancho y llegamos otra vez a la inmensa plaza donde había tanta gente y de la cual se podía salir por un túnel muy estrecho. Pasamos por allí pero nos encontramos con que teníamos que pasar por un puente muy estrecho y sin barandas, debajo del cual había un horrible abismo. Los jóvenes se detuvieron asustados. Si dábamos un paso en falso caeríamos a las aguas turbulentas que corrían encajonadas por el tenebroso abismo, y desapareceríamos.

Al fin uno se atrevió a empezar a pasar y lo siguieron los demás, poco a poco y con muchísimo cuidado, y logramos llegar al otro extremo sin caer al torrente. Nos había servido ser, como decía Jesús: "Sencillos como palomas, pero prudentes como serpientes".

Un camino muy difícil. Encontramos luego un camino sumamente difícil de andar. En un sitio montones de espinas pretendían impedirnos el paso. Más allá piedrononas inmensas que para pasar sobre ellas había que agarrarse muy fuerte con las manos y los pies, y cada uno tratar de ayudar a subir al que iba cerca. La subida era cada vez más escarpada pero nosotros nos animábamos a no desfallecer, y seguimos subiendo.

Mirábamos hacia arriba y veíamos el recibimiento tan festivo y alegre que allá les hacían a los que lograban subir aquella cuesta, y esto nos animaba a seguir subiendo aunque las dificultades fueran cada vez más grandes.

En la cumbre, pero casi sólo. Al fin llegamos a la cumbre de la montaña. Los que estaban allí se preparaban para hacernos un gran recibimiento, cuando yo me volví a mirar cuántos habían llegado conmigo hasta la altura con enorme tristeza vi que de todos mis 800 y más discípulos que habían emprendido conmigo aquel camino hacia el paraíso solamente tres o cuatro habían logrado llegar hasta allá.

Y a los demás, ¿qué les sucedió por el camino? pregunté.

Y una voz me respondió: "Los demás se han quedado estancados en distintas partes del camino. Mire bien y verá dónde se han quedado. Quizás si siguen luchando logren llegar hasta la altura.

Me puse a mirar y vi que unos estaban distraídos recogiendo caracoles. Otros hacían ramos con flores silvestres. Algunos recogían frutas verdes y varios se dedicaban a perseguir mariposas. Hasta había quienes estaban coleccionando grillos y muchos se habían sentado a descansar tranquilamente en la sombra de un matorral.

Yo me puse a gritarles que no se dedicaran a esas boberías inútiles, que éste no era tiempo de dedicarse a descansar, que no se detuvieran en la subida, que siguieran caminando hacia la altura. Unos poquitos, unos ocho, me hicieron caso. Los demás siguieron dedicados a esas inutilidades.

A mí me daba pena llegar con un grupito tan reducido al paraíso, y les dije a mis pocos compañeros: espérenme aquí que yo bajo a tratar de hacer subir a los rezagados.

Y me vine cuesta abajo animando a unos, empujando a otros hacia arriba y hasta regañando a algunos más despreocupados. Les repetía afanosamente: "Sigan caminando hacia arriba. No se queden en mitad del camino del paraíso por dedicarse a cosas que no valen la pena... sigan, suban".

Y bajé hasta donde empieza la subida de la montaña y allí encontré a muchos desanimados que ya no querían hacer sacrificios para llegar al paraíso, sino que pensaban dedicarse a la vida fácil sin hacer esfuerzos por subir.

Animé a todos a emprender de nuevo el camino hacia las alturas y cuando ya iba a comenzar a caminar hacia la alta montaña, me tropecé con algo y me desperté.

Quiero terminar esta narración diciéndoles: "De 800 que empezaron la subida sólo cuatro llegaron directamente al cielo. ¿Y los otros? Tendrán que quedarse en el Purgatorio pagando los pecados. Para unos el purgatorio será muy cortico, pero para otros puede ser muy largo. Y alguno me preguntará: "¿Qué debo hacer para que mi purgatorio no sea tan largo? Yo le respondo: Gane indulgencias". (Indulgencia es el perdón de una parte de la pena que se debe pagar por el pecado). La Iglesia Católica tiene poder de conceder indulgencias, porque Cristo dijo a los apóstoles: "Todo lo que desatéis en la tierra, quedará desatado en el cielo". La Iglesia ha concedido indulgencias a quienes le ofrecen a Dios el trabajo que hacen. También se gana indulgencia cada vez que se ofrece a Dios un sufrimiento o se da una limosna por amor de Dios. Gana indulgencia quien asiste a la Santa Misa y quien comulga y el que reza el Rosario o visita a Jesús Sacramentado en un templo, etc.

31. DESDE LEJOS VE LO QUE OTROS ESTÁN HACIENDO: 1861

El 4 de febrero de 1861 salió Don Bosco para el Seminario de Bérgamo a predicar. Al día siguiente escribió al Prefecto de disciplina de su Oratorio en Turín: "Vi anoche desde aquí que el diablo hizo ayer muchos males entre los muchachos de allá. Y temo que mañana lo vuelva a hacer otra vez".

Al constatar después que sí había sido así, el Padre Bonetti y el Padre Ruffini exclamaron: "Ahora sí nos convencemos de que Don Bosco ve las cosas desde muy lejanas tierras".

A la noche siguiente en la cena les dijo a los superiores y seminaristas de Bérgamo: "Hoy he visto desde aquí que dos de mis alumnos me estaban escribiendo cada uno una pequeña cartica y que me la enviaban".

¿Y cómo lo sabe?

le preguntaron aquellos amigos .

Pues mañana verán que sí fue así.

Y al día siguiente estando almorzando llegó el portero con el correo. Eran dos pequeñas carticas que le habían escrito sus dos alumnos.

Y esa misma noche leía el P. Alassonati a los alumnos de Turín lo malo que Don Bosco había visto en sueños que había sucedido allí en el Oratorio. Los culpables se quedaron aterrados al ver que todo se había sabido, y desde tan lejos.

32. LA LINTERNA MÁGICA: 1861 (MB. 6,679)

Este sueño lo tuvo Don Bosco el 1o. de mayo de 1861. Dice que duró unas seis horas. Apenas se despertó se levantó y se dedicó a escribir los datos más importantes que había visto u oído durante el sueño. Luego el 2 de mayo por la noche estuvo 45 minutos narrándolo a todo su alumnado reunido. Dijo así:

Me pareció que salía de mi casita en I Bechi y que me iba a pasear por el campo. En el camino me encontré con un personaje que estaba como aguardando a alguien, el cual me invitó a acompañarlo por aquel camino. Luego me preguntó:

- ¿Quiere ver algo extraordinario?

- Sí, claro que sí .

- Pues le voy a mostrar lo que son ahora sus discípulos y lo que serán en el futuro.

Y sacó una máquina proyectora, que tenía un lente de un metro de diámetro y cuyo título era: *"Los ojos que ven lo oculto, en los cielos y en la tierra".*

El personaje le dio una vuelta a la manivela de la máquina o linterna mágica y me dijo: "Mire por el lente". Miré, y oh espectáculo admirable: allí en la pantalla vi a todos los discípulos que tengo ahora.

Le dio otra vuelta a la manivela *y aparecieron mis discípulos divididos en dos grupos: a un lado los buenos, llenos de felicidad y alegría.* Y al otro lado los malos, que no eran muchos, pero que presentaban un aspecto lastimoso. Unos tenían la lengua agujereada, otros los ojos extraviados, unos con la cabeza enferma y otros con el corazón roído por los gusanos. Yo sentía mucha tristeza al verlos así, y pregunté al personaje qué significaba todo aquello.

El me respondió: "Los que tienen la lengua agujereada son los que dicen cosas malas. Los que tienen los ojos extraviados son los que le ponen malicia a lo que oyen, ven o dicen. La cabeza enferma significa que no hacen caso a los buenos consejos que se les dan. El corazón roído por gusanos quiere decir que se dejan vencer por las pasiones sensuales.

Me ordenó que le diera una tercera vuelta a la manivela. Así lo hice y *aparecieron en el lente cuatro jóvenes atados con gruesas cadenas.* El me dijo: "Estos los que si no dejan su mala conducta van a terminar muy mal, y quizás en la cárcel.

Me mandó darle otra vuelta a la manivela, *y aparecieron en pantalla siete jóvenes de aspecto huraño y desagradable, con un candado que les cerraba los labios y tres de ellos se tapaban los oídos con las manos.* El personaje me dijo: Son los que no se confiesan de sus pecados. Y los que se tapan los oídos son los que no quieren oír ni aceptar los buenos consejos que se les dan para corregirse. Y si oyen algún buen consejo no se les da la gana de ponerlo en práctica. Dígales que dejen tanto orgullo que tienen en su corazón.

Yo en ese momento me hice este propósito: De cada dos veces que hable en público, una vez recomendaré a la gente que se confiese bien de sus pecados. Porque muchos se condenan por no confesarse, pero muchos se pierden porque se confiesan mal, sin examen, ni dolor, ni arrepentimiento, ni propósito, o sin decir todos sus pecados al confesor.

El personaje misterioso me hizo dar otra vuelta a la rueda y vi a tres jóvenes, cada uno con un enorme orangután sobre la espalda. Y lo raro es que esos animales tenían cuernos. Los monos les apretaban la garganta tan violentamente a sus víctimas que el rostro se les ponía rojo y los ojos se les llenaban de sangre y parecían que iban a saltar de sus órbitas. Con las patas traseras los animalejos les sofocaban el corazón, y con la enorme cola les enredaban las piernas de manera que no pudieran andar.

Y me fue dicho que ellos representan a los que siguen cometiendo frecuentemente pecados contra la pureza, y aun después de Retiros Espirituales siguen siendo víctimas de sus malas costumbres impuras. Que el apretarles la garganta significa el que no se atrevan a confesarse y que el ponerse rojo el rostro quiere decir que les da vergüenza consultar a un sacerdote, y que el saltárseles los ojos es señal de que las pasiones no les dejan ver las malas consecuencias que van a tener sus impurezas, ni los remedios espirituales para poder librarse de sus malas pasiones, ni la importancia que tienen los sacramentos para curarlos de los males del alma. Y que el enredarles las piernas para que no puedan andar, significa que se convencen de que ya no son capaces de dejar sus malas costumbres y sus malos hábitos y creen imposible su enmienda y no tratan de dar ni un paso para enmendarse y librarse de la esclavitud de sus pasiones.

Yo sentía enorme tristeza al ver a algunos de mis discípulos en situación tan cruel, y le pregunté al personaje *qué consejos debía darles para que se libraran de esos monstruos* que son sus malas costumbres. Y él me dijo:

Labor, sudor, fervor. LABOR: O sea dedicarse a trabajar mucho y a cumplir muy bien sus deberes de cada día.

Estar siempre ocupados. *SUDOR:* hacer penitencias y pequeños sacrificios (gran penitencia es la obediencia. Muy buena penitencia es dedicarse a cumplir muy bien el deber de cada momento). *FERVOR:* orar mucho y con devoción (pequeñas oracioncitas pero repetidas muchas veces. *Jesús decía: "Hay malos espíritus que no se alejan sino con la oración y el sacrificio").* Y el guía añadió: "Hay personas que por más consejos que se les den no se convierten, pues no quieren sacudir el yugo con el cual los tiene esclavizados Satanás".

Yo sentí mucha tristeza y me puse a decir:

-*¿Pero es posible que esto sea así? ¿Después de tantos consejos que se les dan? ¿Después de tantos sermones? ¿Después de haberles hecho Retiros Espirituales? ¿Después de haberles avisado tantas veces? Jamás me había imaginado que iba a tener tan gran desengaño.*

Entonces el guía me reprendió diciendo:

-Miren al orgulloso. ¡Acaso quién eres tú para pretender que con tus trabajos se conviertan las almas! ¿Porque amas mucho a la juventud te imaginas que ya sin más tus discípulos van a corresponder y a hacer caso a todo lo bueno que les recomiendas? ¿Acaso es que amas tú a las almas más de lo que las amó nuestro Divino Salvador? ¿O es que has sufrido por éstos más que lo que sufrió Jesucristo? ¿O es que tienes una palabra más eficaz que la que tenía nuestro Redentor? ¿O es que predicas mejor que El? ¿O es que has tenido tú más solicitud para con los jóvenes que la que Jesús empleó para formar a los Apóstoles? Tú sabes que ellos vivían con El, continuamente. Que gozaban día por día de sus grandes favores, que le oían sus maravillosos consejos, que contemplaban sus obras portentosas y que al ver sus buenos ejemplos sentían un inmenso estímulo para portarse cada vez mejor. ¡Cuánto hizo Jesús por santificar a Judas y volverlo santo! Y sin embargo Judas lo traicionó y terminó suicidándose. Entre doce, hubo uno que falló. ¿Y tú entre quinientos, te maravillas de que haya un pequeño número de discípulos que no corresponde a tus cuidados? ¿Pretendes conseguir que entre tantos no haya ninguno malo, ni siquiera uno pervertido? ¡Miren cómo se ha vuelto éste de orgulloso!

Al oír esto, yo callé, pero sentía una gran tristeza en el alma.

El guía viéndome tan apesadumbrado me dijo: "Para que te consueles, dale ahora otra vuelta a la rueda y verás lo que te espera para el futuro, y admírate de la generosidad de Dios y fíjate en el gran número de almas que Dios te quiere regalar".

Di otra vuelta a la rueda y miré por el enorme lente. Allí vi una cantidad inmensa de jóvenes que yo no conocía. Y el guía añadió: "Mira, por cada uno de éstos que no ha querido corresponder a tus cuidados, Dios te dará cien discípulos más".

Yo me sentía enormemente contento al ver tan inmensa cantidad de juventud que Dios nos tiene destinada para el futuro, y el personaje me dijo:

¿Quieres contemplar algo todavía más hermoso? Pues dale otra vuelta a la rueda".

Di la vuelta a la rueda y vi a mis discípulos trabajando en un gran campo. *Unos trabajaban en una huerta cultivando hortalizas,* empleando azadones, palas y picas.

Estaban divididos en cuadrillas que tenían sus respectivos jefes. Se les repartían sus herramientas y se les animaba a trabajar con entusiasmo. A lo lejos había algunos regando semillas por el campo.

Un segundo grupo se dedicaba a recoger una enorme cosecha de trigo. Unos cortaban espigas. Otros las llevaban en carros; unos afilaban las hoces para cortar, y otros se dedicaban a repartir herramientas entre los trabajadores. Algunos se dedicaban a tocar guitarra y a cantar para amenizar el oficio de los trabajadores. Era un hermoso espectáculo lleno de sorprendente variedad.

Debajo de unos árboles corpulentos se veían unas mesas con el almuerzo preparado para todos los que trabajaban.

El guía me explicó que los que trabajan en la huerta son los que se dedican a servir a Dios en medio del mundo, los seglares. En cambio *los que recogían la cosecha de trigo son los que se dedicarán a servir a Dios en el sacerdocio* o en una comunidad religiosa. Yo vi a éstos tan claramente que a muchos les podré decir si los tiene Dios destinados para el sacerdocio o no.

Vi que el Padre Provera distribuía las hoces o herramientas a los que segaban el trigo y creo que esto significa que él va a llegar a ser rector de algún seminario. Algunos se dedicaban a arreglar hoces: son los que tendrán como oficio preparar a los futuros sacerdotes.

Vi también que *muchos no recibían la hoz de manos de un salesiano* sino de otros que no son de nuestra Congregación y con eso se me informó que muchos de mis discípulos van a ser sacerdotes, pero no salesianos. Yo los puedo distinguir claramente después de este sueño.

La hoz que le daban a cada uno es señal de la Palabra de Dios que tendrán que difundir en su predicación.

Algunos pedían la hoz, pero se les exigía que antes fueran a conseguir un poco más de piedad y de ciencia. A otro antes de darle la hoz (el poder de predicar) se le pidió que consiguiera la flor de la amabilidad y la de la prudencia.

En el sueño vi recibiendo la hoz de la Palabra de Dios a muchos de mis discípulos que se van a dedicar a la predicación y a varios de ellos los conozco muy bien con nombre y apellido.

Vi a uno que trabajaba muy violentamente y se me dijo que nada de lo que se hace con violencia tiene buen efecto y larga duración. Muchos de los que se dedicaban a cortar el trigo tenían la hoz tan sin filo que era más lo que destrozaban y estropeaban que lo que cosechaban. Y se me dijo que son los que carecen de piedad.

Vi que algunos tenían una hoz sin punta, y me fue dicho que eso significa que hacen apostolado sin humildad, y con el deseo de aparecer más que los demás.

Cuando la cosecha estuvo recogida se echó el trigo en carros tirados por bueyes y adelante iba el Padre Miguel Rúa dirigiendo todo el grupo hacia el granero, lo cual significa que el Padre Rúa dirigirá a los discípulos nuestros.

Vi con tristeza que algunos en vez de dedicarse a recoger la cosecha se dedicaban a perder el tiempo. Muchos en vez de ponerse a recoger el trigo se iban a buscar uvas silvestres: y ellos son los que en lugar de dedicarse a su oficio de salvar almas se dedican a otros oficios no tan propios de un apóstol.

A algunos mientras trataban de cortar el trigo se les caía el mango de la hoz, y me fue dicho que son los que trabajan sin rectitud de intención, o sea, no por agradar a Dios, sino por conseguirse buen nombre y fama.

A uno vi que pedía la hoz pero le dijeron: mientras no consiga las dos flores que son: caridad y humildad, no le podemos dar el poder de predicar. Y aunque se disgustó, no le dieron la hoz mientras no fue a conseguir las dos flores.

DIEZ AÑOS MÁS

El guía me dijo: "Ahora le darás diez vueltas más a la rueda para que veas lo que sucederá dentro de diez años.

Le di las diez vueltas y aparecieron mis discípulos en el lente, pero totalmente cambiados: los que ahora son niños, aparecieron unos señores. Y los que ahora están en edad del vigor, aparecieron ancianos. Muchos de los que ahora son alumnos aparecieron ya sacerdotes o profesores.

El guía me mandó: "Hay que darle otras diez vueltas a la rueda, para saber lo que pasará diez años después de eso, o sea en 1881".

Le di las vueltas pero ya no aparecieron sino la mitad de los discípulos de ahora, y muchos ya con canas, y algunos muy encorvados.

El guía me ordenó dar otras diez vueltas a la rueda para ver el estado de nuestras obras dentro de 30 años, en 1891.

Le di las diez vueltas y entonces ya no vi en el lente sino la cuarta parte de mis discípulos de ahora, pero todos con el cabello blanco. Sentí tristeza al notar que eran ya tantos los que no estaban, pero al mismo tiempo tuve una gran alegría al ver un número inmenso de nuevos discípulos en muchas partes del mundo.

Y se me presentó una escena emocionante: Vi a los salesianos de muchos países rodeados de jóvenes de diversas razas y colores.

DON BOSCO VIÓ EN SUEÑOS LOS COLEGIOS QUE IBAN A TENER LOS SALESIANOS

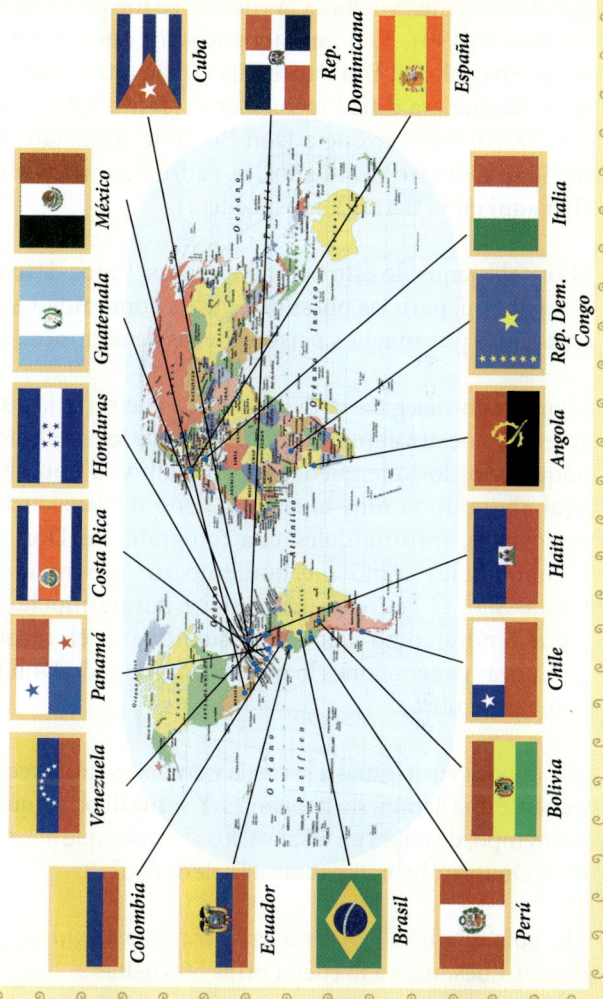

Cuba

Rep. Dominicana

España

México

Italia

Guatemala

Rep. Dem. Congo

Honduras

Angola

Costa Rica

Haití

Panamá

Chile

Venezuela

Bolivia

Colombia

Ecuador

Brasil

Perú

Le di otras diez vueltas a la rueda y se me presentó nuestra obra en 1901. Ya eran muy pocos los que quedaban de los que hay ahora. Y el Padre Rúa estaba tan anciano y envejecido que era difícil reconocerlo. ¡Tanto había cambiado! (Es curioso ver que a Don Bosco le anuncian en este sueño que dentro de 40 años, el Padre Rúa todavía estará vivo aquí en la tierra. Y así sucederá).

Los salesianos de este tiempo eran casi todos desconocidos para mí, pero las obras de nuestra comunidad estaban esparcidas por muchos países y llenas de alumnos.

Por orden del guía le di otras diez vueltas a la rueda y apareció nuestra comunidad en 1911. De los de ahora eran poquísimos los que quedaban. Pero allí vi a uno que está aquí ahora, lo vi muy anciano y lleno de canas, rodeado de jóvenes, mostrándoles una fotografía de Don Bosco y contándoles cómo fue que empezó nuestro Oratorio (Nota: Será el Padre Francesia, que durará muchos años y que tendrá como labor muy querida por él, recordar a las nuevas generaciones lo que sucedió cuando Don Bosco empezó su obra).

Le di unas vueltas más a la rueda y entonces ya apareció únicamente una llanura sin habitantes. Y se me dijo: "Es que ya en ese tiempo, de ahora en 50 años, los alumnos que ahora están en el Oratorio, habrán pasado a la eternidad".

El guía añadió: *"¿Quieres ver otra escena más sorprendente?* Pues, dale a la rueda otras 50 vueltas".

Le di esas vueltas a la rueda y apareció en el gran lente una inmensa cantidad de jóvenes desconocidos para mí, de todas las razas, pueblos y naciones; de los más diversos idiomas y de fisonomías variadísimas. Rodeaban alegres a sus maestros salesianos.

Y la voz me dijo: "Estos serán los discípulos de tus discípulos. Escucha lo que les están diciendo: Hablan de ti, y de los *primeros salesianos,* que ya en ese tiempo han muerto, *y les recuerdan las enseñanzas que Don Bosco les dejó".*

En ese momento la rueda empezó por sí sola a dar vueltas a tan gran velocidad y con un ruido tan fuerte, que *me desperté.* ...Y siguió diciendo:

Alguno dirá: " ¿Será que Don Bosco es un hombre extraordinario, o un personaje, o un santo? Lo que les digo es que Dios se vale de la basura del mundo para llevar a cabo sus grandes empresas, y de lo que no vale, para guiar a lo que sí vale, así como en tiempos de Moisés se valió de la burra de Balaam para que fueran comunicados al pueblo muy importantes mensajes. Así que no se fijen en la conducta de Don Bosco para saber cómo se van a portar, sino más bien fíjense en estos mensajes que el cielo nos envía, para hacerles caso y obedecerlos. Nadie vaya a decir: "Don Bosco hizo así, y por lo tanto eso está muy bien". "Observen primero mis acciones: si ven que son buenas, imítenlas, pero si me ven hacer algo que no está bien, no me vayan a imitar jamás en eso, sino más bien rechácenlo como algo mal hecho".

VI EN EL SUEÑO QUE DENTRO DE 50 AÑOS, EN 1911 UN SALESIANO QUE ME ESTA OYENDO AHORA (EN 1861) ESTARÁ EN EL PATIO, YA MUY ANCIANO, RODEADO DE ALUMNOS, MOSTRÁNDOLES UNA FOTOGRAFÍA DE DON BOSCO.

El Padre Francesia que estuvo presente en la narración de este sueño y que en 1911 (50 años después) todavía estaba vivo y hablaba con mucho entusiasmo de Don Bosco a los alumnos.

Dice el Padre Ballesio que estaba presente en el Oratorio en esos días: "Don Bosco nos narró este sueño con una gracia y una emoción impresionantes. Parecía un general viendo a sus tropas triunfar en lo futuro, pero sobre todo parecía un profeta anunciando lo que más tarde iba a suceder. En esa semana todos los centenares de discípulos suyos que le escuchamos narrar el sueño fuimos desfilando por su habitación para pedirle que nos dijera en qué sitio de la cosecha y de qué manera nos había visto, y nos admirábamos al constatar con qué admirable precisión había sabido en el sueño en qué estado se encontraba nuestra alma, y cuáles eran nuestros defectos y nuestras aspiraciones. Éramos más de 400 y a todos y a cada uno nos decía en qué estado nos había visto. Y los alumnos mayores exclamábamos: "Seguramente Don Bosco ha recibido dones extraordinarios del cielo". Y entre los numerosos alumnos del Oratorio de Turín el efecto de este sueño de la linterna mágica o de la rueda, fue mejor que el que habría producido una tanda de Retiros Espirituales o la predicación de una misión. En todos se notaba un gran deseo de ser más fieles en cumplir lo que Dios desea de cada uno.

Monseñor Cagliero decía: "Yo estuve presente cuando Don Bosco narró este sueño. El nos contaba todo esto porque su confesor el Padre José Caffaso le había dicho: "Cuénteles sus sueños a sus alumnos, porque eso les hace mucho bien". Don Bosco, aprovechando su prodigiosa memoria nos iba diciendo a todos uno por uno, cómo nos había visto en el sueño. Y nosotros quedamos convencidos de que Dios le había informado el futuro de sus discípulos y de su congregación por 50 años y más. En aquel año de 1861 nuestra comunidad era pequeñísima (tenía dos años de nacida) y era muy combatida por los que no la comprendían. Y Dios quiso informarnos que el futuro que nos esperaba era inmenso y muy consolador.

El joven Fagnano se le acercó a Don Bosco y le dijo: "¿Cómo me vio a mí en su sueño? El le respondió: "Te vi que estabas lejos, lejísimos de aquí, rodeado de hombres casi desnudos". Fagnano creyó que esto no sucedería, pero veinte años más tarde, celebrando la fiesta de María Auxiliadora en el polo sur, en la Patagonia, como misionero, rodeado de indios casi desnudos, le escribió a Don Bosco: "Hoy se ha cumplido lo que vio acerca de mí en su sueño en 1861".

A un joven muy despierto le dijo: "Vi en el sueño que deseabas ser sacerdote y predicador, pero que te faltan tres cualidades: humildad, castidad y caridad".

Alguien le preguntó: "¿Por qué a ciertos jóvenes los vio con un orangután sobre el cuello?". Y le respondió: "Es el pecado de la impureza, que no se presenta ante los ojos como algo tan malo y vergonzoso, sino que a traición ataca haciendo creer al que lo comete que eso no le traerá tantos males y que no es tan degradante e indigno como en realidad lo es".

Otro le preguntó: "¿En el futuro de su comunidad vio sólo noticias buenas?". Don Bosco respondió: "Vi también muchas dificultades y enormes problemas que se nos van a presentar, y eso me asustó bastante. Yo les puedo asegurar que si cuando se me ocurrió fundar esta congregación hubiera sabido los problemas y dificultades que se me iban a presentar, jamás me habría atrevido a tratar de fundarla". Pero Dios ha repetido en el Libro Santo: Yo nunca te abandonaré" (Hebr. 12).

El Padre Ruffino dice en su crónica de ese año: "Don Bosco nos dijo que entre los que recogían la cosecha de trigo vio dos de sus alumnos que llegarían a ser obispos". Pero no nos quiso decir quiénes eran. Nosotros decíamos que probablemente serían los jóvenes Cagliero y Albera. Pero 25 años más tarde los que fueron nombrados obispos fueron Cagliero y Costamagna. De este segundo muchacho nadie se imaginaba entonces que llegaría a ese alto puesto.

33. LAS DOS CASAS: 1861 (MB. 6,715)

Don Bosco estaba construyendo un nuevo edificio para sus niños pobres en Turín. Pero en el mes de noviembre uno de los arcos cedió y toda la construcción se vino abajo. Y sucedió que María Auxiliadora estaba por allí protegiendo porque de los 4 obreros que estaban trabajando en ese momento en la construcción, uno quedó suspendido en el aire sobre una viga que no se alcanzó a partir. Otro se hallaba en un rincón y allí la bóveda no se hundió. El tercero se salvó porque se le vino encima una viga pero quedó suspendida en una pared encima de él, y lo protegió del derrumbe de materiales que caían. El cuarto quedó entre los escombros, pero al removerlos lo encontraron sin ninguna herida grave. Sólo algunas pequeñitas heridas, y...el susto que sí fue de tamaño mayor. Todos bendecían a María Santísima por ésta su ayuda tan especial, y Don Bosco exclamó: "Los poderes del infierno nos hicieron una jugarreta, pero seguiremos adelante".

Y una de esas noches tuvo *EL SUEÑO DE LAS DOS CASAS:*

"Estaba muy preocupado por el derrumbamiento del edificio que estábamos construyendo, y en un sueño vi que se me acercaba Monseñor Gastaldi y me decía: "Animo, no se aflija porque se le ha caído una casa. Después se construirán dos casas: una para los sanos y otra para los enfermos".

NOTA: Don Bosco no tenía edificio para enfermería en su colegio y a sus jóvenes enfermos los tenía que enviar a los hospitales, pero allá veían y oían muy malos ejemplos, y él deseaba tener en su colegio su propia enfermería. Y sucedió tal como se fue anunciado en este sueño, allí fueron levantados dos edificios: el que se derrumbó, que se dedicó para clases, y uno nuevo, que se dedicó para enfermería de los alumnos.

34. LOS DOS PINOS: 1861 (MB. 6,720)

"Soñé que estaba en un campo de Castelnuovo con algunos jóvenes, cuando vimos venir por el aire un enorme pino, tan ancho como dos cuadras de casas, y de una altura extraordinaria. El pino se acercaba a nosotros en posición horizontal y después se enderezó quedando vertical. Parecía que nos iba a caer encima y nosotros nos hicimos la señal de la cruz y pensábamos huir, cuando de pronto llegó un viento fuerte como el de un huracán y transformó al árbol en una tempestad de relámpagos, truenos, rayos y granizo.

Después vino otro pino menos grueso que el anterior avanzando en la misma dirección, y se colocó encima de nosotros y en posición horizontal comenzó a descender. Nosotros huimos temiendo ser aplastados y nos hacíamos muchas veces la señal de la cruz. El pino descendió casi a ras de tierra y permaneció suspendido en el aire. Sólo sus ramas tocaban el suelo. Llegó luego un suave vientecillo y lo transformó en lluvia que benefició a la tierra.

Yo creo que el árbol inmenso que se convierte en tempestad y en granizada significa las persecuciones y ataques de enemigos que le llegan siempre a la Iglesia Católica, y a los que se esmeran por ser fieles a la verdadera religión.

Y el segundo árbol que se convierte en lluvia que beneficia la tierra creo que es la Santa Iglesia o alguna de sus comunidades, que seguirá produciendo tanto fruto espiritual en las almas, como los que la lluvia produce en la tierra.

NOTA: Del árbol grande y terrible puede ser que tenga que decirse lo que el profeta Daniel le dijo al rey Nabucodonosor, que había destruido el templo de Jerusalem y llevado desterrados a los israelitas: *"Tu reino es un árbol inmenso, pero he oído una voz del cielo que dice: Corten el árbol, vuélvanlo pedazos, corten sus ramas y que no produzca ya más frutos"* (Daniel, 4,11).

En el otro árbol más pequeño puede estar representada alguna parte de la Santa Iglesia *(por ejemplo: la Congregación Salesiana)* que va llenando de frutos espirituales los sitios a donde llega, así como la lluvia llena de buenas cosechas la tierra a donde cae.

35. EL PAÑUELO DE LA VIRGEN: 1861 (MB. 6,735)

En la noche del 14 de junio vi en sueños que un grupo de jóvenes rodeaba a la Sma. Virgen y que Ella le daba a cada uno un pañuelo. Luego subieron a todos a la azotea y Nuestra Señora les dijo: *"No abran el pañuelo cuando sopla el viento. Y si el viento llega de sorpresa vuélvanse inmediatamente hacia la derecha, pero nunca hacia la izquierda".*

Luego cada joven fue extendiendo su pañuelo: eran finísimos, bordados con oro, y de un enorme precio. En cada pañuelo había este escrito: *"REINA DE LAS VIRTUDES: LA PUREZA O CASTIDAD".*

De pronto empezó a llegar del lado izquierdo un fuerte ventarrón. Varios jóvenes cerraron inmediatamente sus pañuelos. Otros se volvieron hacia el lado derecho. Pero algunos permanecieron con el pañuelo abierto y desplegado, y sin moverse. Enseguida se desencadenó una fuerte tempestad: rayos, truenos, lluvia, granizo y nieve.

A los jóvenes que permanecieron con el pañuelo extendido, el granizo fue rompiendo cada pañuelo. La lluvia y la nieve fueron llenando también de agujeros pañuelo tras pañuelo, y en poco tiempo los pañuelos quedaron totalmente estropeados y perdieron toda su hermosura.

Pregunté a Nuestra Señora qué significaba aquello y me respondió: "Esos jóvenes son tus discípulos. El pañuelo es la santa virtud de la pureza o castidad. Los que quedaron con el pañuelo destrozado son los que se expusieron a las tentaciones, a los peligros, a las ocasiones de pecar. Los que doblaron el pañuelo a tiempo y lo conservaron íntegro y hermoso son los que no se han expuesto a los peligros de pecar y conservan la santa virtud de la pureza. Los que se volvieron hacia la derecha son los que sí han tenido ocasiones de pecar, y los ha sorprendido la tentación, pero han sabido encomendarse a Nuestro Señor y le han vuelto la espalda al pecado, alejándose de aquello que los invitaba a pecar. Los de los pañuelos rotos son los que han caído en pecados impuros.

Yo estaba muy triste al ver que eran tantos y tantos los que habían quedado con el pañuelo roto y destrozado y pregunté a Nuestra Señora: "¿Pero por qué no sólo el granizo rompió los pañuelos, sino que también el agua y la nieve los rompieron?

Y Ella me contestó: "Es que en pureza también las faltas pequeñas manchan el alma y la dejan en muy mal estado". Luego se oyó una voz: "Que se vuelvan hacia la derecha".

Y muchos de los jóvenes que tenían los pañuelos rotos se volvieron hacia la derecha y sus pañuelos quedaron zurcidos y remendados. Pero cada pañuelo quedó mucho más pequeño de lo que era antes y muchísimo menos hermoso de lo que había sido. Daba lástima comparar la fealdad que ahora tenían esos pañuelos con la belleza que antes habían tenido. Pero bueno, ya estaban remendados y ya no estaban rotos. Y me fue dicho que esos son los que han cometido actos impuros y se han confesado y han hecho obras buenas para pagar sus pecados. Poco a poco van recuperando la hermosura de su alma, pero es difícil que lleguen otra vez a tener la belleza que su espíritu tenía antes de cometer esos pecados impuros.

Vi que algunos no quisieron volverse hacia la derecha, y su pañuelo fue quedando totalmente destrozado. Son los que quieren seguir en sus pecados de impureza y no se arrepienten ni hacen nada serio por mejorar su mala conducta. Esos pobres van irremediablemente hacia la perdición. Podrían usar el remedio de la confesión para arreglar los problemas de su alma, pero no quieren aprovechar ese buen remedio.

36. LAS DISTRACCIONES EN LA IGLESIA: 1861 (MB. 6,799)

El 28 de noviembre de 1861, cuando muchos de los jóvenes estaban recién llegados al Oratorio de Don Bosco y todavía no estaban acostumbrados a rezar atentamente, el santo les contó este sueño.

"Soñé que estábamos todos reunidos en la Iglesia y empezó la Santa Misa. Y entonces entraron al templo muchos hombrecitos vestidos de rojo y con cuernos, o sea unos diablillos, y se dedicaron a distraer a los jóvenes mientras rezaban.

A unos les presentaban los elementos del deporte, a otros un libro, a varios un plato lleno de golosinas y a algunos les mostraban un armario en el fondo del cual había guardada una buena merienda. A algunos les traían el recuerdo de su pueblo o de su barrio y a otros les recordaban los detalles del último partido de juego. Cada joven tenía un diablillo que trataba de hacerlo pensar en otras cosas y no en las oraciones que estaban diciendo.

Algunos diablillos estaban encaramados en el cuello de ciertos jóvenes y se entretenían en acariciarles y alisarles los cabellos.

Llegó el momento de la elevación de la hostia, y al toque de la campanilla los jóvenes se arrodillaron, y todos los diablillos desaparecieron, menos los que estaban sobre el cuello, los cuales volvieron la espalda para mirar al lado contrario al del altar.

Apenas terminó la elevación, volvieron los diablillos y se dedicaron otra vez a tratar de distraer a los jóvenes para que no pusieran atención a lo que estaban rezando.

Creo que la explicación de este sueño es que los diablillos representan a las distracciones que nos vienen cuando rezamos. Si rezamos sin pensar en qué es lo que decimos, ni a quién hablamos, ni qué le pedimos, entonces la oración pierde mucha parte de su valor y de su poder.

Los que tienen el diablillo sobre el cuello son los que están en pecado mortal y no quieren dejar ese pecado. El diablo no se les va porque ellos le pertenecen a él, y a éstos les queda mucho más difícil que a los demás hacer oración.

37. LOS JUGADORES: 1862 (MB. 7,55)

El 31 de enero de 1862 estaba Don Bosco paseando por los corredores con unos jóvenes durante el recreo, y de pronto se detuvo y llamó al seminarista Juan Cagliero y le dijo:

—*Oigo dinero que suena. Algunos están por ahí jugando dinero. Darás una vuelta por el edificio y buscarás a los jóvenes NNN (y le dijo tres nombres).*

Cagliero empezó a recorrer corredores y rincones y no los encontraba. De pronto vio venir a uno de los tres y le dijo:

¿De dónde vienes? ¿Dónde estabas? ¡Te estaba buscando!

—*Estaba jugando con N y N.*

—*Y estaban jugando dinero, ¿no es cierto?*

El joven no pudo negar que sí había sido así.

Cagliero volvió a contarle a Don Bosco el resultado de sus pesquisas y el santo contó que en la noche anterior había visto en sueños a estos tres muchachos jugando dinero. (Y el jugar dinero se les prohíbe a los jóvenes porque los puede llevar al robo y a muchos males, más).

38.... ANUNCIO DE UNA MUERTE: 1862 (MB. 7,14)

El 21 de marzo de 1862, Don Bosco en su sermoncito que acostumbraba dar a los jóvenes antes de que se fueran a acostar, y que él llamaba "Buenas Noches", les dijo:

"Les voy a contar un sueño. Soñé que durante un recreo en el cual los jóvenes juegan y corren por todas partes, yo estaba asomado a la ventana de mi habitación observando lo alegremente que los muchachos corrían por todo el patio.

De pronto oí un gran estrépito a la entrada, en la portería, y dirigiendo hacia allá la mirada, vi entrar al patio a un personaje de elevada estatura, de frente ancha, ojos extrañamente hundidos, barba larga, cabellos muy blancos y ralos que desde la cabeza calva le caían sobre los hombros. Venía envuelto en un manto negro como los que colocan en los funerales, y apretaba el manto contra su cuerpo con la

Mientras los jóvenes jugaban en el patio:
VI QUE POR LA PORTERÍA LLEGABAN DOS HOMBRES CON UN ATAÚD.

mano izquierda, mientras en la mano derecha llevaba una antorcha cuya llama era de color azul negruzco. El tal personaje andaba despacio por todo el patio observando con cuidado como buscando algo que se le hubiera perdido.

Pasó por en medio de todos los alumnos y de pronto se detuvo frente a un muchacho, e inclinándose y mirándolo fijamente en la frente dijo: ¡Este es!

Luego sacó de entre los pliegues del manto un papelito y se lo presentó al joven para que lo leyera. El muchacho empezó a leerlo y a ponerse muy pálido y a preguntar:

— ¿Cuándo será? ¿Será pronto? ¿O será más tarde?

Y el viejo con voz sepulcral le dijo:

—*Ven. Ya ha llegado la hora para ti.*

El muchacho le volvió a preguntar: ¿Puedo seguir jugando?

Y el viejo le respondió: *"Aun durante el juego puedes ser sorprendido".*

Con esto anunciaba una muerte repentina.

El joven temblaba. Quería hablar pero no podía.

Entonces el espectro, señalando con la punta de su manto la puerta de entrada al patio le dijo:

— *¿Ves ese ataúd? Es para ti.*

Y allá en la portería se veía un ataúd para echar un muerto.

El joven empezó a gritar: " ¡No estoy preparado! ¡Soy demasiado joven!

Pero el espectro sin decir nada, salió corriendo del patio y desapareció.

Yo me puse a pensar quién sería el que había venido a anunciar la tal muerte, y en ese momento me desperté.

Esto es un aviso de que uno de los que me escuchan debe prepararse porque Nuestro Señor lo va a llamar muy pronto a la eternidad.

Yo que presencié aquella escena sé muy bien quién es. Lo vi. Lo conocí muy claramente, cuando el personaje le entregó el papelito, pero no diré su nombre a nadie, antes de que él haya muerto.

Sin embargo haré cuanto me sea posible para prepararlo a bien morir.

Ahora: que cada uno piense seriamente si está preparado para morir hoy. Que nadie se dedique a pensar: "Eso es para otro", y le llegue a él la muerte sin estar debidamente preparado.

Yo les aviso claramente, no sea que un día Nuestro Señor me tenga que decir: "Pero mudo, ¿por qué no ladraste? ¿Viste venir el peligro y no avisaste?

Que cada uno piense seriamente si sus cuentas con Dios están en buen estado.

Hagamos en estos días especiales oraciones por ese que va a morir, y ojalá todos digamos cada día la oración: "Dios te salve Reina y Madre", por aquel que va a morir primero. Así cuando él se muera se encontrará con muchas salves rezadas por él.

EXPLICACIÓN:

Los jóvenes le preguntaron a Don Bosco si la muerte sería muy pronto. El dijo que sucedería antes de que hubiera dos fiestas que empezaran por P. Ellos entendieron que sería antes de que pasaran la Pascua y Pentecostés.

En aquellos días fueron muchísimos los que hicieron su confesión general y empezaron a portarse tan sumamente bien como si tuvieran que morir muy pronto. Numerosos muchachos fueron a preguntarle al santo si era alguno de ellos los que el personaje había señalado en el sueño, pero Don Bosco cambiaba de tema de conversación.

Por aquellos días un jovencito de apellido Fornasio fue a rogarle a Don Bosco que lo confesara. Hizo una confesión muy fervorosa y luego se sintió mal de salud, y lo llevaron a su familia y allá murió. Tenía 12 años. Don Bosco anunció a todo el alumnado el 16 de abril la muerte de Fornasio, pero advirtió que ese niño no era el que el personaje del sueño había anunciado que iba a morir de repente y pronto.

Y les recomendó que pensaran en aquella frase de Jesús: "Estad preparados, porque a la hora en que menos penséis, llegará el Hijo del hombre".

Los alumnos seguían insistiéndole en que les dijera al menos la primera letra del apellido del que iba a morir.

El les dijo: "Es la letra con la cual empieza el nombre de María".

Pero en el Oratorio había más de 30 alumnos cuyo apellido empezaba por M. Y además en la enfermería había un muchacho muy enfermo y grave, de apellido Marchisio, y los desconfiados decían: "Si el que se va a morir primero es Marchisio, no se necesita ser ningún sabio ni ningún soñador, para saber que el apellido del muerto empieza por la primera letra del nombre de María".

Pero Marchisio no se murió en aquella ocasión.

El señalado por el sueño era el joven Víctor Maestro. Don Bosco se lo encontró un día en una escalera y le dijo:

— *¿Maestro, quieres ir al Paraíso?*

— *¡Sí, sí! respondió el jovencito de 13 años de edad.*

— *Pues bien, ¡prepárate! —Le dijo el santo—.*

El joven Maestro le pidió a Don Bosco que lo dejara ir a pasar unos días con su familia, y se hacía este razonamiento: "El que tiene que morir ahora, va a morir aquí en el Oratorio. Por eso si me voy a donde mi familia no tendré que ser yo el que muera en esta ocasión".

Don Bosco le dio el permiso.

Al día siguiente Maestro amaneció algo cansado y se quedó en la cama, y a algunos compañeros que lo fueron a visitar les dijo que se sentía contento porque en ese día se iría a visitar a sus familiares.

A las nueve de la mañana vino el enfermero a anunciarle que dentro de poco llegaría el médico a darle la autorización para irse a pasar unos días con sus familiares. Pocos minutos después llegó otro alumno a llamarlo para que hablara con el médico y le dijo:

—"Maestro, Maestro, ¡que llegó el médico!—.

Y como no le respondía, se acercó a su cama y lo tomó del brazo y lo sacudió. Pero Maestro seguía inmóvil.

El otro jovencito se llenó de susto y gritó:

—   ¡Maestro ha muerto! ¡Maestro ha muerto!

La noticia corrió por toda la casa. El Padre Rúa vino inmediatamente a darle la bendición y todos los colegiales se impresionaron grandemente.

Esa noche Don Bosco en las Buenas Noches les dijo: "El jovencito al cual vi que en el sueño un personaje le entregaba un papelito anunciándole que moriría de repente, era el que hoy se murió: Víctor Maestro. Podemos estar tranquilos porque este niño se confesó muy bien y estaba comulgando cada día. Se había preparado cuidadosamente para pasar a la eternidad".

No había llegado todavía la segunda fiesta empezada por P, la fiesta de Pentecostés.

Y sucedió otro detalle curioso:

Al llegar los señores de la funeraria, no entraron con el ataúd hasta el fondo del patio, como hacían otras veces, sino que se quedaron en la portería con la caja mortuoria. Y aunque Cagliero les dijo que siguieran más adelante, ellos se quedaron allí junto a la portería. Y al salir Don Bosco a su ventana le dijo a Francesia: " ¡Miren, qué extraño! Están con el ataúd aguardando, en el mismo sitio en el que yo los vi en la noche del sueño".

39. LAS DOS COLUMNAS: 1862 (MB. 7,153)

El 30 de mayo de 1862, dijo Don Bosco a todo el alumnado reunido:

"Les voy a contar un sueño que tuve. A mis discípulos les tengo tanta confianza que les contaría hasta mis pecados, si no fuera porque al contárselos saldrían todos huyendo asustados y se caería el techo de la casa. Pero lo que les voy a contar esta noche es para su bien espiritual".

Soñé que estaba a la orilla del mar, sobre una alta roca desde la cual no se divisaba más piso firme que el que tenía bajo los pies.

En aquella inmensa superficie líquida se veía una multitud incontable de barcos dispuestos en orden de batalla, y cada barco tenía en su extremo una enorme y afilada punta de hierro dispuesta a destrozar todo lo que se le atravesara por delante. Los barcos estaban armados de cañones y llenos de fusiles y de diferentes armas y con muchísimas bombas incendiarias, y también con libros dañosos.

Y todos aquellos barcos se dirigían contra un barco mucho más alto tratando de destruirlo con sus puntas de hierro, o de incendiarlo o de hacerle el mayor daño posible.

A este majestuoso barco que estaba provisto de todo lo que necesitaba, le hacían escolta numerosos barcos pequeños, que recibían órdenes de él, realizando las maniobras necesarias para defenderse de la flota enemiga. El viento soplaba en dirección contraria a la dirección que llevaba el gran barco, y las olas encrespadas del mar favorecían a los enemigos.

Y en plena batalla vi salir de en medio de la inmensidad del mar dos grandes columnas, que se elevaron hasta enormes alturas. Sobre la una había una estatua de María Inmaculada y debajo un gran letrero que decía: "María Auxiliadora de los Cristianos". Sobre la otra había una Santa Hostia muy grande, y debajo un enorme letrero con esta inscripción: "Salvación para los que creen".

El Comandante Supremo de la nave mayor, que era el Sumo Pontífice, al darse cuenta del furor con el que atacaban los enemigos y la situación tan complicada en la que se encontraban sus leales servidores, dispuso convocar a una reunión a todos los pilotos de las naves menores. Todos los pilotos subieron a la nave capitana y se reunieron alrededor del Papa. Pero al comprobar que el huracán se volvía cada vez más violento y que la tempestad era cada día más peligrosa, fueron enviados otra vez los capitanes, cada uno a dirigir su barco.

Se restableció por un poco de tiempo otra vez la calma y el Papa volvió a reunir junto a él a los demás capitanes, pero la tempestad se volvió enormemente espantosa.

Entonces el Papa tomó personalmente el timón de la nave capitana y se esforzó con todas sus energías en dirigir la nave hasta colocarla en medio de las dos columnas, de las cuales, colgaban áncoras, y defensas para fortalecerse y salvavidas.

Y todos los barcos enemigos se lanzaron a atacar el barco donde iba el Papa, y trataban de hundirlo o destrozarlo.

EL SUEÑO DE LAS COLUMNAS

SOBRE UNA DE LAS DOS COLUMNAS ESTABA LA SANTÍSIMA VIRGEN. Y EN LA OTRA ESTABA LA SAGRADA HOSTIA.

Unos lo atacaban con libros malos, otros con escritos malvados en los periódicos, muchos disparaban sus cañones y trataban de atacarle con los extremos afilados de hierro que tenían sus barcos, los cuales chocaban violentísimamente contra la gigantesca nave capitana sin lograr hundirla ni detenerla en su marcha.

De vez en cuando los barcos enemigos lograban hacerle inmensas hendiduras por los lados al barco del Pontífice, pero enseguida soplaba una suave brisa desde las dos columnas y milagrosamente cerraba esas hendiduras.

Otro dato curioso: Muchas naves enemigas al tratar de disparar contra la nave capitana, explotaban y se hundían en el mar, y muchos fusiles también al ir a disparar contra la Iglesia, estallaban. Entonces los enemigos se propusieron atacar con armas cortas: insultos, golpes, maldiciones, calumnias y así siguió el combate.

De pronto el Papa cayó gravemente herido. Los que lo acompañaban corrieron a socorrerlo. Se repuso, pero fue herido por segunda vez, cayó y murió. Un grito de victoria resonó en todas las naves enemigas y el gozo de los contrarios era inmenso. Pero los demás pilotos se reunieron y eligieron un nuevo Pontífice, el cual tomó fuertemente entre sus manos el timón de la nave capitana. Los enemigos comenzaron a desanimarse.

El nuevo Pontífice, manejando muy bien la nave la llevó hasta colocarla en medio de las dos columnas y con una cadena amarró la parte delantera del barco (o proa) a la columna donde estaba la Santa Hostia y con otra cadena ató el otro extremo (la popa) a la columna donde estaba la estatua de María Santísima Auxiliadora.

Entonces se produjo una gran confusión. Todos los barcos que habían luchado contra la nave capitaneada por el Papa, se dieron a la fuga, se dispersaron, chocaron entre sí y se destruyeron mutuamente. Unos al hundirse hundieron a otros más.

Los barcos que habían permanecido fieles al Papa se acercaron a las Dos Columnas y se amarraron fuertemente a ellas.

Otras naves que por miedo al combate se habían retirado y se encontraban distantes observando prudentemente los acontecimientos, al ver que desaparecían en el abismo las naves enemigas, navegaron entonces también hacia las Dos Columnas y allí permanecieron tranquilas y serenas en compañía de la nave capitana dirigida por el Papa. En el mar reinaba una calma absoluta...

Al llegar a este punto de la narración, Don Bosco preguntó al Padre Rúa: "¿Qué le parece que significa este sueño?".

—Don Rúa respondió—: *"Me parece que la nave capitana es la Iglesia Católica, y los otros barcos que ayudan a la nave capitana son los fieles católicos dirigidos por sus obispos. Y que los barcos enemigos son todos los que atacan nuestra santa religión. Y me parece que las Dos Columnas son la devoción al Santísimo Sacramento de la Eucaristía y a María Santísima".*

Don Bosco añadió: "Sí, y en los barcos que atacan están representadas las persecuciones que le llegan a la Iglesia Católica, a la cual le van a -venir terribles peligros y ataques de enemigos. Pero nos quedan dos remedios: frecuentar los sacramentos y tener una gran devoción a la Virgen Santísima. Hagamos todo lo posible para practicar nosotros estos dos remedios y para obtener que otros los practiquen también siempre y en todo momento.

NOTA: Varios de los oyentes copiaron este sueño y cada uno le daba sus interpretaciones. Se ha pensado que el capitán que llama a los otros pilotos a reunión fue el Papa Pío Nono que llamó a los obispos al Concilio Vaticano Primero. Después de algunas reuniones los obispos tuvieron que volverse a sus ciudades porque estallaba la guerra de 1870. En 1878 murió el Papa Pío Nono que había sido muy combatido por los enemigos de la religión. Más tarde llegó el Papa San Pío Décimo que propagó muchísimo la devoción al Santísimo Sacramento y a María Santísima (acercó la Iglesia a esas dos columnas) y organizó a los católicos para defenderse unidos en Senados, Cámaras y gobiernos del mundo entero, quitándoles así a los enemigos de la Santa Iglesia el poder omnímodo que tenían en casi todos los países.

Antes de este Papa los católicos no participaban casi en elecciones ni se hacían elegir, y los enemigos podían hacer desde el gobierno todo el mal que se les antojaba contra la religión. Pío Décimo dijo: "Los católicos elegirán y serán elegidos". Y así hubo pronto en cada país un grupo fuerte de católicos en el Congreso y en el gobierno, y a los anticatólicos les sucedió como a las naves del sueño: retrocedieron y empezaron a hundirse. Y los que eran indiferentes y miraban la lucha desde lejos, al ver que la Iglesia Católica volvía a ser respetada y estimada, se fueron acercando también a ella en señal de amistad.

¿FUERON TRES LOS PONTÍFICES?

El canónigo Bourlot que era estudiante y estuvo presente cuando Don Bosco narró este sueño, fue a almorzar con Don Bosco y sus salesianos 24 años después, en 1886, y en pleno almuerzo dijo: "Aquella vez Don Bosco dijo que los Pontífices eran tres". El Padre Lemoyne que fue el que escribió la redacción del sueño, estaba en ese momento charlando con otro y Don Bosco lo llamó y le dijo: "Oiga lo que está diciendo este Padre"...y dio a entender que estaba de acuerdo con lo que afirmaba el canónigo. Este afirmaba que Don Bosco les contó que los Papas eran tres: el primero: aquel por cuya muerte se alegraron los malos. El segundo: el que reemplazó al anterior y con mano fuerte tomó el timón y guió con seguridad la nave. Y el tercero: el que llevó la nave hasta colocarla entre las Dos Columnas.

Después de 1907 el canónigo Bourlot volvió a la Casa Salesiana de Turín y les dijo a los superiores: "¿Se dan cuenta de que sí eran tres los Pontífices del sueño? El primero: Pío Nono que reunió el Concilio y de cuya muerte se alegraron los enemigos de la religión. El segundo: León Trece, que dirigió con mano segura y fuerte la Iglesia. Y el tercero: Pío Décimo que se dedicó a propagar la devoción a Jesús Sacramentado y a la Sma. Virgen".

40. EL SACRILEGIO: 1862 (MB. 7,173)

Un día en 1862 estaba Don Bosco recomendando a los sacerdotes confesores que le pidieran mucho a Dios la gracia de saber confesar bien y de obtener la eficacia de la palabra y la virtud de la prudencia, y les recordaba que

Fotografía de San Juan Bosco
confesando a sus alumnos.

muchos hacen malas confesiones por temor. Y les narró lo siguiente:

UN JOVEN QUE SE CALLABA LOS PECADOS.

"Una noche soñé que veía a un joven con el corazón podrido y lleno de gusanos. No le hice caso al sueño, pero a la noche siguiente soñé que veía a un perro que le mordía el corazón a ese pobre joven. Entonces me convencí de que Nuestro Señor quería ayudar a ese muchacho quitándole de la conciencia algún pecado que tenía sin perdonar.

Y un día me lo encontré y le dije: *¿Me quiere hacer un favor?*

—*Sí, claro, por supuesto. ¿Qué será?*—.

— *¿Quiere decirme si tiene algún pecado en su conciencia sin haberlo confesado?*

El quiso negarlo, pero yo le dije: "¿Y aquél pecado? ¿Y aquél otro? ¿Por qué no los ha confesado?".

—*Entonces me miró al rostro y comenzó a llorar, y me dijo:*

—Tiene razón. *Hace dos años que tengo esos dos pecados en mi conciencia y nunca he sido capaz de confesarlos.*

Y aquel muchacho se puso en paz con Dios.

41. EL CABALLO ROJO: 1862 (MB. 7,192)

La noche del 5 de julio de 1862 tuvo Don Bosco un sueño que narró el 6 de julio, así:

"Anoche tuve un sueño singular. Me pareció que me encontraba con una persona que me decía: Usted encárguese de educar a los jóvenes varones, pero deje a otros el educar a las jóvenes niñas".

Yo le dije: ¿Pero es que Jesucristo vino al mundo a redimir solamente a los muchachos? ¿O vino también a redimir a las muchachas?
—Y añadí:

—Si Jesús vino a salvar a los niños y a las niñas, yo debo trabajar de tal manera que por los unos y las otras no se haya derramado inútilmente la sangre de Jesús.

Y en ese momento se oyó un ruido espantoso y volví a mirar a lo lejos y vi venir un enorme caballo rojo, más alto que un edificio de varios pisos, más alto que el Palacio Madama.

Todos salieron huyendo. Yo me quedé a observarlo y aunque temblaba de pies a cabeza me le acerqué.

— ¡Qué horror de bestia tan descomunal! Y sobre él venían muchas personas. Y hasta tenía alas.

Y exclamé: " ¡Este es el mismo demonio!".

Y pregunté a uno: "¿Qué es este enorme caballo?".

Y él me respondió:

—Este es el Caballo Rojo del cual habla el Apocalipsis.

Después me desperté muy asustado y esa mañana durante la misa y mientras confesaba me acordé muchas veces del terrible Caballo Rojo y me propuse averiguar qué es lo que dice el Libro del Apocalipsis acerca de él.

NOTA: Don Bosco encargó al Padre Durando que buscara en la Biblia qué es lo que el Apocalipsis dice del Caballo Rojo, y lo que encontró fue esto: "Al abrirse el segundo sello, apareció un Caballo Rojo y se le concedió quitar a la tierra la paz, para que se maten unos a otros. Y se le dio una espada muy grande" (Ap. 6,4).

Don Bosco entendió que iba a llegar mucha violencia a la tierra y que iban a venir muchas matanzas y crueldades, y que a la Iglesia Católica le llegarían enormes persecuciones. Y decía:

—*Todos deberíamos contribuir al triunfo de nuestra Santa Madre la Iglesia Católica difundiendo mucho las buenas lecturas, y deberíamos colaborar en favor de la paz del mundo, propagando las enseñanzas de Jesús en el evangelio (Mb. 7,194).*

42. LA SERPIENTE Y EL AVEMARÍA: 1862 (MB. 7,208)

El 20 de agosto de 1862, Don Bosco, después de las oraciones de la noche les dijo a los alumnos:

"Quiero contarles un sueño que tuve hace algunas noches".

Soñé que estaba en compañía de todos los jóvenes en Castelnuovo, en casa de mi hermano. Mientras todos hacían recreo, vino hacia mí un desconocido y me invitó a acompañarlo. Lo seguí y me condujo a un prado, cercano al patio y allí me mostró una serpiente de 7 a 8 metros de larga y de un grosor extraordinario. Horrorizado, al contemplarla, quise huir.

—No, no, me dijo mi acompañante; no huya. Venga conmigo y vea.

— ¿Y cómo quiere —le respondí— que yo me atreva a acercarme a esa bestia?

— No tenga miedo. No le hará ningún mal.
Venga conmigo.

— ¡Ah! exclamé—. No soy tan imprudente como para exponerme a tal peligro.

— Entonces —dijo mi acompañante— espere aquí.

Y se fue enseguida en busca de un lazo o cuerda y con ella en la mano, volvió junto a mí y me dijo:

— Agarre fuerte ese lazo o cuerda por un extremo y téngale bien seguro. Yo agarré por el otro extremo y así le mantendremos en el aire sobre la serpiente.

— ¿Y después?

—Después le dejaremos caer a modo de fuetazo sobre su espina dorsal.

— ¡Oh no, por favor. Ay de nosotros si lo hacemos! La serpiente saltará enfurecida y nos despedazará.

—No, no. Déjeme actuar —añadió el desconocido— yo sé bien lo que debo hacer.

—No, no, de ninguna manera. No quiero hacer una experiencia que me pueda costar la vida.

Y ya me disponía a huir. Pero él insistió de nuevo, asegurándome que no había nada que temer, que la serpiente no me haría ningún daño. Y tanto me insistió que me quedé donde estaba, dispuesto a hacer lo que me aconsejaba.

SUEÑO 42. LA SERPIENTE Y EL AVE MARIA. 1862 (MB. 7,208)

El personaje pasó al otro lado, levantó la cuerda o lazo y le dio un fuerte latigazo sobre el lomo del animal. La serpiente dio un salto volviendo la cabeza hacia atrás para morder el objeto que la había herido, pero en lugar de clavar los dientes en la cuerda, quedó enlazada en ella como por un nudo corredizo. Entonces el desconocido me gritó:

—Tenga fuertemente la cuerda, téngala fuertemente para que no se le vaya de las manos.

Y corrió a un árbol de peras que había allí cerca y amarró a su tronco el extremo de la cuerda que tenía en la mano. Corrió después hacia mí, tomó la otra punta del lazo y fue a amarrarla a la reja de una ventana de la casa.

Entretanto la serpiente se agitaba, movía furiosamente los anillos, y daba tales golpes con la cabeza y los anillos en el suelo, que sus carnes se rompían, saltando a pedazos a gran distancia. Así continuó mientras tuvo vida, y una vez que hubo muerto, no quedó de ella más que el esqueleto descarnado.

Entonces aquel mismo hombre desató la cuerda del árbol y de la ventana, la recogió, formó con ella un ovillo y me dijo:

—Ponga mucha atención.

Metió la cuerda en una caja, la cerró y después de unos momentos volvió a abrir la caja. Los jóvenes habían venido a reunirse junto a mí. Miramos al interior de la caja y quedamos maravillados. La cuerda estaba dispuesta de tal manera que formaba un letrero: AVE MARÍA (Dios te Salve María).

— ¿Pero cómo es posible —le dije al desconocido— tú metiste la cuerda a la caja a la buena, sin ningún orden, y ahora aparece doblada formando esas letras?

—Mira, dijo él, la serpiente representa el demonio, y la cuerda al Avemaría, o sea al Rosario que es una serie de "Dios te salve Marías", con las cuales se puede derribar, vencer y destruir todos los ataques de -los enemigos del alma.

Y Don Bosco terminó diciendo:

—Recordemos siempre lo que dijo aquel personaje respecto del Dios te salve María y del Rosario. Recemos devotamente esta bella oración ante cualquier asalto de las tentaciones, con la seguridad de que saldremos victoriosos.

EXPLICACIÓN:

El árbol de peras es el mismo en el cual Juan Bosco cuando era niño amarraba una cuerda para dar funciones de acrobacia a los campesinos y así poder enseñarles luego el catecismo.

Don Bosco fue siempre un entusiasta del Rosario. En sus casas se rezaba todos los días, y él insistía en que con el rezo del Santo Rosario se logra alejar y vencer los enemigos del alma y conseguir maravillosos favores del cielo.

En los últimos años de su vida, cuando ya casi no podía salir por la noche de su habitación y la luz le hacía mucho daño a los ojos, varios de sus amigos se iban a la habitación del santo cada noche a rezar con él el Santo Rosario, en plena oscuridad. Y dicen los testigos que a medida que iba rezando las Avemarías del Rosario el rostro del santo se iba llenando de resplandores y que estas luces que salían de su frente eran tan relucientes que se podía leer un libro con la iluminación de ellas solas.

43. LOS COLABORADORES DE DON BOSCO: 1862 (MB. 7,289)

Dice el Padre Albera, segundo sucesor de San Juan Bosco:

"En 1862 nos reunió a los que le colaborábamos en su obra educativa y nos narró el siguiente sueño:

"Tuve un sueño en el cual me vi rodeado de jóvenes y sacerdotes. Les propuse que subiéramos a una montaña y todos aceptaron. En la cumbre de la montaña estaban las mesas preparadas para un magnífico banquete que debía ser celebrado con músicas y espléndidas fiestas.

Emprendimos todos el camino. La subida era escarpada y difícil y se encontraban diversos obstáculos que hacían más penoso el ascenso. Como todo esto era molesto para los que ya estaban cansados, en un determinado punto todos se sentaron. También yo me senté a descansar un rato y después, animándolos a todos a seguir subiendo con todo entusiasmo, empecé nuevamente la marcha con paso ligero.

Pero poco después volví a mirar para observar dónde estaban mis seguidores y noté que todos se habían vuelto hacia atrás y que yo me había quedado totalmente solo.

Volví a bajar entonces desde el monte y me fui a buscar otros compañeros. Los encontré. Los guié hacia aquellas alturas tan difíciles de subir, pero a mitad de la subida todos desaparecieron otra vez y me dejaron solo.

Y yo me puse a pensar: "Debo subir hacia esas alturas y no puedo subir solo. ¿Cómo voy a hacer? Mi misión es llegar hacia esa alta montaña pero rodeado de muchos compañeros. ¿Cómo haré para cumplir esa misión?

Y se me ocurrió una idea: Mis primeros colaboradores eran buenos, piadosos, de excelente voluntad, pero no estaban preparados para esta labor de educar a la juventud abandonada. Ni yo ni nadie más los había formado para esto y no estaban ligados entre sí y conmigo por votos o juramentos de obediencia, y por eso me abandonaron.

Y seguí pensando: Ahora tengo que remediar mi falla. Fue demasiado amargo mi desengaño. Ahora veo claramente lo que debo hacer: no puedo contar con los que yo no haya formado para esta misión. Volveré a la base del monte. Reuniré a muchos jovencitos. Haré que me quieran. Los adiestraré para que sepan aguantar con entusiasmo los sufrimientos que existen en la tarea de educar a la juventud, y aprenderán a soportar pruebas y sacrificios. Me obedecerán de muy buena voluntad. Y subiremos juntos al Monte del Señor.

EXPLICACIÓN:

Al terminar la narración de este sueño Don Bosco les dijo a sus colaboradores, los jóvenes salesianos de su comunidad (que apenas llevaba tres años de fundada): "Yo he puesto en ustedes toda mi confianza y toda mi esperanza". Y luego durante una hora les habló con entusiasmo de los muchos bienes espirituales que consigue para esta vida y para la eternidad quien se dedica a la vida religiosa y a la educación de la juventud. Y les prometió que la Virgen Santísima conseguirá inmensos premios para quienes se consagren a educar a los jóvenes abandonados.

Don Bosco estaba trabajando desde 1841 en favor de la niñez abandonada. Muchos sacerdotes y apóstoles laicos llegaron a colaborarle, pero después de pocos meses o años, se retiraban porque les parecía que aquella labor era demasiado difícil e ingrata. Hasta que al fin, por iluminación del cielo, el santo dispuso formar como educadores de los niños pobres, a esos mismos niños pobres, y así fue formando de entre sus mejores alumnos un grupito que le colaboraba, y en 1859 fundó con 18 de ellos la Comunidad Salesiana que ahora está en 105 países, con 1.300 colegios para gente de clases populares y con 17.000 salesianos.

Todos los primeros salesianos de Don Bosco fueron niños pobres que él recogió y educó en sus "Oratorios" y a los cuales por medio de sus excelentes ejemplos y sus sabios consejos convirtió en apóstoles de la juventud.

44. ASISTENCIA A UN NIÑO MORIBUNDO: 1862 (MB. 7,298)

El sábado 20 de diciembre de 1862 Don Bosco dijo al alumnado: "El día de Navidad, uno de nosotros habrá viajado hacia el paraíso". Los jóvenes se asomaron a la enfermería para ver si había allí algún enfermo, pero no había ninguno. El 21 fueron también a observar y no había nadie enfermo allí.

Pero el 22 de diciembre el buenísimo jovencito José Blangino, de diez años, empezó a sentirse mal y lo llevaron a la

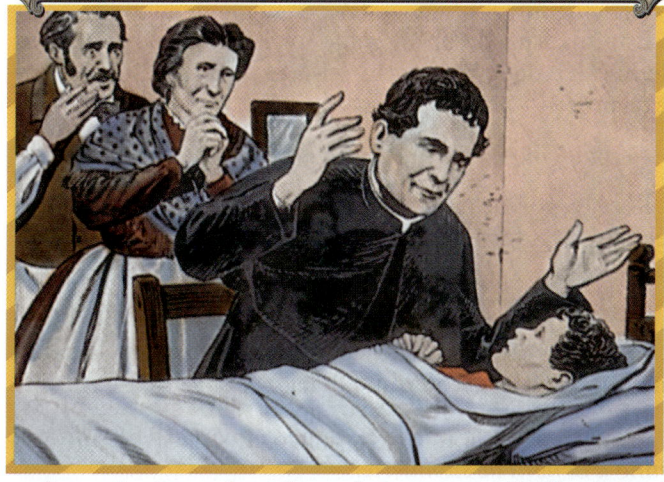

enfermería. Como la enfermedad se agravó fue llamado el médico el cual declaró que la enfermedad era mortal. El 23 de diciembre se le administró el Viático y el 24 a las 2 y 30 de la madrugada murió santamente.

Entonces aquel día Don Bosco narró el sueño que había tenido la semana anterior.

"Soñé que junto con el Padre Alassonatti y mi mamá (que murió hace seis años) estábamos asistiendo al jovencito José Blangino y que de pronto mi mamá me dijo: "Se ha muerto". Yo le pregunté: "¿De veras se ha muerto?". Y ella me respondió: "Sí, ha muerto. ¿Y qué hora es? ¡Van a ser las tres de la madrugada!

Entonces el Padre Alassonatti exclamó:

— *Quiera Dios que todos nuestros jóvenes logren morir así, con tanta tranquilidad y paz.*

Esta madrugada oí un golpe fortísimo como si alguien le hubiera dado con un cartel a la pared. Me desperté y exclamé:

— *¡Blangino ha partido hacia la eternidad!*

Recé luego una oración por su bendita alma, y enseguida el reloj de la torre dio las 2 y 30 de la madrugada.

EXPLICACIÓN:

El 23 a las diez de la noche Don Bosco estaba en la enfermería visitando al enfermito Blangino. El Padre Rúa le dijo:

—*Si quiere yo me quedo aquí toda la noche, para asistir al niño a la hora de su muerte.*

Y Don Bosco le respondió:

—*No es necesario que se quede toda la noche. Váyase a dormir y ordene que a las dos de la madrugada lo llamen para venir a asistirlo en sus últimos momentos.*

A las dos de la madrugada fueron a llamar al Padre Rúa. Vino enseguida a auxiliar espiritualmente al niño Blangino y éste murió santamente a las 2 y 30.

45. EL ELEFANTE BLANCO: 1863 (MB. 7,307)

Narrado a los alumnos el 6 de enero de 1863.

Estaba pidiendo a Dios que me iluminara algún mensaje especial para comunicarlo a mis discípulos al empezar este año. Y tuve el siguiente sueño:

Soñé que era día de fiesta y que el patio estaba lleno de alumnos que jugaban y se divertían. Charlaba en mi habitación con el profesor Vallauri, cuando tocaron a la puerta. Salí a ver quién era y me encontré con mi madre (muerta hace seis años) la cual me dijo emocionada:

— *¡Ven a ver, ven a ver!*

—*Me asomé al corredor y vi en medio del patio, entre los alumnos, a un elefante de tamaño colosal.*

Muchos de los jóvenes se habían acercado al elefante y éste parecía ser manso y se divertía correteando con ellos por el patio. Bastantes muchachos jugaban con él, pero la mayoría tuvieron temor y corrieron a refugiarse en la iglesia.

Sonó la campana para ir al templo y todo el alumnado se dirigió hacia allí y también el elefante entró a la iglesia. Pero en el momento en el que se presentó la Santa Hostia para adorarla y todos los alumnos se arrodillaron, el elefante volvió la espalda y se colocó mirando hacia el lado contrario al altar.

Y al salir otra vez al patio, sucedió una escena desagradable.

Un grupo de jóvenes organizó una procesión con un estandarte de la Virgen que tenía esta inscripción: "Santa María, socorred a los necesitados".

Tan pronto como el elefante vio el estandarte se volvió furioso y empezó a dar terribles bramidos y a atacar a todos los que encontraba, y agarrando con la trompa a los que estaban más cerca de él, los levantaba en alto, los lanzaba hacia el suelo y los pisoteaba, haciendo así un estrago horrible.

El susto y la confusión eran terribles. Unos lloraban, otros gritaban. Algunos al verse heridos pedían auxilio a sus compañeros, mientras otros, caso verdaderamente horrible, hacían un pacto con el elefante para ser amigos suyos y traerle nuevas víctimas para que las destrozara.

Mientras todo esto sucedía, la imagen de la Virgen que hay en el patio fue creciendo y se llenó de vida y se convirtió en una persona de elevada estatura. Levantó los brazos y abrió el manto; y su manto se volvió tan grande y extenso que alcanzó para cobijar a todos los que se quisieron refugiar debajo de él.

Los primeros en correr a refugiarse bajo el manto de la Santísima Virgen fueron los jóvenes de mejor conducta. Pero al ver la Madre Santa que muchos no acudían a refugiarse bajo su manto, empezó a gritar fuertemente: "Vengan a mí, todos".

Y el número de jóvenes que se refugiaban bajo el manto de la Virgen aumentaba cada vez más y más. Pero algunos no hacían caso y no iban a refugiarse allí y resultaban heridos. La Virgen seguía llamando a todos pero muchos no le hacían caso.

El elefante seguía destrozando cada vez más y más, y algunos jóvenes armados de espadas impedían que sus compañeros fueran a refugiarse junto a la Madre de Dios. Y a esos no les hacía ningún daño el elefante.

SUEÑO 45. DEL ELEFANTE

Varios muchachos de los que estaban refugiados bajo el manto, animados por la Santísima Virgen, empezaron a hacer salidas a arrebatarle al elefante sus víctimas y traían a los jóvenes heridos y al colocarlos bajo el manto de la Virgen, los heridos quedaban totalmente curados. Estos enviados de la Virgen se armaron de palos y empezaron a atacar al elefante y a alejarlo de sus víctimas y a alejar también a los cómplices que colaboraban con la bestia. Y no cesaban de obrar valientemente, aun a costa de sus vidas y así fueron consiguiendo poner a salvo casi a todos.

El patio parecía un desierto. Algunos muchachos estaban tendidos en el suelo, casi muertos. Junto al manto de la Virgen se veía un enorme grupo de jóvenes. Más allá a cierta distancia estaba el elefante con diez o doce muchachos que le habían ayudado en su labor destructora.

Y de pronto el animal, irguiéndose sobre sus dos patas traseras se convirtió en un horrible fantasma de largos cuernos, y tomando un manto negro y una red, envolvió en ella a los miserables jóvenes que le habían ayudado a hacer el mal a los demás, dando al mismo tiempo un tremendo rugido. Enseguida los envolvió a todos una nube de humo muy negro, y abriéndose la tierra, desaparecieron con el monstruo.

Me volví hacia la Virgen y vi escrita en su manto esta frase: "Los que me honran, poseerán la vida eterna".

Después de la desaparición del elefante, todo quedó tranquilo y la Virgen les dijo a los jóvenes: "Una de las causas de muchos males para la juventud son las malas conversaciones. Huyan de los compañeros amigos de Satanás. Eviten las malas conversaciones, especialmente las conversaciones contra la santa virtud de la pureza. Tengan una ilimitada confianza en Mí, y mi manto les servirá siempre de refugio seguro".

La Virgen desapareció. La estatua del patio volvió a ser la misma de antes. Los jóvenes entonaron un canto a Nuestra Señora, y...yo me desperté.

Yo les recomiendo a todos que recuerden las palabras de la Virgen: "Vengan a Mí todos. Los que me honran tendrán la Vida Eterna". Les aconsejo que en toda clase de peligros invoquen a María, y les aseguro que serán escuchados. A los que fueron tan heridos les recomiendo que huyan de los malos compañeros y de las malas conversaciones. Y a los que quieren alejar a los demás de la devoción a la Virgen, y llevarlos a hacer el mal, les pido que cambien su mala conducta o que se alejen de nuestra casa. Y los que desean saber en qué grupo los vi en este sueño, pueden pasar a mi habitación y yo se los diré. Y les repito: los que se dedican a hacer el mal, que dejen su mala conducta o que se alejen de nuestra casa. Buenas noches.

EXPLICACIÓN:

Don Bosco anotó en un papel los nombres de los heridos y de los que ayudaban a la fiera, y le dio esa lista al Padre Durando encargándole que los cuidara de manera especial. A los que vio ayudando a la Virgen a quitarle víctimas al elefante los tuvo después muy en cuenta para aceptarlos como religiosos o proponerles que se hicieran sacerdotes.

HUID DE AQUELLOS COMPAÑEROS
AMIGOS DEL DEMONIO, HUID DE LAS
MALAS CONVERSACIONES
ESPECIALMENTE CONTRA
LA PUREZA TENED SIEMPRE EN MI
UNA CONFIANZA ILIMITADA Y MI
MANTO OS SERVIRÁ
SIEMPRE DE REFUGIO.

Varios de los que ayudaban al elefante no quisieron mejorar de conducta y tuvieron que irse del Oratorio. Y los muchachos que iban a la habitación del santo a preguntarle en qué estado espiritual los había visto en el sueño, se quedaban admirados de la precisión con la que les decía cómo tenían su alma. A uno le dijo: "Te vi muy herido, pero un compañero tuyo te salvó". Y más tarde le sucedió que se alejó de la religión y se volvió malo, pero un compañero suyo que se había hecho sacerdote salesiano lo convirtió en un sermón. ¿En qué grupo estaremos nosotros?

46. LAS TARJETAS DE LA VIRGEN: 1863 (MB. 7,404)

Sueño narrado por Don Bosco a sus alumnos en julio de 1863.

"Soñé que la Santísima Virgen pasaba por en medio de mis discípulos llevando en su mano una cartera bellamente adornada y que a cada uno le ofrecía que sacara por suerte uno de los muchos papelitos que había dentro de la cartera. Me coloqué a su lado y tan pronto como cada uno sacaba su papelito, yo anotaba la frase escrita en el mismo. Todos pasaron a sacar su papelito, menos uno que se quedó alejado. Yo miré entonces lo que decía en el papelito, y allí estaba escrito: "Muerte". Si alguno desea saber lo que estaba escrito en el papelito que a él le correspondió, puede pasar a preguntármelo en estos días.

EXPLICACIÓN:

Estas últimas palabras llenaron de admiración a los oyentes, pues los alumnos de Don Bosco eran más de setecientos. Y cada uno fue yendo a su habitación a preguntarle qué había leído en el papelito que a él le correspondía, y les decía con admirable precisión unas frases que a cada cual le caían como anillo al dedo. Y lo más admirable es que después de varios años, todavía él recordaba lo que estaba escrito en el papelito de cada uno. Así por ejemplo: en el papelito de Sebastián Musetti decía: "Constancia" y después de varios años cuando este alumno, hecho ya sacerdote vino a visitar al santo, oyó que Don Bosco le decía: "No se te olvide lo que decía el papelito de la Virgen: Constancia".

Tres meses después de este sueño murió el alumno Brunerotto. Pero no sabemos si para éste haya sido el papelito que decía: "Muerte", o haya sido para alguno que tenía "Muerte" en el alma. Los alumnos se fijaron cuidadosamente si alguno se quedaba sin ir a consultar a Don Bosco acerca de su papelito, y hubo uno que no fue.

Los jóvenes se apresuraron desde esa misma noche y por varios días, a desfilar por la habitación de Don Bosco, a recibir la tarjeta que estaba escrita con su nombre. Unos saltaban de alegría. Otros salían muy serios. Otros lloraban. Algunos permanecían días y días silenciosos. Algunos se atrevieron a darlo a conocer a sus amigos más íntimos. Otros mantuvieron muy secretamente escondido el mensaje recibido. Pero todos quedaron con la convicción de que sí era la Madre de Dios la que, por medio de Don Bosco, había venido a hablar a cada uno de ellos. Distribuyó 573 mensajes.

He aquí algunos de los mensajes que los jóvenes recibieron:

1) Tienes una amistad que te hace mucho mal. A qué prefieres renunciar: ¿a esa amistad o a la amistad de Dios?

2) Las angustias que estás sintiendo desaparecerán con una buena confesión. ¿Por qué no haces la prueba?

3) ¿Cuándo empezarás de veras a corregirte de ese defecto? Prometes y nunca empiezas a hacer lo que debes.

4) No puedes ser el primero en los estudios, pero sí puedes ser el primero en amar a Dios. ¿Por qué no haces la prueba?

5) ¿Por qué te acuerdas tan poco de Dios? Si pensaras más en que Dios te ve, te oye, te ama y te dará premio según sea tu conducta, cambiarías totalmente de modo de ser.

6) Alerta: el demonio te prepara una emboscada. Recuerda: "Antes morir que pecar".

7) Tienes que dedicarte a cumplir mejor tu deber, y hacerlo todo por Dios.

8) El paraíso no está hecho para los perezosos. ¿Por qué no trabajas un poquito más? ¿Por qué no estudias algo más? ¡Es para tu salvación!

9) Tu corazón está demasiado apegado a las cosas de la tierra. ¿Cómo puede ser feliz el que sólo piensa en lo que es de acá abajo y no piensa en los premios que nos esperan en el cielo?

47. UNA MUERTE PROFETIZADA: 1863 (MB. 7,469)

El 1o. de noviembre de 1863 narró al alumnado el siguiente sueño:

"La noche pasada soñé que había muerto un joven y que yo lo acompañaba hasta la sepultura. No los quiero alarmar, pero ya en otras ocasiones he tenido sueños como éste y siempre se cumplieron".

EXPLICACIÓN:

Dos días después volvió a decirles a los jóvenes:

—Hay que rezar por aquél de nosotros que tiene que morir primero. Esto puede ser pronto. Si estamos bien preparados y seguimos viviendo, estaremos contentos. Si estamos bien preparados y tenemos que morir, sentiremos gran consuelo por encontrarnos bien preparados para pasar a la eternidad.

El 5 de noviembre murió el joven Luis Prete.

48. EL FOSO Y LA SERPIENTE: 1863 (MB. 7,470)

El 13 de noviembre de 1863 habló Don Bosco así:

—*Anoche tuve un sueño que les voy a contar.*

Soñé que me encontraba en el patio con todos los alumnos que se entretenían en saltar, correr y hacer deporte. Salimos luego al campo a dar un paseo. De pronto llegamos a un potrero y allí los jóvenes reanudaron sus juegos con gran entusiasmo.

Descubrí luego, allí cerca, un enorme hoyo o pozo seco muy profundo. Me acerqué luego para examinarlo y para darme cuenta de que no hubiera allí ningún peligro para mis jóvenes, cuando vi en el fondo una horrible serpiente. Su grosor era mayor que el de un caballo, o mejor como el de un elefante y su enorme cuerpo estaba lleno de manchas amarillas. Me aparté de allí con horror.

Pero luego vi que un grupo de jóvenes se dedicaba a saltar por encima de aquel hoyo espantoso. Algunos eran tan pequeños y tan ágiles que lo saltaban y llegaban al otro lado sin ningún peligro. Pero otros de más edad y con el cuerpo más pesado, alcanzaban menor altura e iban a caer en la orilla del foso, y entonces la serpiente abría su espantosa boca y los mordía en los pies, o en una pierna o en el resto del cuerpo.

Y sin embargo, muchos imprudentes seguían saltando por encima del foso, y casi nunca quedaban sin recibir alguna grave herida.

Entonces un joven me dijo, señalando a un compañero:

— *Mira, éste saltará una vez y lo hará mal. Saltará una segunda vez y quedará allá.*

Yo sentía lástima al ver a tantos heridos, unos llagados en los pies, otros en los brazos, y muchos con el corazón desgarrado. Yo les iba preguntando:

— *¿Pero por qué exponerse al peligro saltando sobre el foso?*

—*Es que no imaginábamos que nos iba a suceder eso* —*me respondían*—. No imaginábamos que nos iban a llegar estos males.

Pero hubo uno que me llenó totalmente de tristeza: era el que me había señalado el joven. Saltó de nuevo y cayó dentro del hondo pozo. Después de unos instantes el monstruo lo lanzó hacia afuera y estaba negro como un carbón, pero aún no estaba muerto y seguía hablando. Los que estábamos allí lo contemplábamos espantados.

EXPLICACIÓN:

Don Bosco les insistió en aquella frase del Libro de los Proverbios: "El que se expone al peligro, en él perece", y les recomendó tener mucho cuidado con las amistades peligrosas y con las lecturas impuras y con las ocasiones de pecar. Les repitió la frase de la Imitación de Cristo: "En llegando la ocasión, y en agradándote, caerás". Y aquella otra de San Bernardo: "En castidad triunfan los cobardes, los que huyen del peligro y de la ocasión, porque si nos exponemos al peligro, nuestras emociones pueden llegar a ser tan violentas que sean más fuertes que la voluntad y nos hagan caer en pecado".

Al explicarles lo de aquel que quedó negro como un carbón les recordó que no estaba todavía muerto. Que representaba a los que están en pecado mortal pero que con la confesión y la penitencia se puede recobrar otra vez la vida de la gracia.

Las heridas que se reciben pueden ser los pecados veniales que se cometen por exponerse a las ocasiones de pecar. El caer en el foso y ser víctima del monstruo, significa el caer en pecado mortal.

49. LOS CUERVOS Y LOS JÓVENES: 1864 (MB. 7,551)

El 14 de abril de 1864 habló Don Bosco de la siguiente manera a sus muchachos:

"La noche del 3 de abril soñé que estaba en el balcón mirando a los alumnos que jugaban en el patio, cuando de pronto apareció una gran cantidad de cuervos que se lanzaron contra los jóvenes para picotearlos. La escena que se ofreció a mi vista fue aterradora: a unos le picaban la lengua y se la hacían mil pedazos; a otro le daban picotazos en la frente y a aquel le desgarraban el corazón. Y lo más grave es que ninguno gritaba, ni se quejaba. Permanecían indiferentes, como insensibles, sin intentar siquiera defenderse. Y yo pensaba:

— *¿Posible que éstos se dejen herir sin lanzar siquiera un grito de dolor?*

Pero al rato sentí un clamor general, y después vi a los heridos que comenzaban a agitarse, que gritaban, se quejaban y se separaban los unos a los otros. Y me puse a pensar qué significaría todo aquello. Yo observaba atentamente a todos los heridos.

Y de pronto apareció un personaje con un vasito lleno de bálsamo o aceite bendito en una mano y se dedicó a curar las heridas de los jóvenes, las cuales apenas les aplicaban el aceite bendito quedaban curadas. Hubo sin embargo varios heridos que no quisieron acercarse a que les curaran sus heridas y no fueron curados. Esto me preocupó mucho y me propuse anotar sus nombres en un papel, pero apenas me disponía a escribir, se oyó un ruido y me desperté.

Hice un esfuerzo por retener en la memoria los nombres de los heridos y de los que no quisieron ir a que los curaran. Trataré de hablar con ellos y procuraré convencerlos para que obtengan ser curados de sus heridas.

EXPLICACIÓN:

Don Bosco le daba mucha importancia a la confesión, a la Sagrada Comunión y a la penitencia. Probablemente le fue dado este mensaje para tratar de convencer a sus discípulos de que no se quedaran sin ser curados de las heridas que en el alma deja el pecado, sino que por medio del arrepentimiento, del buen propósito, de la confesión, de la penitencia y de la comunión, obtuvieran su sanación espiritual.

En la S. Biblia el aceite es señalado como remedio para curar heridas. El bálsamo es un aceite de oliva, mezclado con otras esencias vegetales.

Los que al principio permanecen indiferentes y no se quejan pero luego empiezan a gritar y a desanimarse son los que en el momento del pecado no sienten casi remordimiento para cometerlo, pero después quedan con una muy profunda tristeza en el alma por haber cometido la maldad, y haber ofendido a Nuestro Señor.

50. LAS DIEZ COLINAS: 1864 (MB. 7,677)

Narrado por Don Bosco el 22 de octubre de 1864.

"Soñé que estaba en un extensísimo valle poblado por miles y miles de jovencitos. Eran tan numerosos que yo nunca había imaginado que en el mundo pudieran existir tantos jóvenes. Estaban allí los alumnos de este año y los alumnos que nuestras obras tendrán en los años venideros. Mezclados con ellos estaban los sacerdotes y los clérigos.

Al final del valle había una montaña altísima y una voz me dijo:

—*Es necesario que tú y tus discípulos suban a la cumbre de esa montaña.*

Entonces di la orden a aquella multitud de jóvenes de emprender el camino hacia la cumbre de la montaña. Los sacerdotes marchaban adelante y a los lados animando a todos a subir hasta la cumbre. Levantaban a los que se caían, y cargaban sobre sus espaldas los que ya no eran capaces de caminar más a causa del cansancio. El Padre Miguel Rúa, con la sotana arremangada trabajaba más que todos los demás, animando a los que subían y a muchos los levantaba por los aires y los lanzaba hacia muy arriba, y caían de pie y seguían subiendo entusiasmados.

El Padre Cagliero y el Padre Francesia recorrían las filas gritando:

— ¡Animo, adelante! ¡Adelante! ¡Animo!

Después de un poco más de una hora llegamos todos a la cumbre de la montaña, y entonces una voz gritó desde el cielo:

—Es necesario que suban enseguida a las otras diez colinas que están en frente.

Yo respondí: — ¿Pero cómo podremos hacer un viaje tan largo con tantos jóvenes y algunos tan pequeños y tan débiles?

Y la voz respondió: —El que no puede caminar con sus pies, será transportado—.

Y enseguida apareció en el extremo de la colina una carroza tan hermosa, que es imposible describir qué tan bella era. Y en la carroza había un gran letrero que decía: "INOCENCIA", y la frase siguiente: *"Tienen la ayuda del Dios Altísimo, Padre, Hijo y Espíritu Santo"*.

La carroza toda cubierta de oro y de esmeraldas y diamantes, avanzó hacia los jóvenes y 500 niños subieron a ella. Sólo 500 entre tantos miles, conservaban todavía la inocencia.

Luego apareció otro camino lleno de espinas y que tenía este letrero: "PENITENCIA", y seis jóvenes alumnos nuestros, ya muertos, aparecieron vestidos de blanco para dirigir a los que quisieran viajar por aquél camino. Los jóvenes llevaban un hermoso estandarte con ese lema: "Penitencia", y se colocaron a la cabeza de todo aquel enorme grupo de discípulos para emprender el viaje. Y enseguida se dio la señal de partida.

Yo volví a mirar hacia atrás y sentí una profunda tristeza porque vi que un gran número de jóvenes se habían quedado sin seguir el viaje, y muchos se habían vuelto hacia atrás. Quise devolverme para animarlos a seguir subiendo, pero se me prohibió devolverme.

— *Pero es que si yo no voy a animarlos se pueden perder definitivamente.*

— *Déjelos que ellos se responsabilicen. Ya se les han hecho todos los avisos y advertencias. Ahora que corra cada uno con su propia responsabilidad.*

Yo quería responder, pero una voz me dijo:

— *¡También tú tienes que obedecer! Y seguimos el viaje.*

Luego vi otra escena lastimosa: de los 500 que iban en la carroza de la inocencia, muchos fueron cayendo por el suelo y en la carroza no quedaron sino 150. Muchos de los que cayeron de la carroza de la inocencia fueron a colocarse en el grupo de los que seguían la bandera de "la Penitencia".

Yo sentí una gran tristeza al ver que son tantos los que no quieren subir a la montaña de la santidad y me propuse hacer todo lo posible por obtener que ninguno de mis discípulos se vaya a quedar a mitad de camino o se devuelva del camino de la santidad. Y me propuse invitar a todos a acercarse a la confesión y a seguir por el camino de la penitencia.

Seguimos andando y así fuimos subiendo hasta llegar a la octava colina. Allí encontramos unas casas de una belleza y riqueza que nadie puede imaginar aquí. Y había enorme cantidad de árboles tan llenos de hermosas flores y de sabrosos frutos que todos nos quedamos maravillados, y los v jóvenes se esparcieron por todo el campo a saborear tan ricas frutas.

Y hubo un detalle que me causó extrañeza; y es que noté que mis alumnos ya no eran jóvenes, sino que estaban llenos de canas y muy ancianos. Y la voz me dijo:

—*Es que el tiempo que han empleado en subir a estas colinas no son horas sino años y años. Y si quiere saber cómo está su propio rostro mírese al espejo.*

Me miré entonces en un espejo y vi que yo estaba convertido ya en un hombre completamente anciano y lleno de arrugas (y ya no era el hombre de 49 años de esta fecha).

Seguimos el viaje y algunos de mis discípulos querían quedarse en el camino entretenidos en lo que por allí veían, pero yo los animaba diciéndoles: "Animo, sigamos adelante sin detenernos en nada por el camino".

Y apareció a lo lejos la décima colina y en ella una luz tan extraordinariamente bella, y unas músicas tan infinitamente hermosas que yo de pura emoción...me desperté.

EXPLICACIÓN:

Don Bosco les dijo a los jóvenes que las diez colinas son los diez mandamientos que es necesario cumplir para subir al cielo. Que los que se caen de la carroza de la inocencia y se pasan al grupo de la penitencia son los que cometen faltas pero se arrepienten, se confiesan y proponen la enmienda.

Los discípulos de Don Bosco creyeron que en aquello de que en la octava colina Don Bosco se detiene y se ve ya muy viejo, pudo ser un aviso del cielo para que cuando llegara a la octava decena de años se preparara para volar al cielo. Y en efecto, cuando empezaba su octava decena, murió el santo, a los 72 años.

El Padre Rúa y los Padres Cagliero y Francesia que aparecen en el sueño animando a los jóvenes, fueron tres colaboradores muy fieles a Don Bosco.

51. LA PERDIZ Y LA CODORNIZ: 1865 (MB. 8,23)

El 16 de enero de 1865 habló así Don Bosco a sus alumnos:

"Quiero contarles un sueño que tuve anteayer:

Me pareció encontrarme de viaje con todos mis alumnos actuales y con muchísimos más que llegarán a nuestras obras en los tiempos futuros. Llegamos a un campo lleno de árboles frutales y los alumnos se desparramaron por todo el campo en busca de frutas. Unos comían higos, otros uvas, algunos comían duraznos y otros ciruelas. Yo estaba en medio de ellos y cortaba racimos de uvas y las repartía entre todos.

Salimos de aquel campo y empezamos un camino muy difícil de andar. Estaba lleno de zanjas muy profundas y unas veces teníamos que subir, otras veces había que bajar y frecuentemente era necesario saltar. Los más fuertes lograban saltar pero los más débiles caían a la profunda zanja. Quise buscar otro camino pero el sendero siguiente estaba lleno de piedras, de espinas, de barro y de hoyos y era imposible viajar por allí.

Entonces el guía me dijo: "Sigan por este camino difícil, pero que los más fuertes lleven a los más débiles".

Seguimos por el dificultoso camino y al final encontramos una cerca llena de espinas. Con dificultad nos abrimos un paso por allí. Luego llegamos a un valle que tenía muy hermosos árboles y pastos, y era verde y ameno.

Al llegar al valle vi a dos jóvenes, antiguos alumnos, y uno de ellos me dijo señalándome dos aves que tenía en sus manos:

— *¡Mire qué hermosas aves!*

— *¿Y qué aves son esas?*

— *Una perdiz y una codorniz.*

— *¿Y qué significa la perdiz?*

Pues la perdiz tiene los significados de sus letras:

P: *Perseverancia en hacer el bien.*
E: *Eternidad. Pensar en ella.*
R: *Recibirá cada uno según hayan sido sus obras.*
D: *Despreciar lo que es mundano y materialista.*
I: *Irá cada uno al sitio que se haya conseguido con sus obras. Y la:* **Z:** *Es la última letra: pensar en lo último que nos espera.*

Luego me presentó la codorniz y me dijo:
- *Recuerde que la codorniz es aquella ave que llegó en bandadas de miles y miles al desierto donde el pueblo de Israel estaba murmurando contra Dios porque no les enviaba carne para comer. Y volaban tan bajitas que con bastones las lograban derribar. Y la gente comió tan de gula de esas carnes que se murieron muchísimos, porque "mata más la gula que la espada" (Éxodo Cap. 16). Este animal significa el gran peligro que hay para las personas en el comer de gula o en el beber de gula.*

La codorniz era hermosa exteriormente, pero al levantarle las alas vi que esta cubierta de llagas, y se fue volviendo tan fea y asquerosa y despedía un hedor tan insoportable que producía deseos de vomitar.

Entonces empezaron a aparecer en el campo bandadas de perdices y de codornices, y los jóvenes se dedicaron a darles cacería. Y vi que todos los que comieron perdices se volvieron fuertes (porque practicaban lo que sus letras significaban: pensar en la eternidad que nos espera y despreciar lo que es mundano y malo) y en cambio, los que comieron codornices se quedaron a mitad de camino y no me siguieron más (porque se dedicaron a comer de gula o a beber de gula o a cometer impurezas).

Después de esto vi a dos jóvenes que llevaban una cinta morada de las que les colocan a los difuntos y la extendieron, y en seguida apareció tendido y muerto uno de mis discípulos. Pero no logré reconocer de quién se trataba.

Pregunté a los dos jóvenes quién era el difunto pero no me quisieron decir su nombre. Luego aparecieron bastantes alumnos más que me decían:

—*Don Bosco, ha muerto un discípulo suyo.*

Les pregunté quién era el muerto pero nadie me quiso decir su nombre. Y en ese momento me desperté. Estaba totalmente cansado como si hubiera viajado toda la noche.

EXPLICACIÓN:

El 18 de enero Don Bosco les dijo a sus alumnos reunidos:

"Varios desean saber el significado del sueño que les narré la vez pasada. Pues les digo que la perdiz es la representación de la virtud y de la buena conducta y la codorniz representa al vicio y al mal comportamiento. Y noten bien que la codorniz aparecía muy hermosa por fuera pero por dentro debajo de las alas estaba llena de llagas y olía muy mal. Es la representación de quienes cometen pecados impuros.

Por fuera aparecen buenas personas, pero el alma la tienen asquerosa y repugnante.

Y noté que algunos pudiendo comer codorniz, sin embargo no la quisieron aceptar. Son los que tienen ocasiones de ser viciosos, pero no aceptan cometer pecados. Otros en cambio alternaban: un rato comían perdiz y otro codorniz. Son los que a ratos se dedican a ser buenos, y a ratos son malos. Varios han venido a preguntarme en cuál de los grupos los vi y se lo he dicho. Los otros que quieran averiguar en qué estado vi su alma pueden venir en estos días y les responderé con mucho gusto.

El discípulo de Don Bosco que iba a morir pronto y del cual nadie le quiso decir el nombre, era el Padre Ruffino, virtuoso sacerdote, puro como un ángel y estimadísimo por el santo, y que en esos días gozaba de perfecta salud pero que luego el 16 de julio murió improvisadamente. No le fue anunciado su nombre a Don Bosco para no atormentarlo anticipadamente, pues lo quería muchísimo.

¿Será nuestra vida espiritual como la codorniz del sueño: bella apariencia externa y podrida en la realidad interna? ¡Líbrenos Dios de que llegue a ser así!

52. EL SUEÑO DEL ÁGUILA: 1865 (MB. 8,58)

El 1o. de febrero de 1865 Don Bosco anunció a los jóvenes la próxima muerte de uno de ellos, narrándoles este sueño que había tenido.

"Me pareció mientras dormía que estaba en el patio rodeado de alumnos y que de pronto apareció por los aires una águila maravillosa, de bellísimas alas, la cual trazando círculos en el aire, descendía poco a poco hacia los jóvenes. Y un personaje misterioso me dijo:

Aquella águila quiere arrebatarte uno de tus alumnos.

— ¿A cuál? —le pregunté emocionado—.

—A aquel sobre el cual ella se coloque.

Observé atentamente y vi que el águila después de dar unas vueltas más, se colocaba sobre la cabeza de uno de los jóvenes de nuestra casa. Me fijé bien en él para no olvidar su nombre. Y luego pregunté:

— ¿Y cuándo será esa muerte?

—Ese joven no hará dos veces el retiro mensual —me respondió la voz—. Y enseguida me desperté.

EXPLICACIÓN:

El 3 de marzo dijo el santo a los muchachos:

—Algunos creen que el que se va a morir pronto es el alumno de apellido Savio que está gravemente enfermo. Pero no es él. Lo importante es que cada uno cumpla lo que recomendó Nuestro Señor: "Estad preparados porque a la hora menos pensada vendrá el Hijo del Hombre".

Al día siguiente algunos alumnos le pidieron que les diera alguna señal acerca del que se iba a morir próximamente y él les dijo:

—Su apellido empieza por F.

Pero en el Oratorio había más de 30 alumnos cuyo apellido empezaba por F.

El enfermero Bisio se atrevió a rogarle a Don Bosco que le dijera el nombre del próximo difunto y él le dijo en secreto:

—Se trata de Antonio Ferraris. Pero estoy tranquilo porque es un muchacho muy virtuoso y está muy bien preparado para morir. Tú estarás muy atento y cuando Ferraris vaya a la enfermería y se halle grave, me llamarás enseguida para irlo a asistir y a ayudar a bien morir.

Y en aquellos días a Ferraris le dio un resfriado muy fuerte que se le fue convirtiendo en pulmonía. Fue llamado el médico el cual dijo que la enfermedad era sumamente grave y que podía ser mortal.

Llegó la mamacita a visitarlo y le preguntó al enfermero Bisio:

— ¿Podré volver a mi casa o será mejor que me quede junto a mi hijo?

— ¿Usted en qué disposiciones de ánimo se encuentra? —Le preguntó el enfermero—.

—Yo soy madre y como tal siento mucho que mi hijo se me vaya a morir. Pero de todos modos yo acepto lo que Nuestro Señor permita que suceda.

— ¿Y si Dios permite que su hijo muera pronto?

— ¡Pues paciencia! ¿Qué vamos a hacer? y empezó a llorar.

—Mire: Don Bosco dice que Antonio es muy buen muchacho y que se encuentra muy bien preparado para irse al cielo.

—Pues entonces me quedaré, y que haga Dios su santa voluntad, dijo la madre enjugándose las lágrimas.

Ya iba a llegar el día del segundo Retiro Mensual, y Don Bosco había anunciado que el que iba a morir no llegaría a ese segundo Retiro. Por eso el enfermero Bisio le pidió a la mamá del niño que no se alejara.

Antonio Ferraris murió el 16 de marzo santamente, y asistido por Don Bosco.

El Santo les anunció esta muerte a los alumnos de la siguiente manera:

"Veo que muchos jóvenes están deseosos de saber cómo fueron los últimos momentos del compañero Ferraris, y con gusto les contaré los detalles. Antonio murió resignado y tranquilo. En su última enfermedad sufría mucho pero no perdía la paciencia.

Cuando llegó de alumno aquí al Oratorio me dijo:

—*Don Bosco: yo estoy dispuesto a obedecer todo lo que usted me aconseje para volverme mejor. Cuando falte en algo, le pido el favor de que me corrija y con gusto haré caso a sus avisos.*

Yo le prometí que haría lo que me pedía, y cada vez que se equivocaba o fallaba en algo, le advertía y él me hacía caso muy obediente. Se puede decir que había aprendido a hacer caso en todo lo bueno que se le aconsejaba. Y sus profesores dicen que era de los mejores alumnos de su clase. Cuando cayó enfermo fui a visitarlo y le pregunté si quería que le llevara la Sagrada Comunión y me dijo que sí. Luego le pregunté si tenía alguna inquietud, duda o angustia en su conciencia y me dijo que no tenía ninguna, que estaba con la conciencia en paz. Luego le pregunté si sentía gusto en ir pronto al paraíso y me respondió:

—*Sí, siento alegría en ir al paraíso, porque espero que allá veré al buen Dios, de quien me han hablado muy bien aquí en la tierra.*

— *¿Y qué quieres que haga por ti?*

—*Que me ayude a salvar mi alma y que siga ayudando a todos mis compañeros para que cada uno logre conseguir la eterna salvación.*

Como me imaginaba que todavía faltaban unas horas para que se muriera, dispuse irme a mi habitación a escribir un rato, pero él con mucho afán y emoción, y casi sofocado por la pulmonía, me clamaba que no lo fuera a dejar solo en sus últimos momentos. Más tarde quise alejarme otra vez por unos minutos pero volvió a clamarme que no lo dejara sólo, que deseaba que estuviera junto a él a la hora de la muerte. Le tomé el pulso y noté que ya casi no palpitaba. La pulmonía se agravaba y llegaba el fin. Después expiró serenamente, sin un lamento ni una queja. Es que tenía la conciencia tranquila y en paz. Qué hermoso que cada uno de nosotros pueda morir tan en paz con Dios como murió Ferraris. Yo creo que fue directamente al paraíso y con gusto cambiaría mi puesto por el que él tiene ahora en la eternidad.

Algunos dicen que yo los asusto anunciando cuando se va a morir alguno. Pero a Ferraris le sirvió el anuncio para prepararse mejor. De todos modos para evitar sustos no anunciaré más las muertes que van a suceder.

Los alumnos gritaron:

— *¡Sí Padre, anuncie siempre que eso nos hace mucho bien! (Mb. 8,64).*

53. LAS FLORES Y EL GATAZO: 1865 (MB. 8,42)

Soñé que estaba en el patio rodeado de mis alumnos, y que cada uno tenía en la mano una flor. Unos tenían una rosa, otros una azucena; algunos tenían una violeta, y muchos una rosa y un lirio juntamente.

De pronto apareció un gatazo con cuernos, grande como un perro, de ojos encendidos como llamas, y cuyas uñas eran gruesas como grandes clavos, y su vientre era descomunalmente abultado.

La horrible bestia se acercaba traicioneramente a los jóvenes y dando vueltas alrededor de ellos iba de uno en uno dando zarpazos a la flor que cada uno tenía y lanzándola al suelo.

Yo, ante tamaña bestia sentí un gran miedo y me llamaba la atención que los jóvenes a quienes les robaba sus flores y las lanzaba al suelo se quedaban sin inmutarse ni afanarse.

Cuando me di cuenta de que el gatazo se dirigía hacia mí para robarme también mis flores, quise salir corriendo pero una voz me dijo:

—*No huya. Dígales a los muchachos que levanten la mano y el brazo y así el gato no logrará arrebatarles sus flores.*

Me detuve y levanté el brazo. El gatazo hacía inmensos esfuerzos por arrebatarme las flores que yo tenía en la mano, pero como él era tan pesado y barrigón caía torpemente a tierra.

Y me fue dicho que la azucena o lirio que llevamos en la mano es la santa virtud de la pureza o castidad, a la cual el diablo le hace guerra continuamente. Que los que levantan la mano son los que rezan, se confiesan, asisten a misa y comulgan. Y que los que no levantan la mano y se dejan robar sus flores son los que comen y beben de gula y se pasan tiempos sin hacer nada, sin dedicarse seriamente al estudio y a los trabajos que tienen que hacer. Que se quedan sin levantar la mano y son robados por el diablo los que se dedican a malas conversaciones, o a leer libros malos o revistas impuras, y los que no hacen mortificaciones ni sacrificios, y no evitan las ocasiones de pecar.

Jesús decía: *"Ciertos malos espíritus no se alejan sino con la oración y el sacrificio".*

Les recomiendo a todos que levanten su brazo rezando con devoción cada mañana y cada noche; confesándose frecuentemente y comulgando con fervor, haciendo cada día una visita a Nuestro Señor en el Santísimo Sacramento en el templo, rezando el Santo Rosario y dedicándose con esmero al estudio y a hacer cada uno lo que tiene que hacer. Esto hará que la santa virtud de la castidad o de la pureza se logre conservar, por más ataques que el diablo emprenda contra ella.

54. LOS MONSTRUOS Y LOS JÓVENES: 1865 (MB. 8,54)

Estaba hospedado en la casa del Sr. Obispo de Cúneo y tuve allá el siguiente sueño:

"Me pareció estar viendo jugar en el patio a un gran número de jóvenes con entusiasta animación. Esto me alegraba mucho porque cuando los jóvenes juegan con toda su alma entonces el demonio tiene poca ocasión para atacarlos".

Pero de pronto se hizo un profundo silencio y apareció en la puerta un monstruo horriblemente feo que caminaba con la cabeza baja y como preparándose para lanzarse al ataque.

Enseguida aparecieron por el patio otros muchos monstruos como el anterior pero más pequeños, y los muchachos fueron quedando acorralados contra las paredes y muchos jóvenes quedaron tendidos por tierra y como muertos.

Ante aquella escena tan dolorosa lancé un grito tan fuerte que me desperté, y se despertaron también el Señor Obispo y sus familiares y su vicario, asustados ante semejante grito.

Yo creo que ese monstruo es el demonio o el pecado y que sus compañeros son las tentaciones y deseos de hacer el mal. Contra estos enemigos les aconsejo dos remedios: comunión bien hecha y visitas frecuentes a Jesús en la Santa Eucaristía en el templo.

¿Quieren que el Señor les conceda muchos favores? Visítenlo frecuentemente en el templo. ¿Quieren que sean pocos los favores que les concede? Pues entonces visítenlo pocas veces. ¿Quieren que el demonio los asalte? Pues dejen de visitar a Nuestro Señor en el templo. ¿Pero desean que el espíritu del mal huya de ustedes? Visiten frecuentemente a Jesús en la Eucaristía. La visita al Santísimo Sacramento es un medio muy valioso y muy necesario para alejar y vencer a los enemigos del alma.

55. EL PROYECTOR MÁGICO: 1865 (MB. 8,110)

Narrado el 1o. de mayo de 1865.

Soñé que estaba en un templo muy lleno de jóvenes pero que eran muy pocos los que se acercaban a comulgar. Junto al sitio donde la gente pasa a comulgar vi a un hombre largo y negro, muy negro y muy largo, con dos cuernos en la cabeza, y que llevaba en la mano un proyector mágico para distraer a los que allí llegaban.

A uno le mostraba en el proyector el patio lleno de juegos y le hacía contemplar su deporte favorito; a otro le mostraba allí en el proyector la casa de sus familiares, y los paseos de vacaciones y las diversiones que había tenido. A algunos les hacía recordar las derrotas que habían sufrido en los deportes y las victorias que probablemente podrían tener en el futuro; a varios les presentaba en su proyector las tareas que tenían que hacer, las previas y exámenes que se avecinaban y los libros que había que leer. A otros les presentaba la merienda que iban a comer después y el dinero que tenían por ahí para gastar. Y no faltaban jóvenes a los cuales les presentaba en su proyector los pecados pasados, y así los detenía y no los dejaba pasar a comulgar.

Yo creo que este sueño quiere decir que los enemigos del alma hacen todo lo posible por distraer a cada uno cuando está en el templo y cuando está rezando, para robarle los premios que iba a conseguir rezando bien y comulgando con fervor. Es necesario romperle el proyector al diablo, y no ser de esos embobados que se quedan mirando lo que él les presenta y así no rezan ni comulgan. Hay que mirar de vez en cuando el crucifijo y pensar lo que Jesús sufrió por nosotros y recordar que dejar la comunión es lo mismo que echarse en brazos del demonio.

56. LAS OFRENDAS A LA VIRGEN Y SU SIGNIFICADO: 1865 (MB. 8,120)

El 30 de mayo de 1865 contó Don Bosco el siguiente sueño:

"Contemplé un gran altar dedicado a la Virgen y muy hermosamente adornado. Vi a todos mis discípulos avanzando en procesión hacia él. Cantaban una canción a la Virgen, pero no todos del mismo modo. Unos cantaban con exactitud y muy afinados y con hermosa voz. Otros cantaban con voz ronca y desentonados, y fuera de tiempo. Había algunos que estaban callados sin cantar. Y varios se salían de la procesión y se iban a otros sitios, y varios bostezaban aburridos y sin fervor. No faltaban quienes ponían zancadillas a los otros y se reían burlonamente.

Todos llevaban regalos para ofrecérselos a la Virgen Santísima. Cada uno tenía en sus manos un ramo de flores, unos más grandes, otros más pequeños. Unos llevaban rosas, otros claveles, otros violetas.

Pero algunos llevaban regalos muy raros: por ejemplo: uno llevaba una cabeza de cerdo. Otro un gato. Alguien llevaba un plato lleno de sapos, otro un conejo y alguno llevaba un corderito.

Junto al altar de la Virgen había un hermoso joven con alas, que probablemente es el Ángel que protege nuestra obra, y este joven iba recibiendo la ofrenda que cada uno llevaba. A los que presentaron hermosos ramos de flores les recibió con gusto su ofrenda y la colocó junto a los pies de Nuestra Señora. A otros al notar que en su ramo de flores traían algunas ya marchitas, desató el ramillete y sacó las marchitas y las echó a la basura, y las demás las colocó junto al altar.

A algunos no les recibió las flores que presentaban porque eran flores sin perfume, y la Virgen quiere realidades y no sólo apariencias.

Los ramilletes de flores de algunos tenían espinas y clavos entre las flores. El ángel quitó espinas y clavos antes de colocar las flores junto a la Reina Celestial.

Cuando llegó el que llevaba un cerdo, el ángel le dijo:

¿Cómo te atreves a presentar ese regalo? ¿No sabes que el cerdo representa los pecados de impureza, y que María es la más pura de todas las creaturas? Retírate y no presentes esa ofrenda.

Llegaron los que llevaban un gato y el ángel les dijo:

—   ¡Retírense! ¿No saben que el gato representa a los que roban? Eso significa que se dedican a quitar cosas, dineros, libros, alimentos, etc., y que malgastan el dinero que sus padres pagan por ellos, porque no estudian, y destrozan sus vestidos sin importarles lo que cuestan. Y los hizo apartarse a un lado.

Llegaron luego los que llevaban platos con sapos y el ángel les reprendió:

-Los sapos representan a los que dan escándalos y malos ejemplos a los demás. La Virgen Santísima no recibe esas ofrendas.-Y se retiraron avergonzados.

Luego avanzaron unos con un puñal clavado en el corazón. Significan los que reciben sacramentos estando en pecado mortal. El ángel les dijo:

— ¿No se dan cuenta de que llevan la muerte en el alma? (Tienen nombre de vivos pero están muertos, dice el Apocalipsis). ¡Por favor: que les quiten ese cuchillo del corazón!

Y éstos fueron también colocados aparte y lejos del grupo.

Enseguida llegaron los demás que llevaban conejos, corderos, pescado, uvas y nueces. El ángel recibió todo y lo puso junto al altar y después de separar los buenos de los malos e hizo formar ante el altar a todos aquellos cuyas ofrendas sí habían sido aceptadas. Y con tristeza del alma pude notar que el número de los que no habían sido aceptados era más numeroso de lo que yo me había imaginado.

Y aparecieron por lado y lado del altar dos ángeles trayendo cada uno una canasta llena de hermosísimas coronas de rosas, pero eran rosas del cielo que no se marchitan y que significan la inmortalidad. Y a cada uno de aquellos a quienes sí les habían sido aceptadas sus ofrendas, le fue colocada una de esas coronas en su cabeza. Las coronas eran supremamente hermosas y yo veía que allí desfilaban para ser coronados no solamente los discípulos que ahora tengo sino los discípulos que tendrán nuestras obras en tiempos futuros.

Y enseguida sucedió algo impresionante.

Había jóvenes de rostro nada simpático y que no eran agradables ni atrayentes en su presentación externa, y a éstos les correspondieron las coronas más ricas y hermosas, porque lograron conservar mejor su pureza o castidad. Otros tenían también esta virtud pero en grado inferior. Muchos otros recibieron coronas por su obediencia, por su humildad, o por su amor de Dios. Cada cual recibía una corona proporcionada a los esfuerzos que había hecho por portarse bien.

El ángel les dijo:

—*Han recibido estas coronas como premio a su buen comportamiento. Esfuércese cada uno para lograr que los enemigos del alma no le roben su corona. Hay tres medios para conservarlas: 1o. Ser humildes. 2o. Ser obedientes. 3o. Esmerarse por conservar la virtud de la pureza. Estas tres vir-*

tudes: *humildad, obediencia y pureza los harán agradables ante la Virgen María y les conseguirán una corona infinita de premios en el cielo.*

Los jóvenes que no habían sido coronados desaparecieron y los que sí recibieron coronas empezaron a cantar un himno a la Virgen con voz tan fuerte que...yo me desperté.

Recuerdo muy bien quiénes sí fueron coronados y en qué virtud sobresalían, y quiénes fueron rechazados y por qué. Pueden pasar en estos días y le diré a cada uno en qué estado vi su alma en el sueño, y qué es lo que debe hacer para que la Virgen Santísima le acepte sus ofrendas.

Mientras tanto les doy estas explicaciones:

1o. Todos llevaban flores a la Virgen, pero noté que casi *todos tenían espinas entre sus flores.* Y me fue dicho que *esas espinas representan a la desobediencia:* No hacer lo que hay obligación de hacer, y dedicarse a hacer lo que está prohibido, llegar tarde y no cumplir los propios deberes. *("¿Has visto a alguno que cumpla bien sus deberes de cada día? Ese no quedará entre los últimos. Ese será de los primeros,* dice el Libro de los Proverbios. Pero el desobediente no será coronado").

2o. Otros llevaban entre sus flores *un clavo.* Y con clavos fue crucificado Jesucristo. San Pablo dice que *el que peca crucifica de nuevo a Jesucristo.* Clavos son los pecados que se cometen y no se combaten. Se empieza por pequeñas faltas y se va llegando a cometer pecados graves. *El que es infiel en lo poco, también será infiel en lo grande,* decía Nuestro Señor.

En este corredor del Colegio "Oratorio" de Turín reunió Don Bosco muchas noches a todos los alumnos para narrarles sus misteriosos sueños. Se colocaba sobre una butaca y desde allí les hablaba en medio de un silencio impresionante.

3o. Muchos llevaban flores sin perfume. Son las obras buenas que se hacen sin querer apartarse del pecado o que se hacen por ser vistos y ser felicitados y no por agradar a Dios. Esas obras buenas son rechazadas. (Dice el salmo 49: "El Señor Dios dice al pecador obstinado: ¿Por qué andas diciendo que me amas, tú que desprecias mis mandatos y no los quieres cumplir? Te acusaré de esto y te lo echaré en cara").

Pero el ángel permitía que los que quisieran fueran y arreglaran sus ramilletes y les quitaran las espinas y los clavos y las flores sin perfume y volvían, y entonces sí se les aceptaba su ofrenda. Así que cada uno puede proponerse enmendar sus errores y malos comportamientos y entonces sí serán aceptadas sus ofrendas.

57. EL SUEÑO DE LA INUNDACIÓN: 1866 (MB. 8,240)

El 1o. de enero de 1866 Don Bosco habló así al alumnado.

"Soñé que me encontraba cerca a un pueblo parecido a Castelnuovo. Los jóvenes jugaban alegremente en un campo, cuando de pronto se vio aparecer en el extremo de la llanura una gran inundación, que crecía por momentos y amenazaba ahogarnos a todos. Era que el río Po se había desbordado y sus olas llegaban como grandes ríos.

Nosotros corrimos a refugiarnos en un edificio viejo y alto que había servido antes de molino. Las aguas subían más y más y nosotros teníamos que ir ascendiendo hacia los pisos superiores de aquella edificación. Todos los alrededores eran un inmenso lago. Ya no se veían bosques ni pueblos, ni ciudades, sino agua y más agua.

Ante tan terrible peligro y viendo que no se encontraba cómo librarnos de aquella inundación, empecé a animar a mis discípulos diciéndoles que pusiéramos toda nuestra confianza en la ayuda de Dios y en la bondad de nuestra querida Madre María.

El agua subió hasta el techo de aquella habitación y nosotros estábamos llenos de terror, cuando de pronto apareció una enorme barca, flotando cerca del sitio donde estábamos.

Cada uno quería ser el primero en saltar a la barca para librarse de ser devorado por las aguas, pero ninguno se atrevía porque no la podíamos acercar a la casa. Solamente había un medio que nos podía permitir llegar hasta la barca: era un enorme tronco de árbol, largo y estrecho. Pero pasar sobre él resultaba peligroso, pues un extremo del árbol estaba apoyado en la balsa que no dejaba de moverse al impulso de las olas.

Me llené de valor y pasé de primero por sobre aquel tronco y llegué a la barca y luego encargué a algunos sacerdotes y clérigos que unos se dedicaron a apoyar a los que se subían sobre el tronco y otros desde la barca les dieron la mano a los que venían llegando. Pero, caso curioso, los sacerdotes y clérigos se cansaban muy pronto de aquel trabajo y se desanimaban por tanto cansancio. Entonces me dediqué también yo a ayudar a pasar gente, pero muy pronto quedé rendido de cansancio.

Y sucedió que muchos jóvenes, dejándose llevar por la impaciencia improvisaron un nuevo puente con una tabla y se dispusieron a pasar por allí, con gran peligro de caerse al agua. Yo les gritaba:

LA INUNDACIÓN

— ¡Cuidado, por favor! ¡Deténgase, que se van a caer a las aguas!

Pero no me hicieron caso y muchos de ellos perdieron el equilibrio antes de llegar a la balsa, cayeron y fueron tragados por aquellas malolientes y turbulentas aguas, y no los volvimos a ver más.

Y la tabla que les servía de puente se hundió también con todos los que pasaban por allí. La cuarta parte de nuestros jóvenes sucumbió por seguir sus propios caprichos.

Yo logré acercar la barca hacia el edificio y entonces el Padre Cagliero, con un pie en la ventana y el otro en el borde de la barca empezó a hacer pasar a los jóvenes que todavía quedaban allí en esa edificación y los ayudaba a ponerse en seguro dentro de la barca.

Muchos jóvenes se habían subido al techo y estaban allí arrimados unos a otros llenos de temor. Yo les dije que se encomendaran a Dios y que bajaran por sobre el tejado, entrelazados los brazos unos con otros para no rodar. Me obedecieron y como la barca estaba pegada al edificio, con la ayuda de los compañeros los hicimos llegar a todos a la barca. En nuestra embarcación había unas buenas canastadas de pan.

Cuando todos estuvimos en la barca, tomé el mando de la misma y dije a los jóvenes:

—María es la Estrella del Mar. Ella no abandona a los que confían en su protección. Pongámonos todos bajo su manto: la Virgen nos librará de los peligros y nos llevará a puerto seguro.

Después dejamos que la nave fuera llevada por las olas y empezó a moverse alejándose de aquel lugar. Yo me acordaba de aquella frase del Libro de los Proverbios: "Es como nave que viene de lejos trayendo el pan" (Prov. 31, 13).

La fuerza de las aguas agitadas por el viento movía a tal velocidad nuestra nave que tuvimos que abrazarnos unos a otros, formando un todo, para no caer.

Luego llegamos a un gran remolino y la barca empezó a dar vueltas sobre sí misma con extraordinaria rapidez, de manera que parecía que se iba a hundir. Pero llegó un viento fortísimo y la sacó de aquella vorágine, y aunque de vez en cuando encontrábamos algún remolino peligroso, sin embargo aquel viento salvador llevó nuestra barca hasta la playa seca, hermosa y amplia que parecía sobresalir como una isla en medio de aquel mar inmenso de profundas aguas.

Muchos jóvenes opinaron que había que descender a la isla y que nos fuéramos a tierra y decían que Dios puso al hombre sobre la tierra y no sobre el mar. Y desobedeciendo mis órdenes y mis consejos bajaron a tierra, pero vino luego un terrible oleaje de la inundación y cubrió la isla y los ahogó a todos. Yo pensaba: ¡Qué caros se pagan los caprichos!

Pero los jóvenes de la barca empezaron a sentir gran temor porque las olas se enfurecían cada vez más. Yo al verlos tan pálidos por el terror les dije:

— ¡Animo, María Santísima no nos abandonará!

Y todos, de común acuerdo nos pusimos a rezar los actos de fe, de esperanza, de caridad y de contrición, y luego rezamos varios Padrenuestros, Avemarías y Salves. Después de rodillas, agarrados todos de las manos, continuamos rezando cada uno nuestras oraciones particulares.

Mientras los demás rezábamos devotamente, algunos imprudentes se pusieron de pie y en vez de dedicarse a rezar se dedicaron a reírse y a burlarse de los que rezaban. Pero de pronto la barca dio un frenazo, giró con gran rapidez sobre sí misma y un viento violentísimo lanzó a aquellos imprudentes hacia las profundas aguas. Eran unos treinta y ya no los volvimos a ver. Nosotros entonamos con gran devoción el "Dios te Salve Reina y Madre" y nos encomendamos a María, Estrella del Mar.

Sobrevino una gran calma. La nave, cual pez gigantesco continuó avanzando sin saber nosotros hacia dónde nos llevaría. Allí se trabajaba mucho tratando de salvar el mayor número de vidas que fuera posible. Se hacían todos los esfuerzos por tratar de que ninguno cayera al agua, y si alguno caía a las olas nos esforzábamos entre todos por salvarlo del ahogamiento.

Algunos imprudentes se asomaban demasiado al borde de la barca y caían al agua, y había algunos jóvenes tan descarados que invitaban a sus compañeros a acercarse al borde de la barca y cuando ya estaban allí, los empujaban y los hacían caer al agua.

Varios sacerdotes se consiguieron unas cañas largas y unos lazos provistos de salvavidas, y cuando escuchaban la voz de auxilio de alguno que había caído a las aguas, le alargaban la caña para que se prendiera de ella, y volviera a la barca o le lanzaban el lazo para que se lo amarrara a la cintura y así lo pudieran atraer hacia la embarcación.

Pero había algunos malintencionados que trataban de impedir que los náufragos fueran salvados. En cambio los clérigos vigilaban continuamente para que los jóvenes no se acercaran demasiado a los peligrosos bordes de la embarcación.

Yo estaba junto a una fuerte columna que sostenía una vela (o tela grande que al ser empujada por el viento hace moverse la embarcación) y me rodeaban muchos sacerdotes y clérigos que obedecían mis órdenes. Mientras todos obedecían, el viaje transcurrió en paz, alegría y tranquilidad, pero de pronto algunos empezaron a sentirse descontentos de estar allí; les parecía demasiado incómoda la barca y decían que era mejor buscar tierra lo antes posible. Murmuraban diciendo que los alimentos se nos acabarían y que no tendríamos después con qué comer. Discutían y me desobedecían. Yo trataba en vano de calmarlos y animarlos.

Y entonces aparecieron otras barcas que viajaban en dirección distinta a la de la nuestra y el grupo de rebeldes e imprudentes dispuso tender unas tablas sobre las aguas y pasarse a esas barcas. Yo sentí mucha tristeza al ver que se alejaban, porque sabía que iban en busca de su propia ruina.

Y empezó una fuerte tempestad y las olas gigantescas fueron hundiendo una por una las embarcaciones que se habían llevado a los rebeldes, y la noche se hizo negra y oscura y a lo lejos se escuchaban los gritos angustiados de los que se hundían entre las olas. Todos perecieron. (Qué oportunas eran entonces las palabras del Salmo 69: "Dios mío sálvanos, que las aguas nos quieren ahogar. Mi oración se dirige a Ti Dios mío: que me escuche tu gran bondad. Líbrame de las aguas tormentosas. Que no me hunda

en las aguas sin fondo; que no me arrastre la corriente, que no se cierren las olas sobre mí. Estoy en peligro Señor, respóndeme en seguida").

El número de mis discípulos que se conservaban a salvo había disminuido mucho. A pesar de todo, con la confianza puesta en la Virgen, después de una noche tenebrosa, la nave llegó finalmente al amanecer, a un paso estrechísimo, entre dos playas llenas de barro, y de muchos restos y pedazos de embarcaciones destrozadas y hundidas por el vendaval.

Y vimos que alrededor de la barca pululaban enormes y temibles arañas, sapos, serpientes, tiburones, víboras venenosas y miles de animales feroces. Sobre unos sauces que descolgaban sus ramas hacia el agua, había unos gatazos deformes que desgarraban restos de cuerpos humanos, y unos micos de gran tamaño que trataban de herir con sus uñas a nuestros jóvenes, pero éstos atemorizados se agachaban y se libraban de aquellas amenazas.

Y allí en aquel arenal encontramos a muchos de los que habían desaparecido entre las olas. Eran cadáveres, y estaban totalmente destrozados. Uno de los jóvenes gritó: ¡Miren a Fulano! ¡Lo está devorando un monstruo! ¡Miren a Zutano! ¡Lo está devorando otro monstruo! Y seguían diciendo los nombres de los que eran víctimas de aquellas fieras. Los demás compañeros miraban aquella escena con verdadero terror.

Y enseguida se presentó ante nuestros ojos otra escena todavía más espantosa: un horno inmenso lleno de fuego violentísimo y en él millares de personas convertidas en brasas ardientes que saltaban por los aires gritando y volvían a caer entre las tremendas llamas, como cuando

hierve una olla llena de legumbres. Y sobre el horno había un letrero que decía: "Pecar contra el sexto mandamiento y contra el séptimo, eso es lo que hace caer aquí".

Más allá había una elevación de tierra llena de árboles desordenadamente dispuestos y entre ellos se agitaban muchos de mis discípulos que habían caído a las aguas y se habían alejado de nosotros durante el viaje. Bajé a tierra sin asustarme por el peligro que corría, me acerqué y vi que tenían los ojos, los oídos y el corazón llenos de insectos y de gusanos que les roían, causándoles agudísimos dolores. Uno de ellos sufría más que los demás. Quise acercarme a él para ayudarle pero huía de mí, escondiéndose detrás de los árboles. Uno de aquellos jóvenes abrió su camisa y apareció su cuerpo rodeado de serpientes. Otro llevaba serpientes junto a su corazón.

Les señalé a todos ellos una fuente de aguas termales curativas,- y los que fueron a bañarse allí quedaron curados de todas sus heridas y subieron otra vez a la barca. Pero varios de los heridos no quisieron hacerme caso y no fueron a bañarse a las aguas curativas, y allí se quedaron.

La balsa empujada por el viento, atravesó aquel estrecho y entró de nuevo en la inmensidad de las aguas. (Cómo recordaba entonces lo que dice el Salmo 106: "Estaban enfermos por sus maldades y por sus culpas eran afligidos, pero clamaron al Señor Dios en su angustia, y El los libró de sus tribulaciones) Dios hizo aparecer un viento tormentoso que alzaba las olas a lo alto y hacía subir mucho y luego bajar hacia el abismo y los navegantes se tambaleaban y su vida se marchitaba, pero clamaron al Señor en su angustia, y El los sacó de su tribulación. Apaciguó la

Adentrándome en el bosque pude ver todavía más jovencitos... Estaban todos heridos y cubiertos de llagas asquerosas.

No obstante eso, el espectáculo más terrible lo contemplamos
cuando poco después vimos una inmensa hoguera y dentro
de ella a varios jovencitos. Un grande letrero a la entrada decía: EL SEXTO Y EL SÉPTIMO CONDUCEN AQUÍ.

tormenta y la convirtió en suave brisa, calmó las olas del mar y los condujo al deseado puerto de la paz".

Esta descripción se cumplió en nosotros. Entonamos un canto a la Santísima Virgen por habernos protegido tanto y al instante como si la Reina Celestial les hubiera traído una orden, se suavizó el viento y se aquietó el mar, y la balsa empezó a deslizarse suave y rápidamente sobre las tranquilas aguas.

Luego apareció en el cielo un bellísimo Arco Iris y en él un enorme letrero que decía: "MADRE Y REINA DE TODO EL UNIVERSO: MARÍA".

Y apareció en el horizonte una tierra amenísima, llena de bosques con toda clase de árboles; era un panorama tan encantador como uno no se lo puede imaginar y lo iluminaba una bellísima luz de atardecer, que llenaba el ánimo de tranquilidad y de paz.

Y la barca llegando hacia la orilla se detuvo junto a una plantación de uvas. Los jóvenes me preguntaron:

— ¿*Don Bosco, ahora sí podemos bajar a tierra?*

Yo les respondí que sí, y entonces hubo un griterío general de alegría. En la plantación de uvas había unos racimos semejantes a los de la Tierra Prometida (de los cuales dice la S. Biblia que para llevar un racimo se necesitaban dos hombres (Num. 13,23), y en los árboles frutales había las más variadas frutas, de sabores riquísimos.

En medio de aquel cultivo de frutales había un gran castillo, rodeado de un delicioso y ameno jardín y defendido por fuertes murallas.

Nos dirigimos a aquel edificio para visitarlo y se nos permitió la entrada.

Estábamos muy cansados y con muchísima hambre. Y allí nos tenían preparada una hermosísima y enorme mesa llena de los alimentos más exquisitos que imaginarse pueda. Cada uno pudo comer a su gusto todo lo que quiso.

Cuando terminábamos de comer entró al salón un joven hermosísimo, vestido muy elegantemente, el cual con gran educación y amabilidad nos fue saludando a cada uno llamándonos por nuestro propio nombre. Al vernos tan maravillados por todas las bellezas que estábamos contemplando nos dijo:

—*Esto no es nada. Vengan y verán cosas mejores.*

Lo seguimos y desde el balcón nos mostró los hermosos jardines y prados y nos dijo que allí podríamos recrearnos a nuestro gusto. Luego nos fue llevando de sala en sala y cada una era más hermosa y elegante que la anterior.

Abrió después una puerta que comunicaba a un templo. Por fuera parecía de pequeña estatura, pero apenas entramos en aquél recinto nos dimos cuenta de que era tan inmensamente grande que apenas sí se alcanzaban a ver sus lados opuestos, y si algunos se colocaban en el otro extremo casi no los alcanzábamos a ver. El piso, las paredes y el techo estaban revestidos de mármoles finísimos y llenos de oro, perlas y diamantes. Por lo que yo profundamente maravillado exclamé:

—*Estas bellezas se parecen a las del cielo. Yo quisiera quedarme aquí para siempre.*

En medio del hermoso templo se levantaba una enorme y bellísima estatua de María Auxiliadora. Llamé a muchos de los jóvenes que se habían dispersado por una y otra parte para contemplar las bellezas de aquel sagrado edificio y se reunieron todos ante la estatua de Nuestra Señora para darle gracias por tantos favores que nos había concedido. Entonces sí me di cuenta de la enormidad de aquella inmensa iglesia pues todos aquellos millares de jóvenes parecían apenas un pequeñito grupo en el centro del templo.

Mientras contemplábamos la hermosura de aquella estatua cuyo rostro era de una belleza verdaderamente celestial, la imagen pareció llenarse de vida y empezó a sonreír. Y entonces se levantó un murmullo entre los jóvenes, llenándose sus corazones de una emoción incontenible y empezaron a exclamar:

— *¡La Virgen se mueve! ¡La Virgen mueve los ojos!*

Y en efecto María Santísima extendía su maternal mirada y la paseaba sobre todo aquel grupo de hijos espirituales suyos.

Enseguida se oyó una nueva exclamación de los jóvenes:

— *¡La Virgen mueve las manos!*

Y así fue. Ella abriendo lentamente los brazos, levantó el manto para cubrirnos a todos bajo su protección.

Muchos derramaban lágrimas de emoción, y luego algunos exclamaron:

—   ¡La Virgen mueve los labios!

Se hizo luego un profundo silencio y la Virgen habló amablemente y nos dijo:

"Si sois para mí hijos piadosos y devotos, yo seré para vosotros una Madre Amantísima".

Al oír estas palabras todos caímos de rodillas y entonamos una canción a la Santísima Virgen.

Luego se oyó una música tan hermosa y tan fuerte que yo muy impresionado...me desperté.

Mis buenos jóvenes: la inundación que intenta ahogarnos son las malas tentaciones de este mundo. Los que hacen caso a los buenos consejos y no se dejan llevar por los que los aconsejan mal, después de esforzarse por hacer mucho bien y por evitar hacer lo que es malo, y venciendo sus malas tendencias e inclinaciones, lograrán llegar al final de la vida a una playa hermosa y llena de seguridad que es el cielo. Entonces vendrá a nuestro encuentro la Virgen Santísima quien en nombre de Dios nos llevará a gozar de las delicias del Paraíso Eterno. Pero los que no quieren seguir los buenos consejos de los sacerdotes sino sus propios caprichos y las malas inclinaciones, naufragarán miserablemente.

EXPLICACIONES:

Don Bosco dio después otras explicaciones acerca de este hermoso sueño. Dijo así:

—La inundación tan extendida por todas partes son los vicios, las malas costumbres, los errores contra la religión. La Casa o Molino donde se refugian los que quieren librarse de la inundación y la barca que lleva hacia la hermosa playa es la Iglesia Católica con sus institutos de educación y de apostolado. El árbol que sirve para pasar hacia la embarcación es la Cruz, o sea los sacrificios que cada uno hace por evitar lo malo y por comportarse bien. La tabla falsa que algunos emplearon para pasar a la embarcación y que los hizo hundirse, significa el querer comportarse contra los reglamentos y contra lo que está mandado por nuestra santa religión. Los sacerdotes y los clérigos que ayudaban a los jóvenes a no caer o los rescataban si ya habían caído, significan los buenos educadores católicos que tratan de llevar a los demás a la salvación.

Los remolinos representan los terribles peligros de pecar que se presentan a veces, y las persecuciones que los malos hacen contra los que siguen a la religión. Los que se pasaron a una isla donde fueron devorados, significan los que se exponen a peligros de pecar y caen en pecados graves. Los que cayeron al agua y fueron rescatados son los que por la debilidad de su voluntad cometen faltas, pero luego se arrepienten y hacen caso a los buenos consejos y vuelven a comportarse bien otra vez.

Los monstruos, gatazos, micos, etc., que destrozaban a los jóvenes, son las incitaciones a pecar, y los errores que se enseñan contra la religión.

Los insectos en los ojos son las malas miradas y las malas lecturas. Los insectos en la lengua son las malas conversaciones. Y los insectos que roían el corazón significan los afectos sensuales indebidos y que hacen daño al alma. Las aguas termales curativas que sanaban a todos, son los sacramentos de la Confesión y de la Comunión.

El horno de fuego ardiente son los castigos que esperan a los que pecan. Los que allí estaban son aquellos que si se mueren así como están, con esos pecados graves que tienen sin perdonar, se condenarán. Pero Dios les tiene misericordia y los sigue llamando a que se conviertan, ahora que todavía les queda tiempo de convertirse y de hacer penitencia y cambiar de vida.

El hermoso joven que recibió a los que llegaron al paraíso, puede ser Domingo Savio. La última frase, es el programa que la Virgen Santísima tiene para con todos los que quieran ser para con Ella unos hijos devotos y piadosos: se mostrará siempre para con cada uno como una Madre Amabilísima. Esto lo ha hecho de manera impresionante siempre y en todas partes, y lo seguirá haciendo con todos los que le demuestren que la aman como hijos cariñosos.

El Padre Lemoyne le preguntó:

— *¿A mí dónde me vio?*—. *Y Don Bosco le respondió:*

—*Lo vi muy serio allá en un extremo de la barca preparando anzuelos y salvavidas para devolver hacia la barca a los que se habían caído a las aguas. Y vi que con sus escritos hacía inmenso bien a muchas gentes.*

Y así sucedió. El Padre Lemoyne con sus escritos hizo muchísimo bien y lo sigue haciendo. El fue el que escribió los primeros y más hermosos volúmenes de la vida de Don Bosco, con el título de Memorias Biográficas.

Los jóvenes le dieron una inmensa ovación de aplausos a Don Bosco al oírle narrar cómo era el Paraíso Eterno que les esperaba en el cielo y él terminó con estas bellas palabras:

—*Cuando os despojéis de las ropas para acostaros, hacedlo con la mayor modestia, pensando que Dios os ve. Después arropaos con las cobijas, cruzad las manos sobre el pecho y diciendo: "Jesús, José y María, os doy el corazón y el alma mía", entregaos al descanso. Buenas noches"* (Mb. 8,249).

58. UNA VISITA A LOS DORMITORIOS: 1866 (MB. 8,273)

El 4 de marzo de 1866 dijo Don Bosco a sus alumnos:

Soñé que estando yo en mi cama se apareció un personaje misterioso y me dijo:

Don Bosco: levántese inmediatamente y venga conmigo.

Me levanté, me vestí y me fui detrás de aquel personaje que no permitió ni por un momento que le viera el rostro. Me hizo atravesar varios dormitorios donde muchos jóvenes estaban entregados al descanso. Al pasar por frente a algunas camas me di cuenta de que unos enormes gatazos trataban de destrozar el rostro de aquellos jóvenes.

Después el personaje se detuvo frente a la cama de un alumno que estaba profundamente dormido y me dijo:

—*Para la fiesta de San José, el 19 de marzo, este joven tendrá que pasar a la eternidad.*

El personaje desapareció y yo me desperté.

Los gatazos que trataban de destrozar el rostro de algunos jóvenes representan a los enemigos de nuestra alma que están siempre a nuestro alrededor para hacernos caer en pecado y para atormentarnos si morimos estando en pecado grave, y si Dios al fin se cansa de tanto aguantar las ofensas que le hacemos.

Creo que para el 19 de marzo, fiesta de San José, uno de nosotros habrá pasado a la eternidad. Todos tenemos que esmerarnos por estar muy bien preparados porque a la hora menos pensada llega la muerte y nos tendremos que presentar al Juicio de Dios a darle cuenta a Nuestro Señor de lo que hemos hecho, de lo bueno y de lo malo.

NOTA: La Crónica del Oratorio dice:

"El 19 de marzo de 1866 murió el joven Simón Lupotto, alumno de Don Bosco. Unos días antes había ido a su casa pues se sentía enfermo. Era un modelo de piedad y de buen cumplimiento de su deber. Era un enamorado de Jesús Sacramentado y recibía los sacramentos de la confesión y de la comunión con gran fervor. Asistía a la misa muy fervoroso y rezaba el Santo Rosario con gran piedad. Parecía un San Luis y soportó con gran paciencia su última enfermedad. El 19 de marzo día de San José, del cual era muy devoto, se fue al cielo con una santa muerte".

59. EL SUEÑO DE LOS CABRITOS: 1866 (MB. 8,274)

"Soñé que me encontraba en el confesionario rodeado de muchos jóvenes que se iban a confesar conmigo. De

DON BOSCO A LOS 50 AÑOS (1866)

repente entró un cabrito por la puerta de la sacristía y empezó a jugar con los jóvenes y a alejarlos del confesionario, de manera que muchos que habían pensado confesarse desistieron de la confesión y se salieron de la iglesia. El cabrito tuvo el atrevimiento de acercarse hasta mí y de tratar de alejar de la confesión a quienes estaban ya muy cerca del confesionario. Yo disgustado le di un fuerte puñetazo, le partí un cuerno y lo hice salir corriendo.

Luego soñé que me revestía para celebrar la Santa Misa y que al empezar el santo sacrificio entraba en la iglesia una multitud de cabritos, y que en el momento de la comunión los cabritos se fueron de banca en banca distrayendo a los alumnos para que no pasaran a comulgar. Y consiguieron que muchos no comulgaran.

Estos cabritos son los enemigos del alma que con distracciones y afectos desordenados alejan a las personas de la confesión y de la comunión".

60. LAS ESPADAS Y LOS NÚMEROS: 1866 (MB. 8,402)

Soñé que pasaba frente a las camas de los alumnos que dormían y que sobre cada alumno veía una espada colgada (la muerte) y en la cabecera de cada uno había un número que indicaba los años que va a vivir en la tierra.

Muchos jóvenes fueron a preguntarle qué había visto junto a su cama. A uno le dijo: "Cuando cumplas los 60, prepárate a partir para el otro mundo". Y así sucedió: murió 45 años después, cuando acababa de cumplir los 60 años.

El jovencito Tomatis le preguntó si le quedaba todavía mucho tiempo de vida y Don Bosco le respondió:

—Te podría decir el tiempo exacto de vida que te queda, pero no te conviene. No te preocupes: vivirás largos años y serás sacerdote de Don Bosco y gastarás mucho tiempo salvando almas.

El joven estaba en primer año de bachillerato. Después de muchas dudas y peligros llegó a ser sacerdote de la comunidad fundada por Don Bosco. Como misionero en América estuvo varias veces en gravísimos peligros de muerte arrastrado por las corrientes de los ríos, y se libró milagrosamente de esos peligros. Por 37 años fue sacerdote misionero en América.

61. LAS REGLAS Y LOS REGLAMENTOS: 1867 (MB. 8,484)

En 1867 Don Bosco se fue a Roma a pedir la aprobación pontificia de la Comunidad Salesiana. Llevaba las Reglas, Constituciones o Reglamentos que se le habían inspirado en sus sueños. No se separaba del ejemplar de las Santas Reglas que había escrito según las normas que le habían sido sugeridas por el cielo en sus sueños (P. Le moyne).

62. EL SUEÑO DE LOS REBAÑOS: 1867 (MB. 8,714)

El domingo 16 de junio, día de la Sma. Trinidad, fiesta en la cual Don Bosco había celebrado su primera Misa (16 años antes), les narró a sus alumnos el siguiente sueño:

El 29 de mayo por la noche soñé que me encontraba en una inmensa llanura llena de ovejas de gran tamaño que pastaban en muy verdes y hermosos pastizales. Busqué al pastor de tan numeroso rebaño y le pregunté:

—¿De quién es este rebaño que tiene tantísimas ovejas?

—Él llevándome a recorrer tan espacioso valle, me dijo:

— ¡Ya sabrás de quién es este rebaño!

Y vi que en una parte del rebaño había aguas abundantes, pastizales muy verdes y árboles que proporcionaban sombras refrescantes y allí pastaban muchas ovejas muy hermosas. Pero más allá había unos desiertos sin pastos, ni aguas, ni sombras, y allí había también numerosas ovejas, pero flacas, feas y desnutridas.

Pasamos más allá y vimos otros prados sin pasto, sin agua, sin sombras de árboles, y allí estaban muchísimos corderitos pero tan flacos y desnutridos que apenas sí se podían tener en pie. Y estos pobres animalitos estaban cubiertos de llagas y sufrían mucho. Y cosa extraña, cada uno tenía un par de cuernos, como si fueran ya animales viejos. Sus cuernos terminaban en una E. Y cada corderito enfermo tenía el número 3 marcado en distintas partes de su cuerpo.

El guía me explicó:

Las ovejas que pastan en sitios llenos de agua, de verdes pastizales y de frescor, son las personas que escuchan la Palabra de Dios, y asisten a la Santa Misa y reciben los sacramentos. Tienen el alma hermosa y robusta.

Los que están en sitios áridos sin agua, sin pastizales, sin sombras de árboles, son los que no escuchan la Palabra de

Dios ni frecuentan los santos sacramentos. Viven alimentándose solamente de lo que es mundanal, y eso es estéril y lleva a la debilidad espiritual.

Los corderitos enfermos que están en sitios áridos son tantos jóvenes que necesitan recibir educación y ser instruidos en la religión.

Los que llevan un cuerno terminado en una letra E, que significa ESCÁNDALO, son los que han dado o han recibido malos ejemplos que llevan al pecado. Los que tienen marcado un número 3 en distintos sitios de su cuerpo representan a los que viven en pecado, a los cuales les esperan 3 castigos: el remordimiento por haber pecado. Los castigos que le llegan a todo el que peca, y los premios que por pecar se pierden para el cielo. (El Salmo 75 dice: "A los que se dedican a cometer maldades, el Señor les hará beber un vaso de amargura").

Enseguida el guía me llevó a un prado bellísimo, lleno de flores, de plantas aromáticas y de hermosos bosques y corrientes de aguas cristalinas. Allí me encontré una enorme cantidad de jóvenes, todos alegres y contentos, dedicados a coleccionar las más hermosas flores. El guía me dijo:

—Estos son los que viven en gracia de Dios, sin pecado grave en el alma.

Les puedo asegurar que jamás había visto personas tan hermosas y elegantes como aquellos jóvenes. Sería imposible describir su gran belleza.

Enseguida el guía me llevó a otro jardín muchísimo más bello y aromático que el anterior, y allí había otro grupo de jóvenes, en menor número, pero de una belleza y elegancia enormemente más grandes que los del grupo anterior. Y el que me guiaba me dijo:

—*Estos son los que no han perdido la santa virtud de la Pureza.*

Yo estaba sorprendido al ver gentes con tan extraordinaria belleza. Y cada cual llevaba en su cabeza una corona de flores bellísimas y cada flor tenía colores tan vivos y variados que encantaban la vista de quien observaba. En cada flor había más de mil colores y en cada corona más de mil flores distintas.

Cada joven que había conservado la pureza llevaba una túnica blanquísima que le descendía hasta los pies, y la túnica estaba llena de flores de belleza sinigual. Del rostro de los jóvenes y de sus vestiduras y de sus flores salían resplandores, luces de los más variados colores que hacían resaltar admirablemente la belleza de la persona. No hay imagen humana capaz de dar una idea de la belleza tan impresionante de todos aquellos que conservaron la santa pureza. Si alguien viera aunque fuera la décima parte de la belleza de un alma que está sin pecado, preferiría mil martirios y la misma muerte, con tal de no manchar su alma con un pecado mortal.

Yo le dije entonces al guía:
—*Pero son pocos los que conservan la belleza del alma sin pecado. Y los otros, ¿qué hacer con ellos?*

El me respondió:
—*Que con la penitencia, con el arrepentimiento, con la recepción de los sacramentos y con una vida virtuosa, vuelvan a conseguirse otra vez el traje hermoso de la gracia de Dios.*

Le pedí un último consejo, y me dijo:

—*Dígales a todos que si supieran cuan hermosa y simpática es un alma en gracia de Dios y una persona que conserva la santa virtud de la pureza, estarían dispuestos a hacer cualquier sacrificio con tal de no cometer un pecado grave y con tal de conservar la pureza o castidad. Dígales que se animen a luchar con entusiasmo por conservar o por recuperar esta bella virtud que supera a muchas otras virtudes en belleza y esplendor.*

Y al oír esto...me desperté.

Jóvenes: ¿hay algunos que todavía conservan la santa virtud de la pureza? ¿Hay muchos que tienen el alma sin pecado grave? Los felicito. Si vieran lo hermosa que está su alma preferirían cualquier sacrificio y hasta la misma muerte con tal de no perder la gracia de Dios ni la pureza. Lástima que a algunos que externamente parecen buenos los vi en el sueño con unos cuernos muy grandes y muy feos en la cabeza...

63. EL PURGATORIO: 1867 (MB. 8,726)

Primera Parte: Mensajes de un difunto.

El 25 de junio de 1867 habló así a la comunidad:

"Soñé que viajaba hacia una ciudad y que atravesaba por pueblos desconocidos y que deseaba saber cómo será el estado de un alma en la otra vida. De pronto oí la voz de una persona desconocida que me decía:

—*Ven conmigo y podrás ver y conocer lo que deseas.*

Obedecí inmediatamente y seguí a esa persona que viajaba a la velocidad del pensamiento y sin tocar tierra. Y yo viajaba de la misma manera. Llegamos a un palacio de magnífica construcción que estaba como suspendido sobre los aires y tenía las puertas y ventanas a una gran altura.

El personaje me dijo:

—*Haga como yo y podrá subir hasta allá.*

Enseguida levantó las manos en lo alto hacia el cielo y empezó a subir por los aires. Yo levanté también mis brazos y me sentí elevado por los aires como una nube. Y llegué frente a la puerta del gran palacio.

El guía me dijo:

—*Entre al Palacio y conozca lo que hay allí. Al fondo encontrará quién le explique.*

Subí las escaleras y me encontré en una sala hermosísima adornada muy lujosamente. Fui recorriendo salas y corredores con la velocidad de la luz y cada vez veía más y más elegancias y bellos adornos.

Seguí viajando como por los aires sin tocar suelo y de pronto llegué a un salón inmenso adornado y bello sobre toda ponderación y allá al fondo vi a un señor obispo muy amigo, muerto hace poco. Parecía que no sufría nada, y tenía un aspecto muy saludable, muy alegre y muy amable. Yo le pregunté:

—*Monseñor: ¿está vivo o está muerto?*

—*Para el mundo he muerto. Pero aquí estoy vivo.*

— ¿Y se ha salvado Monseñor?

Sí, mire como estoy de fuerte y saludable. Estoy en un lugar de salvación.

— ¿Y está en el paraíso? ¿O está en el Purgatorio?

—Estoy en un lugar de salvación. Pero todavía no he logrado ver a Dios. Necesito que recen mucho por mí.

—Monseñor: ¿yo me salvaré?

—Tenga esperanza y fe en que se podrá salvar.

— ¿Y qué mensaje les envía a los jóvenes y a mis discípulos?

—Que sean obedientes, que se porten bien, que cuiden mucho la virtud de la pureza y que se confiesen frecuentemente y comulguen con fervor y devoción.

— ¿Y qué otro consejo les quiere enviar?

—Que se quiten de los ojos del alma esa niebla que no les deja ver bien, y que consiste en que por pensar como el mundo no se dedican a pensar en lo sobrenatural.

— ¿Y qué deben hacer para quitarse esa niebla o nube?

—Que piensen **que el mundo está todo puesto en el maligno,** como dijo San Juan. Que no se dejen engañar por las apariencias de lo que es mundano y materialista. Muchos se imaginan que los placeres, las riquezas, las vanidades y los goces del mundo pueden hacerlos felices, y se dedican sin freno a todo esto, pero el Libro Santo dice: *"Todo es vanidad de vanidades y aflicción de espíritu".* Que se acostumbren a ver lo mundano y material, no según su apariencia sino según su realidad. Porque los juicios de Dios son diferentes de los del mundo, y lo que la gente aprecia como sabiduría y de mucho valor material, puede ser necedad y de poco valor para Dios.

— ¿Y cuál es la nube más oscura para los ojos del alma?

—Lo que más oscurece y llena de nieblas el alma es la impureza, así como la virtud de la pureza vuelve al alma muy blanca y brillante. El vicio de la impureza es como un negro nubarrón que impide a la gente ver el precipicio tan peligroso a donde van a caer si se dedican a pecar. Dígales a todos que se esfuercen por conservar a cualquier costo la virtud de la pureza (Dichosos los puros de corazón porque ellos verán a Dios" (MT. 5).

— ¿Y qué remedios aconseja para que las personas conserven la pureza?

— El Retiro: el recogimiento,- que se aparten de las ocasiones de pecar. Que cumplan exactamente los Reglamentos. Que no estén nunca desocupados sin hacer nada. Y que le dediquen buen tiempo a la oración.

— ¿Y qué otros remedios nos recomienda?

— Rezar. Darle importancia a la oración. Retiro, recogimiento: apartarse de toda ocasión de pecado. No estar nunca ociosos o perdiendo el tiempo. Estos remedios son muy provechosos.

Segunda parte: *Cambio inesperado y triste.*

Con el deseo de repetir a mis discípulos estos consejos tan importantes del Sr. Obispo, me vine apresuradamente para la casa, pero luego me detuve y me puse a pensar:

— *¿Por qué no estar más tiempo con Monseñor? ¿Me podrá decir muchas recomendaciones importantes más?*

Y me volví rápidamente a donde él estaba. Pero durante el corto tiempo que yo había estado ausente, se habían obrado cambios impresionantes. El obispo estaba pálido como una cera. Parecía un cadáver. De los ojos le brotaban abundantes lágrimas. Estaba como agonizando. Me le acerqué angustiado y le dije:

—Monseñor, ¿en qué le puedo ayudar?

—*Rezad por mí y dejadme ir a donde la mano Omnipotente de Dios me conduce.*

— *¿Y no tiene algún otro mensaje para enviar?*

—*Que recen por mí. Y al Sr. Obispo que me reemplazó dígale esto y esto (y me dio unos mensajes para llevarle) y a tales y tales individuos lléveles estos mensajes en secreto (y me dio unos mensajes para ellos). A sus alumnos dígales que yo siempre los quise mucho y recé por ellos. Que ahora recen ellos por mí.*

El aspecto del Prelado demostraba un gran sufrimiento que aumentaba cada vez más. Mirarlo producía compasión en el alma. Sufría muchísimo. Era una agonía verdaderamente angustiosa. Luego exclamó:

— *Dejadme, que voy a donde el Señor me llama.*

Y así mientras parecía agonizar, una fuerza invisible se lo fue llevando hasta las habitaciones más interiores del edificio, y desapareció de mi vista.

Yo al contemplar una escena tan dolorosa me conmoví y... me desperté.

En este sueño aprendí muchas cosas acerca del Purgatorio y de la otra vida, cosas que jamás había entendido bien, y que ahora las comprendí tan claramente que ya nunca las olvidaré.

EXPLICACIONES:

El P. Lemoyne dice que Don Bosco le preguntó al Obispo cuánto tiempo le quedaba a él de vida sobre la tierra y que Monseñor le entregó un papelito donde había varios números 8 como engarzados en un garabato. Por el momento no entendió mucho, pero cuando llegó el año 1888 el santo se dio cuenta de que aquél sería el año de su muerte (varios números 8 colgados de un garabato, un número 1 al revés) y en, ese año murió.

Algunos pueden preguntarse cómo todo un Obispo y muy virtuoso podía tener tantas angustias en la otra vida. Es que el Sagrado Libro dice que "Dios encuentra manchas hasta en sus propios ángeles". Y en el salmo 88 dice el Señor: "A mis seguidores, aunque no les retiraré mi favor, sin embargo les castigaré fuertemente las desobediencias a mis mandamientos y les haré sufrir por sus descuidos en cumplir mis mandatos".

Don Bosco narraba después que él fue donde el Obispo reemplazante a comunicarle los mensajes que le enviaba el Obispo muerto, y que eran muy importantes para el buen orden de la diócesis. Y a los otros individuos también les llevó a cada uno el mensaje del difunto. A los alumnos les repitió en varias ocasiones los tres consejos del Prelado desde la otra vida: "Para evitar el pecado: ante todo

RETIRO: apartarse de las ocasiones de pecar. Luego ORACIÓN, mucha oración. Y finalmente: EVITAR EL OCIO: no estarse nunca sin hacer nada o perdiendo el tiempo.

64. EL SUEÑO DEL JARDÍN: 1867 (MB. 9,24)

Primera parte: Tres muertes.

El 31 de diciembre de 1867 Don Bosco reunió en la iglesia a todo el personal de su Oratorio de Turín (más de 800) y subiendo al pulpito les dijo:

"Estaba pensando y rezando para darles un propósito o lema o Aguinaldo para el año que va a comenzar, y soñé lo siguiente:

Me pareció que llegaba a un hermoso y enorme Jardín que tenía este letrero: NUEVO AÑO, 1868". Allí había una gran cantidad de jóvenes, que se acercaron a mí y me acompañaron a recorrer aquel hermoso campo.

Encontramos luego a un grupito de muchachos con unos sacerdotes y estaban rezando las oraciones por los difuntos ("Dadles Señor el descanso eterno... etc.). Me acerqué a ellos y les pregunté:

— *¿Por qué rezan esas oraciones? ¿Es que se ha muerto alguno?*

—*Sí —me dijeron— Es que ha muerto NN (y me dijeron el nombre). Murió el día tal y la hora tal.*

— *¿Cómo, ha muerto ese tan conocido? —les pregunté.*

—*Sí, murió, pero ha tenido una santa muerte, una muerte envidiable. Recibió con mucha devoción los santos Sacra-*

mentos. Aceptó con resignación los sufrimientos que Dios permitió que le llegaran y demostró los más vivos sentimientos de piedad. Rezamos por él, pero tenemos la esperanza de que ya estará en el Paraíso.

Yo añadí: —Tuvo una santa muerte. Pidamos a Dios que imitemos sus virtudes y que nos conceda también a nosotros la gracia de tener una buena y santa muerte.

Seguí caminando por el prado rodeado de una gran cantidad de jóvenes, y vimos luego otro grupo de muchachos arrodillados rezando alrededor de un ataúd, las oraciones por los difuntos ("Dadles Señor el descanso eterno", etc...). Me acerqué a ellos y les pregunté:

— *¿Por quién están rezando?*

Ellos me respondieron muy apesadumbrados:

—Estamos rezando por NN (y me dijeron el nombre). —Estuvo enfermo ocho días. Vinieron sus familiares a visitarlo. Se confesó y comulgó con mucha piedad y recibió la Unción de los enfermos. Tuvo una muerte santa y llena de paz.

Yo les pregunté:

— *¿Pero dos muertos en el mismo día?*

Y ellos me respondieron:

—No, no es en el mismo día. Desde el que murió anteriormente hasta esta muerte de ahora han pasado tres meses.

Seguí paseando con los jóvenes que me acompañaban y llegamos a un bosque. Allí vimos a un grupo de muchachos que se acercaban rezando las oraciones por los difuntos. Yo les pregunté:

— ¿A dónde van? ¿Y por quién rezan?

Ellos me respondieron desconsolados y llorando:

— ¡Ah si supiera lo que ha sucedido! Ha muerto un joven. Sus padres no vinieron a visitarlo. Y murió de una manera muy poco deseable. No ha tenido una muerte santa.

— ¿Pero es que no ha recibido los santos sacramentos? — les pregunté.

—Al principio no quería confesarse ni comulgar ni recibir la Unción de los enfermos. Después aceptó recibir estos sacramentos pero de mala gana y sin arrepentimiento ni piedad. Nosotros hemos quedado mal impresionados y tenemos dudas de que se haya salvado. Sentimos tristeza de que un joven de nuestro grupo haya tenido una muerte tan desagradable.

Enseguida se me apareció un personaje que me dijo:

Mire, son tres los que van a morir en este año. Dígales a sus discípulos que así como la muerte de los dos primeros llena de consuelo y de esperanza pues recibieron los santos sacramentos con fervor, porque durante su vida los habían recibido siempre con piedad y devoción, así llena de tristeza lo que sucedió al tercero que cuando tenía buena salud no comulgaba ni se confesaba y al llegarle la hora de la muerte tuvo muy poca devoción y piedad al recibir los sacramentos. Dígales que los que quieren tener una buena y santa muerte deben comulgar frecuentemente con verdadera devoción. Así que el lema o Aguinaldo para el año que empieza será: "La Comunión devota y frecuente es un medio muy eficaz para obtener una buena y santa muerte".

Segunda parte: *los cuernos en la cabeza.*

El guía me llevó después a un gran campo donde había una multitud incontable de jóvenes. Me puse a mirarlos con atención y vi algo que me llenó de horror: en la cabeza de muchos de ellos había dos cuernos. Unos tenían los cuernos cortos y otros muy largos. Unos tenían los cuernos completos y otros los tenían partidos. Algunos daban señales de haber tenido cuernos pero se los habían cortado y la cicatriz ya estaba sanada. En cambio a otros sus cuernos les crecían de manera alarmante. Y algunos no solamente aceptaban tener dos cuernos en su cabeza sino que se enorgullecían de tenerlos y se dedicaban a dar cornadas a sus compañeros. Y me llamó la atención que algunos tenían un solo cuerno en la mitad de la cabeza, pero grande y feroz, y eran los más peligrosos para herir a los demás. Vi también a algunos con la frente hermosa y serena que jamás se había visto afeada por semejante deformidad. Puedo decirle a cada uno de mis alumnos en qué estado vi allí a cada uno.

Tercera parte: *los cuernos en la cabeza.*

Luego el guía me llevó a una altura desde donde observé una llanura llena de combatientes que se mataban ferozmente unos a otros. Y me dijo:

—*Habrá guerra y se derramará mucha sangre.*

Nos retiramos de aquél campo de muerte y pasamos a un jardín y allí escuchamos un grito estridente y asustador que decía:

— *¡Huyamos de aquí! Huyamos de aquí.*

Vi que la gente salía corriendo y que de vez en cuando algunos caían muertos por el suelo. Pregunté a uno de los que huían:

— ¿Qué pasa? ¿Por qué salen huyendo?

Y me dijo muy asustado:

—**Llega una gran epidemia de cólera.** *Hasta 50 defunciones diarias en un solo sector.*

Seguimos andando y más adelante vimos una gran cantidad de gente pálida, sin ánimos, debilitada, con las ropas destrozadas. Yo pregunté:

— *¿Qué le sucede a éstos? ¿Qué significa ese estado en que están?*

Y una voz me respondió:

—*Habrá una gran carestía y mucha escasez de alimentos y la gente no tendrá con qué comprar lo que necesita.*

Oí entonces que la multitud gritaba:
¡Hambre, hambre, tenemos hambre!

Y buscaban afanosamente algo para comer y no lo encontraban.

Los remedios.

Pregunté al guía:

— *¿Y esto sucederá muy pronto?*

—*Sí, está ya para suceder.*

¿Y qué remedios se pueden emplear para alejar tan grandes males?

—*Estos males se alejarán si la gente hace esfuerzos serios por no pecar. Si dejan de emplear ese vocabulario indebido* que usan. Si honran a Jesús Sacramentado con la Santa Misa, la Comunión y las visitas al Santísimo, y si invocan más a María Santísima a quien muchos la tienen muy olvidada.

— ¿Y cómo hacer para que a mis discípulos no les vayan a llegar estas desgracias?

El guía me miró fijamente y me dijo:

—Dígales a sus discípulos que si quieren ver lejos de ellos los castigos de Dios se dediquen con verdadero esfuerzo a evitar cuanto más puedan el pecado. Que sean devotos de Jesús Sacramentado asistiendo a la Santa Misa, comulgando y visitando al Santísimo en el templo y que honren a María Santísima como hijos muy cariñosos. Pero tengan muy presente que basta que haya uno solo que quiera seguir viviendo en pecado grave, para que ese traiga castigos de Dios y desgracias para toda la casa.

En ese momento se desató una tormenta espantosa y empezó a caer una terrible granizada y a mí me cayó en la cabeza un granizo tan grande que... me despertó.

Mis buenos amigos: tratemos de hacer cada uno todo lo que pueda por evitar lo más posible todo pecado. Preparémonos para morir santamente por si este año tenemos que morir. Recemos con mucha devoción a la Santísima Virgen y no olvidemos el lema o Aguinaldo para este año: "La confesión y la comunión frecuente y devota son un gran remedio para salvar el alma". Buenas noches.

EXPLICACIONES:

El salesiano Esteban Bourly escribió el Sueño tal cual se lo oyó contar aquella noche a Don Bosco, y los salesianos

Joaquín Berto y José Bologna se propusieron anotar bien los datos sucedidos durante aquel año para ver si se cumplían los anuncios hechos por el santo al narrar este Sueño. En ese año murieron tres jóvenes del Oratorio. Al principio uno, que murió muy santamente. Tres meses después murió otro asistido personalmente por Don Bosco. Y más tarde murió el tercero a quien el Padre Cagliero a duras penas logró hacer que se confesara antes de morir.

En los cuernos en la cabeza pudo ver muy claramente el estado espiritual de sus alumnos y hasta conocer a algunos que estaban haciendo mucho mal.

Las tres desgracias sucedieron en ese año de manera muy dolorosa y en el mismo Oratorio de Turín se sufrió mucho por la escasez de alimentos y porque los papas de los alumnos habían quedado en tan gran pobreza que no tenían con qué pagar la módica pensión que allí se les cobraba. Pero los que vivían en gracia de Dios, y eran devotos del Santísimo Sacramento y de la Virgen María, alejaron la epidemia y consiguieron muchas ayudas de Dios para todos los de la casa.

65. SALTANDO SOBRE EL TORRENTE: 1868 MB. 9,132)

El 17 de abril de 1868 el padre Director del colegio de Lanzo, donde estaba hospedado Don Bosco, le preguntó por qué había dado durante la noche unos gritos que demostraban gran pavor. El santo contó que esa noche había tenido el siguiente sueño:

"Soñé que me encontraba a la orilla de un torrente no muy ancho pero de aguas turbias y tormentosas. Muchos alumnos trataban de saltar y pasar al otro lado.

Algunos tomaban impulso empezando la carrera desde varios metros atrás y conseguían caer de pie a la parte seca de la otra orilla, como buenos gimnastas. Pero otros fracasaban. Unos caían de pie en la parte interior de la orilla y perdiendo el equilibrio se precipitaban de espaldas dentro del agua. Otros caían con ruido en el centro del torrente y desaparecían. Algunos se golpeaban la cabeza o el pecho contra las piedras que sobresalían entre las aguas y se rompían el cráneo y echaban sangre por la boca.

Yo me afanaba al mirar estas escenas tan dolorosas y gritaba y palmoteaba, advirtiendo a los jóvenes que fueran más prudentes, pero todo era inútil.

El torrente se iba llenando de cadáveres que se iban precipitando de catarata en catarata y terminaban por estrellarse contra una roca que sobresalía en un sitio donde el torrente daba una vuelta, y dónde el agua era más profunda, y desaparecían tragados por un remolino. Allí se cumplía lo que dice el Salmo 42: "Un abismo llama a otro abismo".

Cuantos discípulos míos muy amados que oyen este Sueño son llevados por el agua del torrente espumoso, con peligro de perderse para siempre. ¿Pero cómo siendo personas tan alegres, tan llenas de vida, tan valientes, se dejan llevar por la corriente? ¿Por qué fracasan al tratar de saltar hacia el otro lado del torrente?

Puede ser porque tienen algún compañero, alguna amistad que les pone zancadilla, que los tira hacia atrás, o que les da un empujón, con lo cual pierden el equilibrio y caen a las aguas torrentosas, y fallan el salto, y pueden perderse para siempre.

Y puede ser que muchos de esos desdichados que hacen el oficio de demonios y buscan la ruina espiritual de los demás, escuchen también este Sueño. (Habría que decirles las palabras de Nuestro Señor: "Ay de aquél que escandalice a uno de estos pequeños": más le valiera que le colgaran una piedra muy pesada al cuello y lo echaran al fondo del mar) Yo les pregunto: — ¿Por qué querer encender con sus malas conversaciones las malas pasiones en los corazones de los demás? ¿Por qué burlarse de los que rezan y reciben los sacramentos y con sus burlas alejar a algunos de recibirlos? Con esto lo único que consiguen son castigos de Dios. Yo les suplico: aléjense del pecado. Traten en serio de salvar su propia alma. Yo quiero ayudarles a todos a conseguir el Paraíso Eterno.

La orilla desde donde saltan los jóvenes es la vida ordinaria de cada día. La orilla a donde quieren llegar es la gloria del Paraíso. El agua del torrente son los pecados y las ocasiones de pecar, que arrastran y causan la muerte espiritual a las personas. Los gritos que el Padre Director oyó en la pieza de Don Bosco eran los avisos que les enviaba a los imprudentes que se lanzaban sin cuidado e iban a ser arrastrados por la corriente.

66. LAS FIERAS Y LOS JÓVENES: 1868 (MB. 9,133)

Soñé que llegaba a un campo donde todos los jóvenes se dedicaban a jugar alegremente. Pero de pronto se presentó una escena muy desagradable: aparecieron animales feroces de todas clases: leones cuyos ojos brillaban de crueldad; tigres que afilaban sus garras para destrozar; lobos que rodeaban traicioneros a los grupos de jóvenes para hacerles mucho mal; osos que producían miedo al extender sus enormes manotas para ahogar y asfixiar a los que se les acercaran.

Y las fieras se lanzaban contra los jóvenes, muchos de los cuales quedaban extendidos por el suelo como muertos; las fieras destrozaban con sus uñas a muchísimos muchachos y a otros los mataban a mordiscos. Muchísimos jóvenes corrían llenos de temor y se me acercaban diciéndome: — ¡Don Bosco, defiéndanos!

Había algunos que trataban de defenderse ellos solos sin la ayuda de nadie, pero era inútil, porque las fieras tenían enorme fuerza y los destrozaban. Los que se acercaban al sacerdote eran defendidos, porque los animales feroces huían de allí.

Sin embargo algunos eran tan imprudentes que en vez de huir de aquellos mortales enemigos se ponían a jugar con ellos y a sonreírles, con gravísimo peligro de ser destrozados por ellos.

Yo corría de un lado a otro llamando a unos y a otros y rogándoles a gritos que no se acercaran a las fieras.

Al ver el campo tan lleno de cadáveres de jóvenes, y al oír los gemidos de los que habían sido heridos por los animales feroces, y al escuchar el rugido de aquellas fieras, sentí tanta emoción que... me desperté.

¿Y qué diré acerca de esos tigres, leones, lobos y osos? Que son las tentaciones que nos quieren hacer pecar. Unos van donde el sacerdote y con su ayuda se libran de muchos peligros. Otros se ponen a jugar con el fuego y se queman. No rechazan la tentación y la tentación les mata el alma. Ojalá cada uno recuerde que tiene un alma qué salvar.

Yo vi allí a jóvenes y los recuerdo muy bien y a algunos los vi asociados a los lobos para hacer el mal. No los nombro aquí pero les quiero advertir muy seriamente su responsabilidad. Es necesario que cada cual recuerde aquella frase del Libro Santo: "Acostúmbrate a tener una buena conducta desde tu juventud y verás que en la edad mayor te quedará más fácil no apartarte del buen comportamiento".

67. LA APARICIÓN DEL MONSTRUO: 1868 (MB. 9,159)

La noche del 30 de abril de 1868 Don Bosco hizo reunir a todo su alumnado y les dijo:

"Les voy a decir y a narrar hechos desagradables. Pensaba no decírselos porque me desagrada hablar de cosas miedosas y negativas, pero me sucedió algo muy especial. Yo había tenido unos Sueños terroríficos en días pasados y me propuse no contarlos a mis discípulos porque creí que eran simplemente unos Sueños y nada más. Pero luego tuve mientras dormía, la siguiente aparición que me ha llevado a contarles también los otros dos sueños.

Me pareció que entraba en mi habitación un monstruo grandísimo que se acercó y fue a colocarse a los pies de mi cama. Era asqueroso y feo como el más horrible sapo, y grande y grueso como un buey.

Yo lo miraba fijamente y del susto casi no podía ni respirar. El monstruo fue aumentando poco a poco de volumen: le crecían las patas, le crecía la barriga, le crecía la cabeza, y cuanto más aumentaba su grosor, más horrible y feo se volvía. Era de color verde, con una línea roja alrededor de la boca y del pescuezo, que lo hacía más terriblemente espantoso. Sus ojos eran como llamaradas, y sus orejas huesudas, muy pequeñas.. Y yo pensaba: — ¡Pero si el sapo no tiene orejas!

Encima de sus ojos salían dos cuernos y de sus espaldas salían dos grandes alas verduscas. Sus patas tenían uñas como las de un león, y además tenía una larga cola que terminaba en dos puntas.

Se fue acercando a mí mostrándome sus grandes hileras de dientes muy afilados. Yo sentí entonces mucho miedo, porque me parecía que era un verdadero demonio. Empecé a gritar pidiendo auxilio pero a esas horas de la noche nadie me oía.

— *¿Qué desea de mí?* —le grité al infernal monstruo.

Pero él se acercaba más y más. Puso sus patas traseras en los pies de mi cama y alargando el cuerpo hacia adelante, puso su hocico cerca de mi cara. Yo sentí tal escalofrío que de un salto me senté en la cama, dispuesto a bajarme al suelo, pero el monstruo abrió la boca amenazador. Yo hubiera querido defenderme pero era tan asqueroso que no me atreví a tocarlo. Entonces grité:

—*En nombre de Dios, dígame ¿por qué hace esto?*

El sapo al oír esas palabras se retiró un poco. Entonces hice la señal de la cruz, y al oír y ver esta oración aquél monstruo dio un grito terrible y desapareció, pero mientras desaparecía se oyeron unas palabras que decían claramente:

— ¿Por qué no habla? ¿Por qué no cuenta lo que vio en sueños?

Con esto me vine a dar cuenta de que es voluntad de Dios que les cuente lo que vi el otro día en Sueños. De lo contrario traicionaría mi conciencia. Y contando esto quizá me veré libre de apariciones de monstruos. Así que obedeciendo a las últimas palabras de esta aparición voy a contarles los siguientes sueños.

EXPLICACIÓN:

Don Bosco había tenido varios sueños al principio de abril pero eran miedosos y le pareció que no los debía contar a sus discípulos para no asustarlos. Sin embargo, después de las palabras que oyó en esta miedosa aparición, se propuso contar cada uno de estos Sueños y para eso reunió a todo el alumnado y les narró lo que viene a continuación:

68. LA MUERTE. EL JUICIO. EL PARAÍSO: 1868 (MB. 9,16)

El 5 de abril tuve un Sueño que me fatigó mucho, de manera que al amanecer me sentía tan cansado como si hubiera trabajado toda la noche, y estaba intranquilo e inquieto.

Soñé que me había muerto y que me presentaba ante el Juicio de Dios para darle cuenta de mis palabras, acciones y pensamientos. Luego me soñé que llegaba al Paraíso y que me encontraba muy feliz allá. Al despertarme se me fue la ilusión de estar gozando ya en el Paraíso pero me vino el consuelo de no tener que presentarme todavía a dar cuentas ante el Tribunal de Dios y de tener tiempo para prepararme mejor a una santa muerte. Mi propósito fue hacer en adelante todo lo posible por salvar mi alma y conseguir el Paraíso Eterno.

Estas cosas puede ser que no tengan importancia para los que las oyen, pero para mí sí fueron de mucha importancia porque me hicieron pensar seriamente en lo que me espera al final de la vida.

El Libro Santo recomienda: *"Piensa en lo que te espera al final de la vida, y así evitarás muchos pecados"* (Ecles; 7,40).

El próximo Sueño sí es de mayor interés para los oyentes.

69. EL SUEÑO DE LA VID: 1868 (MB. 9,160)

1a. Parte: *La Vid que crece.*

El 9 de abril, era Jueves Santo y apenas me dormí empecé a soñar. Vi que estaba en el patio rodeado de muchos sacerdotes, clérigos y alumnos. De pronto nació junto a nosotros una vid o mata de uvas, y empezó a crecer de manera admirable y a subir y subir. Se llenó de hermosas ramas y cada rama tenía grandes y sabrosos racimos de uvas. Y fue creciendo rapidísimamente hasta cubrir todo el patio del colegio y varias hectáreas más a su alrededor. Y lo admirable es que las ramas se extendían sin apoyarse en nada formando un inmenso techo que nos cubría a todos. ¡Qué bellas eran sus hojas, qué agradables sus racimos, qué impresionantemente bella era toda aquella vid!

Mis compañeros y yo decíamos entusiasmados:

— ¿*Pero cómo logró crecer de manera tan rápida?*

De un momento a otro todos los granos de uva se convirtieron en muchachos que caían al patio y se dedicaban a jugar alegremente debajo de aquella inmensa vid. Allí estaban mis discípulos de ahora y los que vendrán en los tiempos futuros.

2a. Parte: *La vid sin frutos.*

De pronto la alegría de los jóvenes desapareció y la vid fue cubierta con un gran velo de luto y desaparecieron todos sus frutos. Un personaje se me apareció y me mostró un letrero donde estaba escrita aquella frase del evangelio que dice: "HE VENIDO A BUSCAR FRUTOS Y NO LOS ENCUENTRO" (S. Lucas 13,6). Es lo que Jesús anunció que dirá el Señor cuando llega año tras año a buscar buenos frutos de santidad en una persona y no los encuentra. Jesús dijo que añadirá: "Quítenle de aquí. *¿Para qué ocupar un sitio inútilmente?* Lc. 13,7).

Yo le pregunté al personaje qué significaba aquel velo oscuro y aquél letrero, y me respondió:

—Esos son los que pudiendo hacer el bien no lo hacen (El apóstol Santiago dice: *"El que puede hacer el bien y no lo hace, peca").* Son los que hacen bien para ser vistos y para aparecer bien ante los demás (De ellos dijo Jesús: *"Todo lo hacen para ser vistos y alabados por la gente, y por eso ya recibieron su premio en esta tierra").* Son los que si se portan bien lo hacen es por temor a los castigos y regaños, y no por agradar a Dios. Son los que cumplen sus deberes como a la fuerza y no de buena gana y alegremente.

Sentí una gran tristeza al ver en este grupo a algunos que yo creía muy buenos, sinceros y de excelente voluntad.

Pero el grupo que venía luego era mucho peor.

3a. Parte: *Los frutos dañados.*

Enseguida se me presentó una nueva escena, más angustiosa que la anterior: Vi que entre las ramas de la vid había muchísimos racimos de uvas que a primera vista aparecían hermosos, pero que al acercárseles aparecían raquíticos, podridos y llenos de moho. Unos estaban Henos de gusanos y de insectos que los devoraban. Otros estaban picoteados por las aves y las avispas. Varios estaban podridos y secos. Ningún buen fruto se podía ya sacar de ellos. Y todos despedían un hedor fastidioso.

De un momento a otro aquellos racimos de uvas se convirtieron en jóvenes, pero no eran ya aquellos muchachos alegres y contentos y hermosos que había visto al principio del Sueño. Estos tenían un rostro feo, sombrío, triste y cubierto de llagas. Andaban encorvados y melancólicos. Ninguno hablaba. Allí había discípulos míos de la actualidad, y discípulos que llegarán en el futuro. Todos estaban avergonzados y no se atrevían ni a levantar la mirada.

Espantado pregunté a mi guía por qué los que antes estaban tan contentos y hermosos aparecían ahora tan tristes y feos. El me contestó:

Dijo el Señor: "Tres años hace que vengo a buscar frutos y no los encuentro. Quítenle de aquí. ¿Para qué ocupar un sitio inútilmente? (S. Lucas 13,6).

—*Esas son las consecuencias del pecado.*

Los jóvenes empezaron a desfilar delante de mí y el guía me dijo:

—*Obsérvelos bien detenidamente.*

Me puse a mirar atentamente y vi que algunos llevaban escrito en la frente o en la mano su pecado. Me quedé aterrado al ver que algunos que yo me imaginaba que eran excelentes personas, tenían el alma manchada con culpas gravísimas.

En la frente de unos se leía: "Impureza". En la de otros: "Escándalo y mal ejemplo". En otros: "Orgullo, vanidad". "Ira, mal genio, rencor, espíritu de venganza" -Desobediencia, malas palabras, pecados de lengua, robo... gula...

El guía me dijo:

—Recomiéndeles que si quieren alejar esos pecados tienen que frecuentar los sacramentos de la confesión y de la comunión. Que se alejen de los malos compañeros. Que cuiden sus miradas. Que huyan de las malas lecturas y de las malas conversaciones. Que recen más y mejor. Estudio, trabajo y oración son tres remedios que los conservarán buenos.

4a. Parte: *los frutos buenos.*

Se corrió un velo y apareció una nueva escena: una vid llena de los más hermosos racimos de uvas. Daba gusto mirarlos, y esparcían a su alrededor una fragancia exquisita. Los racimos se convirtieron enseguida en jóvenes, llenos de vigor, de hermosura y alegría. Son discípulos míos de ahora y discípulos que llegarán en tiempos futuros. Sus rostros eran alegrísimos y radiantes de felicidad. Y el guía me dijo:

—Estos son aquellos discípulos tuyos que en lo presente y en lo futuro logren practicar la virtud y producir buenos frutos para el cielo.

Y me alegré mucho al verlos, pero sentí también cierta tristeza porque no eran tantos como yo había deseado que fueran.

5a. Parte: *Las uvas malolientes.*

Vi luego que aparecía otra mata de vid con enormes ramas y con unas uvas tan grandes, que se necesitaba la fuerza de un hombre para poder llevar un racimo. Las uvas eran muy bellas por fuera, pero el Padre Cagliero quiso probar una e inmediatamente sintió náuseas y tuvo que escupir varias veces diciendo:

—Esto es un veneno. Esto es capaz de matar a un cristiano.

Luego apareció un personaje y yo le pregunté:

— ¿Cómo se entiende que unas uvas tan hermosas tengan un sabor tan desagradable?

El me respondió y me dijo:

—Observe bien detenidamente cada uva.

Me acerqué y observé y en cada grano de uva vi el nombre de uno de mis discípulos, y junto a sus nombres leí con horror algunos de estos letreros: "Orgulloso-infiel a sus promesas-Impuro-Hipócrita-Descuidado en sus deberes-Calumniador-Vengativo-Duro en su trato-Comulga en pecado-Desobediente y rebelde-Escandaloso, da mal ejemplo-Enseña cosas indebidas.

Delante del nombre de otros vi escrito alguno de estos letreros: "Su dios es su vientre" (come o bebe de gula). La ciencia lo ha vuelto orgulloso - Busca sus propios intereses, y no los de Jesucristo.

El personaje tomó una vara y dijo:

—*Hay que golpear esa mata de uva.*

Yo le respondí:

—*En el evangelio se cuenta que el viñador pidió de plazo un año para cuidar mejor la mata de uva, antes de que fuera castigada (S. Lucas 13,8).*

El personaje dijo:

—*Se les concede ese plazo, pero si no cambian vendrá el castigo.*

6a. Parte. La granizada.

De un momento a otro aquellos granos de uva que estaban tan podridos se fueron volviendo más grandes y repugnantes y el guía gritó:

— ¡Miren: ya viene el castigo de Dios!

Y entonces estalló una horrenda tormenta y la oscuridad de una espesa nube cubrió a la vid. Retumbaron los truenos, brillaron los relámpagos y empezaron a caer tantos rayos que todos sentíamos terror. Y comenzó a caer una espantosa granizada. Cada granizo era tan grande como un huevo de gallina. Los granos de granizo eran unos de color negro y otros de color rojo y olían horriblemente mal.

Y vi que cada granizo negro llevaba escrito esta palabra: "Impureza" y cada granizo rojo tenía grabada esta otra palabra: "Orgullo".

Y el guía me explicó:

—Esos son dos pecados que pueden hacer muchísimo daño a tus discípulos: La impureza y el orgullo.

Los granizos fueron destrozando sin compasión todos los racimos de uvas y se esparció un olor insoportable. Yo lleno de asco y de miedo quise salir corriendo y al empezar a correr... me desperté.

Como ven, este Sueño es muy desagradable y por eso pensaba no narrarlo, hasta que se me apareció aquel monstruo y oí la voz que me gritaba: "¿Por qué no hablas"? ¿Por qué no cuentas lo que has visto en Sueños? Pero ahora tengo que contarles otro sueño todavía mucho más desagradable y miedoso que los anteriores. Eso será mañana.

El 3 de mayo de 1868, Don Bosco habló así a todo su alumnado:

Ya les conté cómo la noche del 17 de abril un sapo espantoso se me apareció y me amenazó con tragarme si no les contaba los sueños miedosos que había tenido, y una voz fuerte me gritó: — ¿"Por qué no hablas"? —Voy pues a hablar y a contar lo que vi en sueños.

Acababa de dormirme cuando vi que se acercaba a mi cama el Guía de los anteriores sueños, el cual me dijo:

—*Véngase conmigo. Rápido que no hay tiempo que perder.*

Lo seguí y mientras caminábamos le pregunté:

— ¿A dónde me va a llevar esta vez?

El me respondió:

—*Ya lo verá.*

Llegamos a una llanura tan grande que no se veía dónde terminaba. Pero era como un desierto. No se veía por allí ninguna persona, ni fuentes de agua, ni plantas verdes. Las pocas plantas que había eran secas y amarillentas.

Después de un largo y triste viaje por aquél desierto llegamos a un camino ancho y fácil. Era como para recordar la frase del Libro Santo: "Ancho es el camino que lleva a la perdición, y son muchos los que viajan por él (S. Mateo 7,13).

El camino estaba rodeado de rosas y de lindas flores. Y aquella vía iba descendiendo cuesta abajo de tal modo que yo empecé a descender de una manera tan precipitada que casi no necesitaba ni mover los pies, y la carrera era cada vez más veloz.

LOS LAZOS

De pronto vi que por el camino me seguían mis discípulos de ahora y del futuro. Y noté cómo algunos caían por el suelo y eran arrastrados por una fuerza misteriosa hacia un horno ardiente. Entonces pregunté al guía:

— *¿Qué es lo que hace caer a esos pobres?*

Y él me respondió con una frase del Salmo 139

—*Por el camino por el que andan les han tendido un lazo.*

Me acerqué y pude ver que los jóvenes pasaban por sobre muchos lazos tendidos a manera de trampas, pero que no se veían casi. Muchos de ellos al andar quedaban presos por los lazos sin darse cuenta del peligro y luego caían y eran llevados hacia el abismo. Unos quedaban presos por las manos, otros por los pies, algunos por la cabeza y otros por la cintura, e inmediatamente eran lanzados hacia abajo.

Algunos lazos eran casi invisibles y muy delgados pero llevaban también al abismo y pregunté al guía qué significaban y él me explicó:

—*Es el respeto humano. (El miedo a hacer el bien o a evitar el mal, por el temor al qué dirán o pensarán los otros).*

Pregunté de nuevo al guía por qué los jóvenes eran llevados tan fuertemente hacia el abismo, y él me aconsejó:

—*Asómese, y mire bien.*

—*Me asomé y empecé a tirar de uno de esos lazos, el cual me atraía hacia abajo. Tiré con fuerza del lazo y logré sacar del abismo a un espantoso monstruo que infundía espanto, y que mantenía fuertemente agarrada a sus garras la extremidad de la cuerda. Este era el que apenas alguno caía en la trampa lo arrastraba hacia el abismo. Le hice la señal de la cruz para que se alejara y exclamé:*

—*Es el demonio que tiende a mis discípulos estos lazos o trampas para llevarlos a la condenación.*

Miré con atención aquellos lazos y vi que cada uno tenía un letrero. Uno decía: "Orgullo". Otro: "Desobediencia". Un tercero se llamaba: "Envidia" y un cuarto tenía este letrero: "Pecados contra el sexto mandamiento: impureza". Algunos se llamaban: "Ira, mal genio" o "Pereza".

Me puse a observar cuáles eran los lazos que más gente se llevaban al abismo y noté que eran los de "Impureza", "Desobediencia" y "Orgullo".

Vi a unos jóvenes que descendían al abismo a mayor velocidad que los demás y pregunté al guía por qué bajaban más de prisa y me respondió:

—*Porque son arrastrados por el respeto humano (temor al qué dirán o pensarán los demás).*

LOS CUCHILLOS: y otras armas.

Pero noté también que entre los lazos estaban esparcidos unos cuchillos y que con ellos se podían cortar los lazos y librarse de ser arrastrados hacia el abismo. El cuchillo más grande se llamaba MEDITACIÓN. Otro un poco menor tenía este letrero: LECTURA DE LIBROS BUENOS. Había también dos espadas para cortar los lazos. Una se llamaba DEVOCIÓN AL SANTÍSIMO SACRAMENTO y la otra: DEVOCIÓN A LA SMA. VIRGEN. Y un martillo con este letrero: CONFESIÓN.

Muchos rompían con estas armas los lazos al quedar prendidos o se defendían con ellas para no caer en sus trampas. Y hasta vi a algunos que lograban pasar por entre los lazos sin dejarse amarrar por ninguno de ellos.

El horrible camino.

Desaparecieron las rosas que rodeaban el camino y sólo aparecieron montones de espinas que punzaban y hacían muy difícil el caminar.

Y el camino fue descendiendo abruptamente y cada vez se hacía más espantoso, lleno de piedras agudas, de salientes, de tropezones, de estorbos.

Yo volví a mirar y ya mis jóvenes habían desaparecido de allí y muchísimos de ellos habían abandonado aquella vía tan peligrosa y engañosa, y se habían devuelto por otros caminos mucho más seguros.

LOS LAZOS Y LAS ARMAS

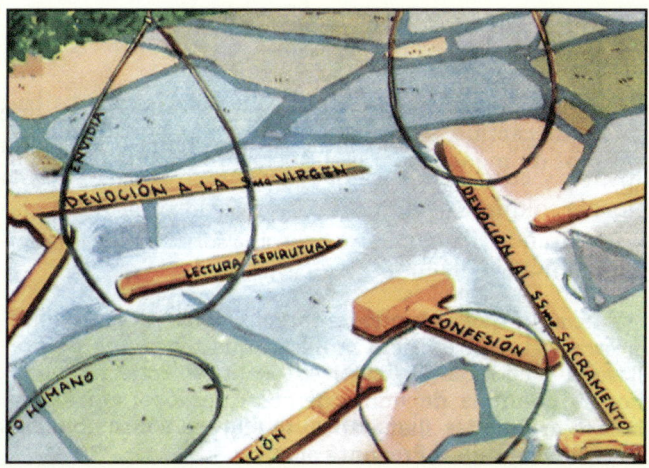

Continué avanzando por aquél camino, pero cuanto más avanzaba, más áspera y más vertical era la bajada, de manera que a veces resbalaba y caía al suelo. De vez en cuando el guía acudía en mi auxilio y me ayudaba a levantarme. A cada paso se me doblaban las rodillas y parecía que se me iban a descoyuntar los huesos.

El guía me animaba a seguir, y viéndome sudoroso y lleno de un cansancio mortal me llevó a un pequeño promontorio desde donde pude ver el camino que habíamos recorrido. Parecía cortado a pico, y estaba lleno de piedras puntiagudas.

Después de haber descansado un poco seguimos bajando. El camino se hacía cada vez más horriblemente abrupto, de manera que casi no lograba mantenerme en pie.

El edificio en llamas.

Y he aquí que al fondo del precipicio se presentó ante nuestra vista un edificio inmenso que tenía una puerta altísima y cerrada. Un calor sofocante lo rodeaba y una enorme columna de humo de color verdoso, entremezclada con grandes llamaradas, se elevaba sobre aquellas pavorosas murallas. Pregunté al guía:

— *¿En qué sitio nos encontramos? Y él me respondió:*

—*Donde ya no hay salvación.*

Me di cuenta de que nos hallábamos ante las puertas del infierno.

El guía me invitó a observar en las murallas de aquel horno y allí estaban escritas ciertas frases de la Sagrada Escritura. Por ejemplo:

"Id malditos al fuego eterno preparado para el diablo y sus seguidores" (Mt. 25,42). "Todo árbol que no da frutos será cortado y echado al fuego" (Lc. 3,9).

Un joven que cae.

El guía con el rostro muy serio y triste volvió a mirar hacia arriba y me dijo:

—*Observe.*

Levanté la vista y vi que por aquel camino de precipicio bajaba uno a toda velocidad. Lo observé bien y noté que era uno de mis discípulos. Llevaba los cabellos desordenados y las manos tendidas hacia adelante como quien nada hace para salvarse de aquella caída. Quería detenerse pero no podía. Tropezaba con las piedras afiladas del camino y ellas le daban más impulso hacia abajo.

— *¡Detengámoslo, ayudémosle!, gritaba yo. Pero el guía me dijo:*

—*Es inútil. Va sufriendo la justicia divina, la ira del Señor lo castiga. (El Salmo 2 dice: Sirvan al Señor con temor. No sea que se disguste y vayan a la ruina. Porque estalla de pronto su ira").*

Yo le pregunté al guía:

— *¿Y por qué mira hacia atrás como asustado?*

—*Es que teme la ira del Señor y quiere huir de sus castigos.*

Aquel pobre seguía descendiendo y volviendo la cabeza hacia atrás y mirando con ojos de terror por si la ira de Dios lo seguía: y corría precipitadamente hacia la puerta de bronce. Cayó sobre ella y como consecuencia del choque la puerta se abrió de par en par y oí que se abrieron luego diez, cien y mil puertas más con indecible estruendo y él arrastrado por el torbellino, pasó por en medio de todas aquellas puertas velocísimo, incontenible, hasta que cayó en el pavoroso horno desde el cual se levantaban globos de fuego ardiente. Enseguida todas las puertas se cerraron con la misma rapidez con que se habían abierto.

Otros que viajan hacia el abismo.

El guía me dijo:

—*Observe otra vez.*

Volví a mirar hacia arriba y vi bajar precipitadamente por el mismo camino otros rapidísimamente uno tras otro. Iban con los brazos abiertos y gritaban de espanto. Llegaron abajo, chocaron con la puerta de bronce y ésta se abrió, y después de ella se abrieron las otras mil puertas, y empujados hacia aquél larguísimo corredor se oyó un ruido infernal y ellos desaparecieron a lo lejos y las puertas se cerraron otra vez. Logré conocer a los tres. Después de éstos cayeron de la misma manera muchos más.

A un pobre joven lo vi caer al abismo, impulsado por los empujones de un malvado compañero.

Todos los que caían al abismo llevaban escrito en su frente su pecado. Yo los llamaba pero ellos no me oían. Chocaban contra la puerta de bronce, ésta se abría, y luego se abrían también las otras puertas. Desaparecían ellos y al cerrarse las puertas se hacía un silencio de muerte.

El guía me dijo:

—*He aquí algunas de las causas de estas caídas: los malos compañeros, las malas lecturas, las malas costumbres.*

Yo le pregunté:

—*Pero entonces ¿para qué trabajar en nuestros colegios si éstos vienen a llegar a un lugar tan horrible?*

Y él me respondió:

—*Eso que ha visto es el estado en que están sus almas, y si murieran ahora llegarían a este lugar. Todavía se les puede avisar y prevenir para que cambien. ¿Pero cree que algunos se corregirán si se les avisa? Al principio les impresionará, pero después no harán caso, diciendo: ¡se trata sólo de un sueño! Y se volverán peores que antes. Algunos se confesarán por un temor pasajero de caer en el infierno pero seguirán con el corazón apegado a sus pecados.*

— **¿Y qué remedios recomendarles?**

—*Que obedezcan lo que les dicen sus superiores; que cumplan bien el Reglamento y que frecuenten los santos sacramentos.*

Entrando al mismo infierno.

El guía me invitó a entrar al infierno. Yo sentía mucho miedo pero me puse a pensar:

—*Para ser condenado a quedarse en el infierno tiene uno que haber pasado antes por el Juicio de Dios y haber recibi-*

do sentencia de condenación. Y yo no he recibido todavía esa sentencia; luego, entremos.

Y penetramos en aquél estrecho y horrible corredor. Sobre cada una de las puertas internas había un letrero. Sobre una puerta horriblemente fea, la más fea puerta que he visto en toda mi vida, leí este letrero: *"Los impíos, los que no le dan importancia a Dios en su vida, irán al fuego eterno".*

En otra puerta estaba escrita aquella frase del Apocalipsis que dice: *"El fuego de sus tormentos sube eternamente".* Y más allá la frase del profeta Isaías: *"No habrá paz para los impíos, para los que desprecian a Dios";* y luego aquella otra frase del evangelio: "Aquí será el llorar y el crujir de dientes".

Eran como avisos de lo que puede esperar a quienes siguen en paz con sus pecados, sin hacer nada serio por corregirse.

La caverna.

Entramos luego con enorme susto mío, a una pavorosa caverna, que se perdía en las profundidades excavadas en las entrañas de los montes. Todo estaba lleno de un fuego que, dejaba a cada cual incandescente y blanco a causa de sus elevadísimas temperaturas. Todo estaba incandescente: paredes, pisos, techos. Aquel fuego era mucho más caliente que el de cualquier horno del mundo y no reducía a cenizas lo que tocaba sino que lo volvía incandescente. (El profeta Isaías dice: *"Para los que se rebelaron contra Dios, el gusano roedor de su conciencia no se morirá y el fuego que los atormenta no se apagará". Si. 66,24).*

Vi enseguida a uno de mis discípulos que bajaba con gran velocidad hacia el precipicio y lanzando un grito agudísimo cayó en el horno encendido y quedó incandescente por el fuego y quieto como una estatua. Reconocí muy bien quién era él. Luego llegó allí otro de nuestros alumnos con furor desesperado, y corriendo se precipitó en el horno y quedó hecho una brasa y quieto. Y así fueron llegando muchos más. Daban un grito, se convertían en carbón encendido y quedaban quietos, como paralizados.

Y recordé aquella frase: Hacia el lado hacia el cual se halle inclinado el árbol, hacia ese lado caerá. El que vive inclinado hacia el pecado, caerá hacia el castigo.

Pregunté entonces al guía:

— *¿Pero éstos que corren con tanta velocidad hacia los castigos de la eternidad, no se dan cuenta de que van a llegar a esa desgracia?*

El guía me respondió:

—Sí; ellos saben que van hacia el castigo. (Dios no deja pecado sin castigo. El le dijo varias veces a Moisés en el monte Sinaí: Yo perdono, pero no dejo sin castigo el pecado). Han sido avisados muchas veces de los peligros que corren si siguen en esa vida de pecado, pero lo siguen cometiendo y no lo quieren abandonar. Rechazan la misericordia de Dios que los llama continuamente a la conversión. Están desafiando a la Justicia Divina y entonces puede ser que Dios permita que sus malas costumbres y sus malas inclinaciones los arrastren pavorosamente hacia la perdición.

El horno por dentro.

El guía me invitó a observar lo que había dentro del horno ardiente y me acerqué y observé y vi con horror que aquellos pobres infelices se propinaban mutuamente tremendos golpes causándose heridas terribles y se mordían como perros rabiosos. Otros se arañaban unos a otros el rostro o se destrozaban las manos.

Visión celestial:

Pronto se despejó la parte superior del horno y pudieron ver allá arriba, en un hermosísimo cielo a sus compañeros que tuvieron un buen comportamiento y que eran totalmente felices y hermosos para siempre. Esto aumentaba la tristeza y el desespero de los que se habían condenado. Se cumplía lo que dice el Libro de la Sabiduría: "Al ver el triunfo de los buenos quedarán consternados y dirán: esos son aquellos de los cuales nosotros nos burlábamos. Su buen comportamiento nos parecía una tontería y ahora son aceptados como hijos de Dios. Y nosotros equivocamos el camino; nos fuimos por sendas de impiedad y de perdición y no quisimos marchar por el camino que nos indicaba el Señor.

¿De qué nos sirvió nuestra vida de pecado? Todo pasó como un humo alejado por el viento y en cambio los que se comportaron bien vivirán felices eternamente (Sab. Cap. 5).

Yo le pregunté al guía:

— *¿Pero estos jóvenes ya están condenados?*

El me respondió:

—Lo que está viendo y oyendo es lo que les puede suceder a sus discípulos si siguen en el pecado y no se convierten. Es un aviso para que no vengan acá, a este sitio de tormentos. Hay varios que si en este momento se mueren se condenarán, porque tienen el alma muerta por graves pecados.

Los gusanos que roen.

Enseguida el guía me llevó a un subterráneo tenebroso donde vi muchos de nuestros alumnos actuales y muchísimos que vendrán después. Todos estaban cubiertos de gusanos y de asquerosos insectos que les roían y les devoraban el corazón, las manos, los ojos, la boca y los pies. Daba verdadero horror el ver la manera tan cruel como eran atormentados por esos gusanos e insectos. Allí estaban escritas estas palabras de la Sagrada Escritura: —*"En el día del Juicio, el Señor Omnipotente les dará como castigo entregar su cuerpo a los gusanos; y llorarán de dolor eternamente (Judit. 16,17).*

Y el guía me explicó:

—Los gusanos significan los remordimientos que sentirán al recordar que tuvieron mil medios y ocasiones para convertirse y empezar a ser mejores y no los quisieron apreciar. Esos insectos significaban la tristeza que sentirán por todos los pecados no perdonados. Son los recuerdos amargos de tantas promesas que le hicieron a Dios y a la Virgen de que iban a cambiar y a mejorar de conducta, y no cumplieron lo prometido. Serán las angustias que sentirán al pensar que habrían podido salvar si se hubieran hecho pequeños sacrificios para no pecar, pero no los quisieron hacer y se perdieron. Esos gusanos son los recuerdos de tantos propósitos de *enmienda que fueron hechos pero no fueron cumplidos. El castigo eterno está lleno de gente que sí hizo propósitos de mejorar su conducta pero no los cumplió.*

La caverna más profunda. El guía me llevó luego a otra caverna mucho más profunda. Y allí me mostró los sitios destinados para muchos de nuestros jóvenes si no se enmiendan a tiempo. En uno de aquellos hornos vi escrito: *"Pecados contra el Sexto Mandamiento: pecados de impureza".* Allí vi a muchos que aparecen externamente como muy buenas personas, pero que tienen el alma manchada con pecados de impureza. Los recuerdo muy bien.

El guía añadió:

—Estos son los que no han confesado sus pecados de impureza o han callado algunos o no se arrepienten ni piden perdón de sus pecados impuros. Es necesario predicar siempre y en todas partes contra los pecados de impureza. Hay que no cansarse de avisarles para que se aparten de las ocasiones y de los peligros de pecar. Algunos hacen promesas pero no con sinceridad ni con verdadero deseo y propósito de dejar de pecar. Para hacer un propósito verdadero de enmienda se necesita una gracia o ayuda especial de Dios. Y ésta se consigue si se pide mucho. (Todo el que pide recibe. Todo lo que pidáis al Padre en ni nombre, os lo concederá, dijo Jesús). Hay que recordar a la gente que Dios es tan bueno que manifiesta especialmente su misericordia y su poder en perdonar y en compadecerse de los que se arrepienten y le piden perdón y quieren empezar a ser mejores. Recuerda que se necesita mucha oración y mucho sacrificio también de parte de quien dirige las almas. Hay que decirles a los jóvenes que le pregunten a su propia conciencia y que ella les aconsejará lo que tienen que hacer.

¿Y qué otro consejo me recomienda?, le pregunté.

—Que se aparten, que se alejen de su mala vida, de su mala conducta. Que cambien de conducta y de comportamiento.

Luego me hizo ver otro horno. Allí había un letrero: "AVARICIA". Y estaban escritas aquellas frases de San Pablo: "Los que se dejan dominar por el deseo de conseguir riquezas caen en muchas tentaciones y en trampas del diablo. La raíz de todos los males es el afán de conseguir dinero, y algunos por dejarse llevar del deseo de tener riquezas se extraviaron de la fe y se consiguieron muchos sufrimientos" (1Tim. 6,9).

Y el guía me explicó:

Estos son los que se apegan demasiado a los bienes terrenos. Los que viven deseando inmoderadamente ser ricos, los que roban, los que hacen trampas al comprar o vender, los que no devuelven lo robado, los que no devuelven lo que les han prestado. Hay que avisarles a tiempo para que no tengan después castigos y perdición.

Y el guía me dijo:

—*Recuerden que fue la desobediencia lo que hizo que Adán y Eva fueran echados del Paraíso. Los desobedientes tendrán un fin lastimoso. Hay muchos que no cumplen sus deberes, que no están donde deberían estar ni hacen lo que deberían* hacer, y pierden tiempo y no obedecen lo que los reglamentos de su oficio les mandan.

Y añadió:

—Pobres de aquellos que descuiden o abandonen la oración. Los que no rezan corren el peligro de que Dios los abandone. (El Profeta Zacarías dijo poco antes de morir: "Dios se aleja de los que se alejan de El y abandona a los que lo abandonan a El". 2 Cron. 24,20). Advertirles a todos que tengan cuidado para no leer libros poco piadosos y que hay que tener horror a leer libros malos.

Yo le pregunté emocionado:

— ¿Y qué otros consejos me recomienda para mis discípulos?

El me miró fijamente y añadió:

—Insístales en que sean muy obedientes a sus superiores, a sus reglamentos, a la Santa Iglesia y a sus padres. Recuérdeles que el ser fiel en las cosas pequeñas los salvará de muchos males. Adviértales que tienen que evitar el ocio; no perder el tiempo, no estarse sin hacer nada. Que eso fue él origen del pecado de David. Anímelos a estar siempre ocupados, pues así el enemigo del alma tendrá menos oportunidades de atacarlos.

Yo le agradecí al guía todo lo que me había enseñado y él me dijo:

—Ahora que ha visto los sufrimientos que esperan a los que siguen en sus pecados, es necesario que experimente un poco en carne propia una muestra de estos sufrimientos. Hemos salido de la última puerta. Ahora toque simplemente este muro.

— ¡No, no! grité horrorizado. Pero él insistió:

—*Toque simplemente este muro para que pueda decir que estuvo visitando las murallas de los suplicios eternos y que pudo comprobar un poco cómo será la última pared, si la más lejana es tan terrible.*

Y continuó diciendo:

—*Este es el muro número mil. Hay mil muros más, antes de llegar al último, a donde empieza el verdadero infierno. Entre un muro y otro hay mil kilómetros. O sea que entre este muro y el último hay un millón de kilómetros. Estamos a un millón de kilómetros del fuego del infierno. Toque pues este muro que está tan lejano del fuego principal.*

Y al decir esto, como yo me echaba hacia atrás para no tocar el muro, me agarró la mano, me la abrió con fuerza y me hizo golpear con ella la piedra de aquel muro número mil. En aquel instante sentí una quemadura tan intensa y dolorosa, que saltando hacia atrás y dando un grito...me desperté.

Me encontré sentado en la cama y en la mano sentía un gran dolor y ardor. La restregaba contra la otra para librarme de aquella molesta sensación. Al amanecer pude comprobar que mi mano estaba hinchada, y la impresión de aquel fuego resultó tan fuerte que poco después se me cayó la piel de toda la planta de la mano derecha.

No les he narrado las escenas del infierno con toda la horrible y dolorosa crudeza con que las presencié, porque esto los asustaría. Recordemos que Jesús cuando hablaba del infierno siempre empleaba signos o símbolos para comparar los sufrimientos que esperan a los que no se quieren convertir.

Durante varias noches estuve muy preocupado por este sueño del infierno. Pensaba no narrarlo a mis jóvenes pero cuando se me apareció aquel monstruo en forma de sapo que quería devorarme, escuché una voz que me decía: "¿Por qué no habla? ¿Por qué no cuenta lo que vio en sueños? Por eso lo he narrado, pues puede ser de algún provecho.

Más vale bajar al infierno en vida con el pensamiento, para huir así del pecado, que tener que ir a él con el alma en la eternidad por no haber evitado lo que ofende a Dios.

71. LA VOCACIÓN DE UNA MUCHACHA: 1868 (MB. 9,309)

Una vocación positiva. En 1868 llegaron a visitar a Don Bosco dos jóvenes muchachas. Al verlas entrar a su habitación, sin dejarlas hablar dijo a una de ellas sonriendo:

—*Puede entrar de religiosa a una comunidad. Y esté tranquila que esa es la voluntad de Dios.*

Las dos salieron de allí muy emocionadas, y el secretario le preguntó por qué les había dado esa respuesta y por qué ellas se habían emocionado tanto. El santo le respondió:

—*Anoche soñé que venían estas dos personas a pedirme consejo y que a una de ellas debía aconsejarle que se hiciera religiosa. Y se fueron muy emocionadas porque la otra hermana se oponía a que se hiciera religiosa, pero ahora ha aprobado que se vaya al convento.*

72. LA NOVENA DE LA NATIVIDAD DE LA VIRGEN: 1868 (MB. 9,314)

El 2 de septiembre de 1868 habló así a sus alumnos:

—*Soñé que entraba por la portería del Colegio y que me encontraba con Nuestra Señora y que Ella me entregaba un cuaderno y me decía:*

—*Ahí está escrito el modo cómo los jóvenes hacen esta novena.*

Abrí el cuaderno y vi escrito con letras de oro el nombre de varios jóvenes. Pasé otra página y vi el nombre de muchos más, pero escrito con tinta. Pasé el resto de las hojas y no había escrito allí el nombre de ninguno más.

Los que tenían su nombre escrito con letras de oro son los que hacen la novena con todo fervor y comportándose muy bien. Los que tenían su nombre escrito con tinta son los que la hacen con menos fervor. Y aquellos cuyo nombre no aparecía escrito por ninguna parte, son los que hacen mal la novena, sin fervor, sin mejorar su modo de comportarse.

Yo me pregunto: ¿Si vinieran ahora Domingo Savio o Miguel Magone, qué dirían? Quizás exclamarían: ¡Se han enfriado los jóvenes en fervor!

Así que para contentar a la Sma. Virgen tratemos de confesar, comulgar y rezar con todo fervor. Y el propósito para mañana será:

—*Cumplir cada uno sus propios deberes con esmero y diligencia.*

73. LOS DOS SEPULTUREROS: 1868 (MB. 9,368)

La noche del 30 de octubre de 1868, dijo:
Soñé que estaban los jóvenes jugando en el patio, cuando de pronto aparecieron en la entrada dos sepultureros llevando un ataúd. Colocaron al ataúd en la mitad del patio y le le-

vantaron la tapa. En aquel momento apareció la luna y dio una vuelta alrededor de la torre de la Iglesia. Luego dio otra vuelta a la torre y enseguida otra media vuelta y se detuvo.

Los sepultureros recorrieron el patio mirando al rostro de cada alumno y al fin vieron en la frente de uno de ellos esta palabra: "Morirás", y le dijeron:

—*A Ud. le ha llegado el turno. Acuéstese en el ataúd.*

El muchacho empezó a gritar:

—*Soy muy joven, no estoy preparado y aún no he hecho las obras buenas que debería haber hecho.*
Pero uno de los sepultureros le respondió:

—*A mí no me corresponde averiguar eso. Lo cierto es que así como la luna dio dos vueltas y media, así cuando hayan pasado dos meses y medio, vendrá la muerte a llevarlo (la luna gasta casi un mes en dar una vuelta a la tierra).*

Poco después la luna desapareció y los sepultureros echaron a la fuerza al joven al ataúd y se lo llevaron.

Que cada uno se pregunte a sí mismo: ¿Y si el próximo candidato a morir soy yo? ¿Estoy preparado? ¿Si después de dos meses y medio alguno de nosotros tiene que morir, estará bien preparado para morir bien? Recordemos que la muerte llega como un ladrón, sin avisar, y cuando menos esperamos que llegue.

74. EL PORVENIR DE UN JOVEN: 1868 (MB. 9,309)

Una vocación negativa.
También en el año 1868 narró Don Bosco:

—*Vi en sueños a uno de nuestros alumnos agonizando, tendido por el suelo y a su alrededor varias armas de combate y varios cadáveres. Le pregunté por qué estaba así y me respondió:*

—*Es que me volví asesino y me han condenado a muerte.*

Y el santo añadió:

—*Yo conozco a ese muchacho y deseo poder infundirle sentimientos de bondad y de piedad. Pero tiene tan mal carácter que me temo que no se va a corregir.*

Este joven se fue después al cuartel y mientras prestaba servicio militar mató a su oficial. Fue condenado a muerte, pero antes de ser fusilado se confesó, comulgó y demostró mucho arrepentimiento y piedad.

75. RECORRIENDO LOS DORMITORIOS: 1869 (MB. 9,524)

El 8 de enero de 1869 habló así nuestro santo:

—*Soñé que llegaban dos personajes. El uno traía en la mano un farol y el otro unas hojas escritas. Me invitaron a subir a los dormitorios y se detenían a los pies de cada cama. El del farol iluminaba el rostro del que allí dormía y el de las hojas colocaba en la sobrecama una hoja donde estaba escrito el número de años que a cada durmiente le quedaban de vida.*

La narración de este sueño causó enorme impresión y fueron muchos los que se acercaron a pedirle datos acerca de los años de vida que les quedaban. Uno de ellos fue el fundador de los salesianos en Colombia, el Padre Rabagliatti.

Muchas otras veces Don Bosco fue en sueños a los dormitorios. A veces veía una espada colgada sobre la cabeza de algún alumno, señal de próxima muerte. En la cama de muchos alumnos veía un cartel donde estaban escritos sus pecados, o una palabra que indicaba su falta principal. Por eso muchas veces en la confesión, él les decía:

— *¿Quieres decir tú los pecados, o te los digo yo?*

Y los jóvenes se quedaban maravillados al constatar que les decía con impresionante exactitud las faltas que habían cometido.

76. LOS TRES LAZOS Y LA CONFESIÓN: 1869 (MB. 9,534)

El 4 de abril de 1869 reunió a todos los alumnos en el salón de estudio y les contó el siguiente sueño:

"Soñé que estaba en el templo, el cual se hallaba totalmente lleno de jóvenes: los alumnos actuales y muchos más que vendrán en el futuro. Parecía que se preparaban para confesarse. Mi confesionario tenía una inmensa multitud de jóvenes esperándome para confesarse.

Empecé a confesar, pero luego al ver que eran tantos los que pedían confesión me levanté del confesionario para ir a buscar a otros sacerdotes que me ayudaran a confesar.

Pero al pasar por en medio de los jóvenes vi que varios de ellos tenían un lazo amarrado alrededor del cuello. Me acerqué a uno de ellos y le dije:

— *¿Por qué no se quita ese lazo o cuerda del cuello?*

El me respondió:

—*No puedo quitármelo, porque hay detrás de mí uno que su-*

LOS TRES LAZOS

jeta fuertemente el lazo.

Volví a mirar y vi que en medio de los jóvenes sobresalían muchos cuernos. Observé más detenidamente y encontré allí un horrible animal, en forma de un gato enorme, con hocico monstruoso, largos cuernos, y que se encogía como para que no lo vieran.

Y noté con horror que cada uno de los jóvenes tenía junto a él un animal tan horrible como el anterior. Y cada animal llevaba entre sus garras tres lazos. Me acerqué a uno de ellos y le pregunté:

—Dígame, ¿qué hace aquí?

El me respondió:

—*Con estos tres lazos obtengo que los jóvenes no se confiesen o se confiesen mal, y con ellos me llevo a la condenación a la décima parte de la gente.*

— *¿Y qué significan esos tres lazos?, le pregunté.*

—*No le digo porque Ud. les cuenta eso a los jóvenes, —me respondió el monstruo—.*

Yo tomé en mis manos la vasija del agua bendita y le dije:

—*O me dice qué son esos tres lazos o le echo agua bendita. En nombre de Jesucristo dígame que significan.*

El monstruo se retorció y dijo:

—*El primer lazo significa que se callen los pecados. Que no confiesen al confesor los pecados que han cometido.*

¿Y el segundo lazo?

—*El segundo lazo significa que se confiesen sin arrepentimiento, sin sentir verdadero dolor y pesar de haber ofendido a Dios.*

¿Y el tercer lazo qué significa?

—*El tercer lazo no se lo quiero decir. Ya le he dicho demasiado.*

—*Me dice qué significa el tercer lazo o le echo agua bendita.*

—*El monstruo empezó a despedir llamas por los ojos y gotas de sangre y gritó:*

—*El tercer lazo significa que no hagan propósitos de portarse mejor, y que no hagan caso a los consejos del confesor.*

Todos los demás gatazos empezaron a protestar brutalmente contra éste que me había contado el secreto de los tres lazos, y yo viendo que se iba a formar un tumulto, les eché agua bendita y desaparecieron haciendo un grandísimo estrépito, y al sentir aquel ruido tan grande...me desperté.

Me quedé aterrado al ver que muchos jóvenes que yo creía muy buenos, tenían al cuello los tres lazos.

Conviene recordar qué significa cada lazo: el primero: callar por vergüenza los pecados al confesarse. O no decirlos, o decirlos pero en menor número de lo que han sido. El segundo lazo: confesarse sin arrepentirse, sin sentir contrición o pesar de haber ofendido a Dios con los pecados cometidos. Y el tercero: confesarse sin serio propósito de convertirse, de cambiar de vida y de volverse mejor. Los que desean quitarse estos tres lazos de encima tienen que confesar sus pecados sin callarlos, y arrepentirse de veras antes de confesarse, y esforzarse por hacer un buen propósito en cada confesión y tratar de cumplirlo lo mejor posible.

El monstruo antes de desaparecer me dijo:

—*Observe el fruto que los jóvenes sacan de sus confesiones. El fruto principal de una confesión debe ser el enmendarse de sus faltas. Si quiere saber si ya los tengo atados con los lazos o no, pues observe a ver si se enmiendan o no se enmiendan, si mejoran de conducta y comportamiento o siguen lo mismo que antes.*

Algo que me llenó de tristeza fue el ver que los que llevan los tres lazos al cuello, o al menos uno, son muchísimos más de lo que yo había imaginado. Cada uno piense seriamente si no tendrá alguno de esos lazos al cuello, y trate de quitarlo.

77. EL FUTURO DE PAIS, LA IGLESIA Y ROMA: 1870 (MB. 9,695)

"Dios lo ve todo. Para El todas las cosas son presentes. Sólo El puede manifestar a los hombres las cosas que van a suceder en el futuro".

El 5 de enero de 1870, desaparecieron los objetos materiales de mi habitación y me encontré ante la consideración de cosas sobrenaturales. Y oí una voz que decía:

—*Las leyes de Francia no reconocen ya al Creador, y el Creador la visitará tres veces con sus castigos. La primera vez humillará su orgullo con derrotas en las guerras, saqueos y enfermedades en las cosechas, en animales y en las gentes.*

La segunda vez visitará el Creador a Francia para castigarla y será privada de su jefe y será entregada al desorden.

París, París, en vez de reconocer el poder y la bondad de Nuestro Señor te has llenado de casas de inmoralidad. Tus enemigos te llenarán de angustias y de espanto. Ay de ti si no te corriges ante estos castigos. El Señor dice: "Voy a castigar y corregir tu inmoralidad y el haber abandonado y despreciado la ley de Dios".

La tercera vez que venga el Creador a visitar con castigos a Francia, esa nación caerá bajo el dominio de extranjeros. Sus palacios serán incendiados, muchísimas de sus casas serán destruidas, y se derramará mucha sangre.

Pero aparecerá un guerrero venido del Norte que llevará en su mano una bandera con esta inscripción: "Irresistible es la mano del Señor". Y el venerable anciano que gobierna desde Roma le saldrá al encuentro llevando una antorcha que despide una luz vivísima. Y el estandarte negro del guerrero se vuelve blanco y en el centro del estandarte aparece escrito el nombre del que todo lo puede.

El guerrero y los suyos hicieron una profunda inclinación ante el anciano y le estrecharon la mano.

Luego se oyó una vez que decía:

Mensaje del cielo al Pastor de los Pastores: te encuentras en una gran conferencia con tus asesores. Pero el enemigo del bien no descansa, y planea y practica toda clase de trampas contra ti. Tratará de poner divisiones entre los que te ayudan y hará que los poderes del mal en el mundo digan muchas cosas contra la Iglesia. Tú, no te desanimes. Si el nudo no se puede desatar, corta por lo sano. Aunque te sientas angustiado no te desanimes, sino más bien, sigue hacia adelante.

MENSAJE QUE ME ENCARGA EL SEÑOR
QUE LE DIGA AL PONTÍFICE E DE ROMA:
TE ENCUENTRAS EN CONFERENCIA CON TUS ASESORES PERO...

Primer Concilio Vaticano (18 de julio de 1870). Los Padres Conciliares se reunieron en la nave lateral de San Pedro. Se proclamó el Dogma de la Infalibilidad Pontificia. Pío IX en el trono. Dibujo de G. Altobelli, que se sirvió de retratos de los Padres, cuyas cabezas pegó sobre los personajes dibujados...

Los días corren velozmente y tus años se acercan al número establecido. La Reina del cielo será siempre tu auxilio, y seguirá demostrándose como dice el Apocalipsis: "Terrible ante los enemigos como un ejército formado en orden de batalla".

Y a ti Italia, tierra de bendiciones, te llega la desolación porque tus hijos piden el pan de la fe y no hay quién se lo reparta. La carestía, la peste, la guerra, harán llorar amargamente.

Y a ti Roma que te volviste orgullosa, Roma ingrata, Roma afeminada que buscas más en el Sumo Pontífice que se presente con lujo, olvidando que la gloria del cristianismo está en el calvario. Roma, vendrá el castigo de Dios cuatro veces sobre ti.

La primera vez llenando de daños a tus tierras y a sus habitantes.

La segunda llegando los estragos hasta las murallas de la ciudad.

La tercera vez por no haber habido conversión, los defensores del Sumo Pontífice serán derrotados y empezará un reino de terror.

La cuarta vez, por no haberse corregido, vendrá el castigo de que muchos doctos e ignorantes perderán la fe, y llegarán la guerra, el hambre y las enfermedades contagiosas.

¿Cómo quedarán oh ricos, sus palacios tan lujosos? ¿Serán basura y escombros?

Sacerdotes: ¿Por qué no cumplen lo que manda el profeta Joel: "Que los sacerdotes hagan penitencia y recen y pidan perdón en el templo, pidiendo a Dios que suspenda sus castigos? ¿Por qué los sacerdotes no predican más y no propagan más la fe? Es necesario que hablen de la fe en las casas, en las calles y aun en sitios donde antes no se predicaba. ¿Por qué no esparcir más la Palabra de Dios? ¿Se les ha olvidado a los sacerdotes que la Palabra de Dios es como espada de dos filos que va alejando a los enemigos del alma, que va atrayendo misericordia de Dios y que llega hasta el corazón y lleva hasta allá los mensajes divinos?

Recordemos que la Augusta Reina del cielo está presente para ayudarnos y que Dios le ha puesto su Poder en sus manos para que nos auxilie y defienda.

Y antes de que llegue un mes de mayo con dos lunas llenas, el iris de la paz aparecerá sobre la tierra.

NOTA: Don Bosco hizo sacar copias de este sueño y envió varias de ellas a Roma, al Sumo Pontífice y otros personajes, con un sacerdote de toda su confianza, el Padre Barberis.

La famosa revista Civiltá Católica escribía después: "Desde hace un buen tiempo tuvimos en nuestras manos una profecía comunicada a un personaje que vive al norte de Italia. Allí se avisaba el castigo de París antes de que fuera bombardeada por los alemanes e incendiada por los comunistas. Allí se anunciaba la caída de Roma cuando muchos se imaginaban que eso nunca iba a suceder".

Los castigos de París se cumplieron muy exactamente después. Los de Roma también. El sueño fue tenido la noche anterior a la reunión del Concilio Vaticano Primero, en la cual se discutía si había que aprobar la infalibilidad del Sumo Pontífice. El Papa Pío Nono recibió este mensaje el 12 de febrero, y cumpliendo el consejo dado aquí, se propuso "cortar por lo sano" y definió sin más el Dogma de la infalibilidad del Pontífice, con gran rabia y disgusto de los enemigos de la Iglesia y gran alegría y entusiasmo de los buenos católicos. La caída de Roma sucedió ese año, 1870.

Varios de estos castigos a Francia, a París y a Roma se repitieron en la guerra mundial. El guerrero que llega del norte es un misterio que no se ha podido descubrir bien todavía qué será.

En 1988, año en el cual el mes de mayo tuvo dos lunas llenas, el 1o. y el 31, cuando se supo que Gorbachov jefe del norte, jefe de Rusia, iba a encontrarse con el venerable anciano el Papa Juan Pablo II en Roma, muchas personas creyeron ver en esto un cumplimiento de la profecía de este sueño, pues el estandarte negro de guerra a muerte que Rusia tenía contra la Iglesia Católica se convirtió en bandera blanca, señal de paz, y un iris de paz apareció sobre la tierra al hacer amistad Rusia y los países comunistas, con los países de occidente. Dios sea bendito.

78. DESDE ROMA VE A SUS JÓVENES DE TURÍN: 1870 (MB. 9,717)

En los primeros días de febrero de 1870 Don Bosco escribió desde Roma esta carta a sus alumnos de Turín, ciudad que queda a muchos kilómetros de Roma. Dice así:

"Desde Roma he logrado ver en sueños a mis queridos alumnos de Turín. He contemplado en la visión al Padre Cagliero rodeado de una gran cantidad de jóvenes que se confesaban. Vi también a muchos rezar con fervor y comulgar santamente. Vi también a bastantes que piensan en Don

Bosco y a un buen número que visita a Jesús Sacramentado en el templo. Y todo esto me llenó de gran alegría.

Pero vi también algo que me llenó de amargura y que causaría verdadero horror a quien lo leyera si lo pudiera confiar al papel. Diré solamente que al lado de muchos jóvenes buenos vi unos que parecían cerdos y que llevaban escrita esta frase de San Pablo: "Su dios es su vientre". A otros les vi escrita en la frente esta frase del salmo: "Son como asnos o mulos que si no se les pone freno no obedecen".

Vi también con gran alegría que muchos llevaban en su lengua una azucena (de pureza) o una rosa (de candad). Y eran muchísimos. Pero en medio de estas visiones tan consoladoras vi a varios jóvenes que llevaban en la boca una monstruosa serpiente que despedía un veneno mortal y saliva inmunda. Le envío por aparte al Padre Rúa el nombre de algunos de ellos. Estos llevaban en la frente las palabras del Apóstol: ***"Las malas amistades corrompen las buenas costumbres".***

Mis amados jóvenes: recordemos que a la hora de la muerte sólo recogeremos lo que hayamos cultivado en esta vida, lo bueno o lo malo.

NOTA: Le envío al Padre Rúa, por aparte, la lista de aquellos cuya lengua según dice el Libro Santo: "Es como áspid o serpiente venenosa escondida entre la hierba".

Espero viajar desde aquí el 21 de febrero y estar llegando a Turín el 25. Más que recibimientos solemnes la fiesta que quiero que ofrezcan es el encontrarlos a todos gozando de buena salud y observando muy buena conducta. El domingo siguiente celebraremos la gran fiesta de San Francisco

DESDE ROMA (arriba) DON BOSCO VIO EN SUEÑOS.
LO QUE EN LA LEJANA TURÍN (abajo) ESTABA SUCEDIENDO.

de Sales. Que cada uno celebre esta fiesta de la manera más grata que yo pueda desear: haciendo una santa comunión. En comparación con este modo de celebrar una fiesta, los demás modos valen menos y son de menor importancia. Dios los bendiga a todos y les conceda perseverar siempre en el bien".

79. LA MUERTE DE UN SALESIANO: 1870 (MB. 9,747)

El 31 de marzo de 1870 Don Bosco vio en sueños al salesiano P. Antonio Croserio revestido de lujosísimos ornamentos impartiendo la bendición. Se puso a pensar cómo era posible que estuviera revestido para celebrar y enviando bendiciones, si estaba en cama enfermo. Y entonces entendió que ésta era una señal de que se iba ya para el paraíso.

Al día siguiente, el P. Croserio murió santamente.

80. UNA VISITA AL COLEGIO DE LANZO: 1871 (MB. 10,50)

Carta de Don Bosco a los alumnos del colegio salesiano de Lanzo, Italia, fechada el 11 de febrero de 1872:

Amadísimos discípulos:

"Fui a visitarlos sin que los jóvenes ni los superiores se dieran cuenta. Fui en sueños. Al llegar a la entrada del colegio vi un monstruo, verdaderamente horrible. Tenía unos ojos muy grandes y que echaban llamas. Nariz gruesa y chata. Boca ancha, orejas como las de un perro, y salían de su cabeza dos cuernos como los de un venado. Reía y bromeaba con algunos compañeros suyos y saltaba alegremente. Yo le pregunté:

— ¿Qué hace aquí, monstruo infernal? ¿Por qué no entra al colegio, es que ha dispuesto dejar en paz a los alumnos del colegio?

El me respondió:

—Yo me divierto aquí alegremente porque en el colegio hay algunos que me reemplazan en hacer el mal a los demás. Tengo un grupo de alumnos que me ayudan a las mil maravillas.

Y acompañándome hasta la iglesia donde estaban los sacerdotes confesando, me dijo:

—Aquí hay unos que me hacen mucho mal: son los que se confiesan bien y cambian de conducta. Pero hay otros que son colaboradores míos: son los que se confiesan mal, los que se confiesan siempre de lo mismo y no mejoran en nada su comportamiento.

Luego me señaló como amigos suyos a algunos que durante la misa se dedican a tener malos pensamientos y que no les gusta nada ir a la iglesia, e indicando hacia un alumno me dijo:

—Este ya estuvo en peligro de muerte. Entonces hizo mil propósitos de portarse bien. Pero apenas recuperó la salud siguió portándose peor que antes.

Luego me acompañó por distintos sitios del colegio y me hizo ver cosas que yo no me imaginaba que allí sucedían. Esas no las cuento aquí. Las diré personalmente a los interesados cuando vaya hasta allá.

Yo le pregunté entonces al monstruo:

— *¿Qué es lo que más le ayuda en los jóvenes al enemigo de las almas?*

—**Las conversaciones, las conversaciones, las malas conversaciones** —dijo emocionado—. *Y añadió: Cada palabra mala o de doble sentido produce frutos importantes contra las almas.*

— *¿Y quiénes son los mayores enemigos del enemigo de las almas?*

—**Los que comulgan frecuentemente.**

— *¿Y qué es lo que más le disgusta?*

—**Lo que más me disgusta es la devoción a María y...**

Y se calló y no quería seguir. Yo le insistí:

— *¿Cuál es la otra cosa que tanto le disgusta?*

Entonces se estremeció. Parecía un perro, un gato, un oso, un lobo. Le aparecieron tres cuernos, cinco, diez... tres cabezas, cinco, siete cabezas...Trataba de huir pero yo me esforzaba por no dejarlo alejarse sin que me dijera su secreto. Entonces le dije:

—*En nombre del Dios Creador le mando que me diga cuál es la otra cosa que tanto le disgusta.*

En ese momento él y los demás monstruos que lo acompañaban se retorcieron y tomaron formas que yo jamás quisiera volver a ver. Empezaron a hacer un gran estruendo dando temibles alaridos y terminaron con estas palabras:

—Lo que más nos disgusta, lo que más derrotas nos proporciona, lo que más tememos es que cumplan bien los propósitos que hacen en la confesión.

Y al decir esto hicieron un ruido tan espantoso con sus alaridos que...yo me desperté.

Personalmente las diré después allí mismo en el colegio algunas explicaciones de lo que vi y oí en este sueño.

Afmo. en JC. P. Juan Bosco.

81. EL ESTANDARTE FÚNEBRE: 1871 (MB. 10,51)

En los comienzos de noviembre de 1871 Don Bosco anunció que antes de terminar el año, uno de sus discípulos pasaría a la eternidad. Lo dijo así:

—Me pareció ver en sueños un estandarte desplegado al viento, llevado por algunos que parecían ángeles. Por un lado del estandarte aparecía la imagen de la muerte: un esqueleto con una guadaña o instrumento afilado, y dispuesta a cortar la vida de alguno. Al otro lado del estandarte aparecía el nombre de uno de nuestros alumnos y el año 1871, con lo cual se indicaba que la muerte de este joven sería antes de terminar este año.

NOTA: Antes de terminar el año murió el alumno Eugenio Lechi.

82. POR LOS DORMITORIOS EN COMPAÑÍA DE LA VIRGEN: 1871 (MB. 10,51)

Visité los dormitorios en compañía de la Sma. Virgen, y ella *me indicó a un joven que tenía que morir muy pronto,* y me recomendó que lo preparara muy bien para que tuviera una santa muerte.

En la frente de varios de los alumnos vi escritos sus pecados principales. Sobre la cabeza de uno que dormía *vi una espada afiladísima pendiente de un hilo muy delgado* que estaba pronto a romperse y dejarla caer sobre su cabeza. Junto a la cama de algunos alumnos vi varios demonios, y cerca de la cama de otro *vi un demonio aguardando que Dios diera el permiso de que le llegara la muerte,* para llevarse su alma, en pecado.

83. EL DEMONIO EN EL PATIO: 1872 (MB. 10,52)

Sueño tenido en enero de 1872.

Durante la enfermedad que padecí en el colegio de Varazze en enero, una noche apenas me quedé dormido empecé a soñarme que estaba en el patio y que allí me encontraba con un individuo que tenía un cuaderno en sus manos. En ese cuaderno estaban escritos todos los nombres de los alumnos y él miraba a cada uno y *le escribía algo frente a su nombre.* Me propuse averiguar qué era lo que allí escribía y traté de acercarme, pero él se alejaba de mí y tenía que emplear yo bastante velocidad para permanecer cerca. Al fin logré observar qué era lo que allí escribía.

Vi que en una página frente al nombre de un alumno pintaba un cerdo y escribía: *"Como los animales, sólo le interesa lo del cuerpo; se ha hecho semejante a ellos".*

Frente al nombre de otro alumno pintó una lengua afilada como un cuchillo y escribió aquella frase de la Carta de San Pablo a los Romanos: "Murmuradores, chismosos, inventadores de lo que no les consta, ultrajadores; a quienes Dios declara dignos de muerte, y no sólo a ellos, sino a los que aprueban lo malo que ellos hacen" (Rom. 1,30).

Frente a otros pintaba dos orejas largas de burro y escribía aquellas palabras de la Sagrada Escritura: "Las malas conversaciones corrompen las buenas costumbres".

Yo miré con atención a aquel tipo y vi que tenía dos orejas muy largas y que sus ojos parecía que echaban sangre y fuego y que tenía el rostro como si fuera de candela.

Luego sonó la campana para ir a la Iglesia y todos los alumnos se dirigieron hacia allá y también aquel tipo que los seguía mirándolos fijamente. Empezó la santa misa y los jóvenes la seguían con mucha devoción y al llegar el momento de la elevación los jóvenes miraron con gran devoción a la hostia y al cáliz consagrados y rezaron el bendito y alabado sea el Santísimo Sacramento del altar.

En ese momento hubo un gran estruendo y el individuo aquel desapareció entre llamas y humo y dejando convertidos en ceniza los papeles de aquel cuaderno en el cual había anotado lo que iba a hacer cometer a cada uno.

Yo le di gracias a Nuestro Señor porque se había dignado vencer y alejar a aquel demonio y me di cuenta de que el asistir devotamente a la Santa Misa hace fracasar muchos planes que el diablo tiene contra nosotros, y que el momento de la elevación es terrible para el enemigo de nuestras almas.

Pensemos que el enemigo del alma tiene bien anotado todo lo que quiere hacernos decir y hacer para perdernos. Algunos desearán saber qué vi escrito frente a su nombre. Pueden pasar en estos días a preguntarme y trataré de recordarle a cada uno lo suyo.

84. EL RUISEÑOR: 1872 (MB. 10,56)

¡SOMOS DIEZ! ¡SOMOS DIEZ!

Del 3 al 7 de julio de 1872 hicieron los Ejercicios o Retiros Espirituales los jóvenes del Oratorio y después de haberle pedido mucho a Nuestro Señor que me iluminara si todos habían hecho bien este Retiro, tuve el siguiente sueño:

Soñé que estaba en un gran patio lleno de árboles y que en los árboles había nidos de pequeñas avecillas.

De pronto de uno de esos nidos se cayó al suelo un pequeño ruiseñor, cuyo canto era muy hermoso pero cuyas alas todavía no le habían crecido lo suficiente como para poder volar bastante lejos.

Yo me puse a pensar:

—*Si te has caído del nido es que todavía no eres bien capaz de volar. Yo te llevaré otra vez a tu nido donde estarás seguro.*

Pero tan pronto me acerqué a él, dio un pequeño vuelo y se alejó de mí. Traté nuevamente de acercarme a él para llevarlo a la seguridad de su nido, y tan pronto me vio cerca dio un fuerte salto y no se dejó alcanzar.

Me propuse seriamente llegar hasta él y llevarlo a que estuviera bien defendido en su nido, pero apenas vio que me acercaba para ayudarlo, reunió todas sus fuerzas y dio un vuelo como de veinte metros. Yo lo seguía con la vista entristecido al constatar que no se quería dejar ayudar, pero en ese momento apareció por los aires un tremendo gavilán que atenazándolo con sus afiladas garras se lo llevó para destrozarlo y devorarlo.

Yo pensaba:

—*Quise ayudarte y no te quisiste dejar ayudar. Tres veces te alejaste de mí cuando trataba de llevarte a sitio seguro y has pagado bien caro tus caprichos.*

Y el pobre ruiseñor antes de ser devorado gritó tres veces: *"Somos diez". ¡Somos diez! ¡Somos diez!*

Después volvió a aparecer el terrible gavilán con feroz mirada y ojos llenos de sangre. Yo lo regañé por haber sido tan cruel con aquel animalito y traté de lanzarle una pedrada. El huyó lleno de miedo pero antes de alejarse lanzó hacia mí un papel en el que estaba escrito el nombre de diez alumnos que no quisieron hacer bien los Retiros Espirituales.

Al despertarme vine a darme cuenta de que varios en vez de arreglar sus cuentas con Dios con una buena confesión y de volver a su santa amistad y hacer buenos propósitos, prefirieron entregarse al demonio y ser destrozados por él.

Le di gracias a María Auxiliadora por haberme revelado quiénes son los que no quisieron ponerse en paz con Dios y le prometí hacer todo lo posible por hacer que esas ovejas descarriadas vuelvan otra vez al rebaño del Buen Pastor.

NOTA: El Padre Berto, secretario de Don Bosco, afirmaba muchos años después: Recuerdo que esos 10 jóvenes fueron avisados oportunamente. Uno de ellos no quiso dejar su mal comportamiento y fue alejado del colegio.

85. AL VOLVER DE VACACIONES: 1872 (MB. 10,57)

Muerte poco ejemplar. Soñé que los jóvenes llegaban al colegio después de vacaciones y que yo me encontraba con uno de los alumnos y que teníamos el siguiente diálogo:

— ¿Qué tal las vacaciones? ¿Sí cumplió los buenos consejos que les recomendamos para portarse bien?

—En vacaciones me fue bien, pero sus consejos no los practiqué, eran muy difíciles.

— ¿Y ahora al regresar sí quiere arreglar los asuntos de su alma?

— ¿El alma? ¿Los asuntos del alma? ¡Ah, ya habrá tiempo para ello más tarde!

Y así diciendo se alejó de mí sin querer hacerme caso. Yo continué diciéndole:

— ¿Por qué comportarse así? ¡Hágame caso y recobrará la alegría de su alma!

El se alejó. Yo lo seguía con una mirada llena de tristeza, y se me ocurrió decir:

— ¡Pobre muchacho! Se ha buscado su ruina espiritual y no se da cuenta de que una fosa, una sepultura se ha abierto junto a sus pies para recibirlo.

Pasados unos momentos vi que entraban por la portería del colegio dos sepultureros. Y empezamos con ellos la siguiente conversación:

— ¿A quién buscan?

—A un muchacho que se ha muerto.

—No, aquí no se ha muerto ninguno. Se equivocaron de puerta.

—No nos hemos equivocado de puerta. ¿No es esta la casa de Don Bosco? Pues nos avisaron que había que llevar un muerto de aquí de esta casa, y que teníamos que enterrarlo.

Me fui con ellos por los corredores y nos encontramos *un ataúd en el cual estaba escrito el nombre de un joven destinado a morir muy próximamente.* Y en el ataúd estaba escrito el nombre de este año en el que estamos, y esta terrible frase: "Sus vicios bajarán con él hasta el sepulcro".

Los sepultureros empezaron a forcejear para llevarse al joven en el ataúd y yo a oponerme para que no se lo llevaran y estando en este forcejeo, uno de ellos le dio al ataúd un golpe tan fuerte que éste se rompió y...yo me desperté.

EXPLICACIÓN:

Don Bosco reunió a todo el alumnado y contó el sueño, advirtiéndoles que la muerte de este joven iba a servir de lección y de aviso a muchos, pero que no sería algo digno de imitación.

Un mes después murió el tal alumno, que en el día en que Don Bosco narró el sueño se encontraba perfectamente bien de salud. Varios sacerdotes quisieron obtener que se confesara antes de morir pero no quiso (cumpliéndose así la frase que el santo vio escrita sobre el ataúd: "Sus vicios bajarán con él al sepulcro").

Cuando el joven murió, Don Bosco estaba en otra ciudad. El muchacho enfermó de un momento para otro. El Padre Cagliero le recomendó de las maneras más amables que se confesara y que ge preparara a bien morir, pero él le respondió que apenas tenía 15 años y que a esa edad no se iba a morir; y que no tenía ganas de confesarse y que lo dejara tranquilo.

El Padre Cagliero volvió otra vez a visitarlo y para que se preparara a confesarse bien, empezó a preguntarle acerca de su vida pasada, pero él se volteó hacia el rincón y no le quiso contestar ni una palabra más. Poco después murió. Esa tarde llegó Don Bosco pero ya el otro estaba muerto.

La impresión de terror que esta triste muerte dejó entre todos sus compañeros duró mucho tiempo. Todos veían realizado allí, a la letra, el sueño que habían oído narrar un mes antes.

Se cumplía así la frase de San Agustín: "Como haya sido la vida, así será la muerte".

86. LA PATAGONIA: 1872 (MB. 10,60)

El siguiente es el sueño que animó a Don Bosco a enviar a sus salesianos como misioneros al extremo sur de América.

Lo narró por primera vez al Papa Pío Nono. Después lo contó varias veces a sus salesianos.

"Soñé que estaba en una región salvaje, totalmente desconocida. Era una llanura completamente sin cultivar, en la cual no se veían ni montañas ni colinas. Solamente en sus lejanísimos límites se veían escabrosas montañas. Vi en ella muchos grupos de hombres que la recorrían. Estaban casi desnudos. Eran de altura y estatura extraordinaria, de aspecto feroz. Cabellos largos y ásperos. El color de su piel era oscuro y negruzco y sobre las espaldas llevaban mantos de pieles de animales. Usaban como armas una lanza larga y una honda para lanzar piedras.

Estos grupos de hombres esparcidos acá y allá se dedicaban a diversas actividades. Unos corrían detrás de las fieras para darles cacería. Otros peleaban entre sí, tribu contra tribu; y un tercer grupo batallaba contra soldados blancos que llegaban. El suelo estaba lleno de cadáveres.

Luego aparecieron en el extremo de la llanura varios grupos de misioneros de diversas comunidades religiosas y se dedicaron a enseñar el evangelio a aquellos salvajes, pero ellos se lanzaban contra los misioneros con furor diabólico y los mataban y los descuartizaban, y después seguían peleando entre ellos mismos.

Yo pensaba: ¿Cómo lograr convertir a esta gente tan salvaje?

Pero luego vi aparecer otro grupo de misioneros. Se acercaban a los salvajes con rostro alegre y precedidos de un grupo de muchachos.

Yo temblaba pensando: ¡Los van a matar también!

Me acerqué a ellos y pude ver que eran nuestros salesianos. Los primeros que llegaban me eran muy conocidos. Los otros son gente que vendrá después y que no logré conocer.

Quise detenerlos para que no se acercaran a los salvajes porque los podían matar, pero vi luego con admiración que la llegada de ellos llenaba de alegría a aquellas tribus salvajes, las cuales dejaban las armas, cambiaban su ferocidad en amabilidad y recibían a nuestros misioneros con las mayores demostraciones de buena voluntad.

Y vi que los misioneros salesianos se acercaban a los salvajes y les enseñaban el evangelio y éstos lo aceptaban de muy buena gana; y que aprendían prontamente la religión que les enseñaban y hacían caso a los avisos y amonestaciones que les daban los evangelizadores.

Y vi emocionado que nuestros misioneros rezaban el santo rosario con aquellos salvajes los cuales les respondían con fervor a sus oraciones.

Los salesianos se colocaron en medio de la muchedumbre de salvajes que los rodeó, y se arrodillaron. Aquellos hombres antes tan feroces, colocaban ahora sus armas a los pies de los misioneros y se arrodillaron y rezaron. Y entre todos empezaron a cantar un himno a la Virgen María con voz tan sonora y tan fuerte que...yo me desperté.

Este sueño me causó mucha impresión y quedé convencido de que se trataba de un aviso del cielo. No comprendí en ese momento todo su significado pero sí comprendí que se trataba de un sitio a donde deben ir nuestros misioneros, una misión en la cual yo había pensado durante largo tiempo con mucha ilusión.

EXPLICACIÓN:

Al principio Don Bosco creyó que el sitio donde debía enviar a sus misioneros salesianos era Etiopía; después que

Hong-Kong, China; más tarde pensó que era Australia o la India, pero las gentes de estos países no eran como él las había visto en el sueño. Hasta que al fin en 1874, dos años después de tenido el sueño, le llegó de Argentina la invitación para enviar misioneros a la Patagonia, en el extremo sur de América, y al conocer cómo eran los indios de esa región pudo comprobar que eran como los que él había visto en el sueño y envió allá a sus salesianos.

Los indios de la Patagonia ya habían martirizado a varios misioneros de otras comunidades, pero "los salesianos llegaron con mucha alegría y precedidos de un grupo de jóvenes", o sea con el sistema de la bondad y ganándose primero a la juventud, y al lado de los muchachos fueron llegando sus padres y todas aquellas tribus se convirtieron al cristianismo y dejaron sus guerras y adquirieron gran estima a la religión católica y a los salesianos. Toda aquella región está ahora llena de obras de los seguidores de Don Bosco.

87. MENSAJE AL PAPA PÍO NONO: 1873 (MB. 10,68)

En una noche oscura en que la gente no podía distinguir cuál era el camino para regresar a sus pueblos, vi que aparecía en el cielo una luz esplendorosa que alumbraba los pasos de los viajeros como si fuera el sol de mediodía.

En aquel momento vi una multitud inmensa de jóvenes y ancianos, de mujeres y hombres, de sacerdotes, religiosas y monjes que con el Pontífice a la cabeza salían del Vaticano y se colocaban en fila como para una procesión.

Luego se desató una terrible tempestad que logró hacer que varias personas de las que componían aquel grupo se retiraran espantadas. La procesión recorrió un camino por espacio de doscientas salidas de sol. Aunque a ratos se desanimaban, sin embargo se reunían junto al Pontífice para ayudarlo en todo lo más posible.

Enseguida aparecieron unos ángeles portando un estandarte y fueron a llevarlo al Pontífice diciéndole:

—*Reciba el estandarte de aquel que combate y dispersa a los más fuertes ejércitos enemigos. Los fieles le suplican que no se aleje de la Ciudad Santa.*

En el estandarte estaba escrito por un lado: "María Concebida sin pecado original", y por el otro lado: "María, Auxiliadora de los cristianos".

El Pontífice tomó en sus manos el estandarte y al ver que eran pocos los que lo seguían sintió tristeza, pero una voz le dijo:

—*Escriba a los católicos de todo el mundo que es necesario una reforma de las costumbres y que para conseguir esto es necesario que se predique por todas partes la Palabra de Dios. Que se enseñe catecismo a los niños.*

Que se enseñe a los mayores a desprenderse generosamente de los bienes materiales. *Que las vocaciones para el sacerdocio y para la vida religiosa se busquen entre los campesinos y la gente sencilla y la clase obrera.* Que se siga cumpliendo lo que dijo el salmista: *"El Señor levanta de la basura al pobre y lo coloca entre los príncipes de su pueblo".*

Cuando el Pontífice oyó este mensaje, el grupo de sus seguidores empezó a aumentar.

El sueño 87 en un **MENSAJE MUY ESPECIAL QUE DIOS ENVIÓ AL PAPA PÍO NONO** *por medio de Don Bosco. El pontifice lo conservó siempre en su escritorio.*

Pío IX. Fotografía que perteneció a Don Bosco.
El santo, amigo y confidente de Pío IX.

Y el Santo Padre se echó a llorar al ver la desolación entre los ciudadanos y como la tierra había quedado como arrasada por un huracán o por una granizada, y las gentes corrían de una parte para otra conmovidas diciendo: *"Dios ha demostrado que está con su pueblo"*.

El sol volvió a aparecer esplendoroso y el Pontífice llegó a la Basílica de San Pedro y entonó el himno de acción de gracias a Dios, el Te Deum.

Entre el tiempo en que el Sumo Pontífice y los suyos salieron en la procesión en medio de la tempestad y el tiempo en que el sol volvió a aparecer esplendoroso, el sol salió doscientas veces.

La persona que tuvo esta visión es la misma que anunció lo que le iba a suceder a Francia, un año antes de que sucediera, y todo se cumplió a la letra.

EXPLICACIONES:

Este mensaje fue comunicado por Don Bosco al Papa Pío Nono, como venido del cielo. Le anunciaba que después del bombardeo y la toma de Roma por los enemigos, vendría una época de cierta paz. En aquel tiempo Don Bosco logró dialogando con el gobierno anticatólico de Italia que le permitieran al Sumo Pontífice el nombramiento de obispos para muchísimas diócesis que ya llevaban años sin obispo.

Antes las vocaciones se buscaban preferentemente entre familias acomodadas e instruidas. El mensaje recomienda que se busquen las vocaciones entre los campesinos y las familias obreras, y así aumentó mucho el número de sacerdotes y religiosos.

Pío Nono guardó siempre entre sus papeles personales este mensaje que el cielo le envió por medio de Don Bosco.

Cuando las gentes asustadas le decían al Papa que abandonara a Roma y huyera, nuestro santo le escribió lo siguiente:

—*El centinela, el guardia de Israel debe quedarse en su puesto y hacer guardia ante el Arca Santa para defenderla "con la fortaleza de Dios".*

El Papa no olvidó nunca estas palabras y aunque muchos católicos eran de la opinión de que Pío Nono debía salir de Roma, el Pontífice se quedó allí, aun con graves peligros, pues la ciudad había sido tomada por los enemigos.

Y tan animadoras le parecían al Pontífice las palabras de Don Bosco que un día en una de sus visitas le preguntó:

— *¿Don Bosco, habría muchas dificultades para que se viniera a Roma a colaborarme aquí de cerca? (Quería nombrarlo Cardenal).*

Don Bosco le respondió: —Santidad, alejarme de Turín sería la muerte de mi obra en esa ciudad—. Y así logró que no lo nombraran cardenal. Y chanceando con sus alumnos les decía: ¿Se atreverían a acercarse a Don Bosco vestido de rojo, a Don Bosco Cardenal?

88. LOS PROPÓSITOS DE LA ENMIENDA: 1873 (MB. 10,61)

El 31 de mayo de 1873 el santo dijo al alumnado: "Durante todo el tiempo de la novena a María Auxiliadora y durante todo el mes de mayo, en la Santa Misa y en mis oraciones particulares he pedido a Nuestro Señor y a la Santísima Virgen María que me hicieran conocer *cuál es la causa por la cual se pierden más las almas.*

Y en sueños me fue dicho que la *causa principal de la perdición de muchas almas es que no hacen propósito de enmendarse o si lo hacen no lo cumplen.* Muchos se confiesan pero no hacen propósito serio de mejorar su conducta o si lo hacen no lo recuerdan después para cumplirlo.

Y en los sueños de estos días me pareció ver a *muchos alumnos con dos cuernos en la cabeza y me fue dicho que son los que no hacen propósitos de enmendarse de su mala conducta.* Si se confiesan, lo hacen siempre de las mismas culpas sin enmendarse en nada. Si al principio del año tenían malas calificaciones, al final del año también las tienen. Al principio del año criticaban y murmuraban y al final del año siguen criticando y murmurando.

Me ha parecido que les debía contar esto que he soñado porque creo que ha sido la respuesta a mis pobres oraciones y que estos mensajes vienen de Nuestro Señor.

EXPLICACIÓN:

El santo no dio más explicaciones en público acerca de esto que había soñado pero en privado sí avisó a varios jóvenes acerca del modo como los había visto en sueños y sus avisos les hicieron gran bien. Y a nosotros también puede sernos de verdadero provecho el pensar si de veras hacemos serios propósitos de enmendarnos de nuestros defectos y nos esforzamos por cumplirlos, o si por el contrario seguimos siendo *siempre los mismos con las mismas faltas.*

89. MENSAJE AL EMPERADOR DE AUSTRIA: 1873 (MB, 10,65)

En 1873 Don Bosco después de una visión tenida en sueños envió con una persona de toda confianza el siguiente mensaje del cielo al Emperador de Austria.

"Esto dice el Señor al Emperador de Austria:

Llénate de valor. Ayúdales a los fieles católicos y cuídate tú mismo. La ira de Dios caerá sobre las naciones de la tierra que desprecian sus santas leyes y contra los que ayudan a los que van contra la Ley del Señor. El castigo del Señor caerá sobre los que persiguen a los que son fieles a la santa religión.

Si defiendes a la religión serás un bienhechor del mundo. Apóyate en los países que son católicos y haz alianza con ellos. Pero no te apoyes ni hagas alianzas con los países que van contra la Iglesia de Dios. No creas en las mentiras de los que te dicen lo contrario.

Tienes que tener especial aversión contra los que van contra la religión del Crucificado. Espera y confía en Dios que es quien concede las victorias y salva a los pueblos y defiende a los gobernantes". Amen. Amen.

NOTA: El Emperador leyó atentamente este mensaje y envió un especial agradecimiento a Don Bosco diciéndole que lo tendría muy en cuenta.

90. LOS PECADOS EN LA FRENTE: 1873 (MB. 10,73)

La noche del 11 de noviembre de 1873 Don Bosco narró a sus alumnos el siguiente sueño que había tenido la noche del 8 de noviembre.

"Soñé que estaba visitando los dormitorios y que un personaje desconocido se me acercó y llevándome junto a los alumnos iba alumbrando con una linterna la frente de cada uno y allí se leían sus pecados. Todos los pecados de cada uno estaban allí escritos.

Después me mostró un grupo de jóvenes que tenían la frente y el rostro blancos como la nieve, porque su alma está sin pecado. Yo al verlos sentí una gran alegría. Más adelante me mostró un joven que tenía todo el rostro lleno de manchas negras.

Poco después escuché que cantaban el canto de difuntos (Dadles Señor el descanso eterno). Le pregunté al personaje quién era el que se había muerto y me respondió:

—*Se murió el joven de las manchas negras en la cara.*

¿Y cuándo? ¿Cuándo? El me mostró una hoja de almanaque que decía: 5 de diciembre.

Y yo me desperté.

EXPLICACIÓN:

Salesianos y alumnos fueron pasando a donde el santo a pedirle que les contara lo que había visto en la frente de cada uno. El decía a su secretario: "Estos sueños hacen mayor bien a mis discípulos que un sermón. Por eso se los narro".

Un joven fue a preguntarle qué había visto en su frente y Don Bosco empezó a decirle varios pecados. El joven le interrumpió diciéndole:

— *¡Basta, sabe demasiado de mi vida!*

Y al día siguiente fue a confesarse de todos sus pecados.

A otro joven le dijo el santo:

—*Te vi entre el grupo de los que tenían la cara llena de manchas negras.*

El muchacho se conmovió y al día siguiente se confesó muy arrepentido. El joven al cual vio lleno de manchas negras estaba jugando en el patio el 4 de diciembre y a eso de las cinco de la tarde sintió un fuerte ataque de bronquitis y fiebre como de una fuerte gripe. Lo llevaron a la enfermería y se confesó muy arrepentido. Vinieron sus familiares y lo llevaron al hospital y al día siguiente, el 5 de diciembre, se murió.

Los alumnos se preguntaban atemorizados:

— *¿Pero cómo se pudo morir tan rápido si antes de ayer estuvo en paseo con nosotros lleno de salud?*

Don Bosco estaba ese día en otro colegio pero volvió a Turín y les dijo a los jóvenes que aquel muchacho había hecho una santa confesión general antes de morir.

Al día siguiente el Padre Berto, secretario de Don Bosco, le preguntó cómo hacía él para saber los pecados de los muchachos antes de que se los dijeran en la confesión y el santo respondió:

—*Muchas noches me sueño que los jóvenes vienen a confesarse de todos los pecados de su vida. Después al día siguiente cuando se me acercan a confesarse basta que recuerde lo que les oí decir en sueños y sin que ellos me los digan ya les puedo recordar todas sus faltas".*

Y Don Bosco daba gracias a Dios por este don tan singular que le concedió.

91. LA MISERICORDIA DIVINA: 1873 (MB. 10,77)

El 29 de noviembre de 1873 narraba Don Bosco a sus oyentes el siguiente sueño:

"En días pasados tuve un sueño espantoso. Me fui a acostar pensando en quién será ese personaje que en el sueño anterior iluminó con una linterna la frente de los que están llenos de manchas en el alma. Preocupado por esta idea me quedé dormido.

1a. Parte: El globo luminoso.

Empecé a soñar que estaba en un inmenso valle que tenía dos pequeñas montañas, una a cada lado. Me acompañaban muchos jóvenes.

De pronto apareció en el oriente un sol 30 veces más brillante que nuestro sol de mediodía, y su luz era tan fuerte que teníamos que estarnos con la cabeza y los ojos en dirección hacia el suelo para no quedar encandilados.

Aquel inmenso globo luminoso tenía encima un letrero que decía: "Dios, para quien todo es posible". Muchos jóvenes al sentir que si miraban aquel globo luminoso se les podían quemar las pupilas de los ojos, se postraron por tierra y empezaron a decir: "Invoquemos la misericordia de Dios". Yo también me postré por tierra, con el rostro en el suelo y decía como ellos: "Imploro la misericordia de Dios".

Y noté que algunos orgullosos se quedaron de pie, mirando hacia el globo luminoso como desafiando la majestad de Dios y el rostro se les volvió negro como el carbón. Y del globo luminoso salieron unos rayos que los dejaron como fulminados y paralizados, por no querer implorar como los demás la misericordia de Dios. Y vi con tristeza que son muchos los que no imploran la misericordia de Nuestro Señor.

2a. Parte: El Monstruo.

Luego vi aparecer por el extremo del valle un monstruo, el más feo y deformado animal que en la tierra se haya podido ver. Y se acercaba cada vez más y más a nosotros. Todos estábamos llenos de terror.

Y en ese momento el globo luminoso se colocó en medio entre el monstruo y nosotros, para impedirle que nos hiciera daño. Y se oyó por los cielos aquella frase de la Sagrada Escritura: "No puede haber entendimiento entre Cristo y Satanás, entre los hijos de la luz y los hijos de las tinieblas" (2 Cor. 6,15). Al oír estas palabras me desperté.

Yo me sentía muy consolado al ver cuan grande es el número de mis discípulos que imploran la misericordia de Dios, pero sentí también una profunda tristeza al constatar que son muchos los orgullosos y duros de corazón que no suplican misericordia a Nuestro Señor, y que resisten a las llamadas que les hace la gracia de Dios para que mejoren su comportamiento, y siguen con el alma muerta por el pecado y con el espíritu paralizado por sus maldades.

Ya he avisado a algunos para que no abusen de la misericordia de Dios y para que no sean motivo de escándalo y mal ejemplo para los demás.

Y es necesario que todos recordemos la frase que se oyó en el sueño: "No puede haber entendimiento entre Cristo y Satanás, entre los hijos de la luz y los hijos de las tinieblas". Nada de colaboración con los malos, si queremos que el monstruo que es el pecado, no nos destroce.

Y no olvidemos aquello que decía el Apóstol Santiago: "Dios resiste y rechaza a los orgullosos, pero a los humildes les da su gracia y protección".

NOTA: Puede ser éste un mensaje del cielo para recomendar que imploremos mucho la misericordia de Dios y que para vernos libres de ese monstruo que es el pecado roguemos mucho a la Divina Misericordia del Señor que nos proteja.

92. ANUNCIO DE UNA PRÓXIMA MUERTE: 1873 (MB. 10,76)

Soñé que un personaje misterioso me llevaba a pasear por los dormitorios y que con una lámpara que llevaba en sus manos iba iluminando la frente de los alumnos que dormían y daba a conocer el estado en que tenían su alma. Unos tenían la frente totalmente blanca. (El alma en gracia y sin pecado). Otros tenían la frente surcada por algunas rayas negras (pecados veniales), y algunos tenían la frente negra como una noche oscura (están en pecados mortales).

Al llegar al extremo del dormitorio oí cantar un canto de funerales. Pregunté por qué cantaban cantos de entierro y me dijeron:

—*Es que se ha muerto el joven Fulano de tal, el día tal.*

Termino diciéndoles que antes de un mes algunos de los presentes habrán pasado a la eternidad. Estemos todos preparados para que si nos llega la muerte podamos recibir premios de Dios y no castigos.

NOTA: A los 15 días de este anuncio murió el joven Cavazzoli. Don Bosco le había dicho en secreto el nombre del joven al Padre Director del colegio para que lo preparara bien. Tenía miedo a morir pero el Padre Director le dijo:

—*Es mejor morir ahora que está en paz con Dios, que no después cuando quién sabe qué le pueda suceder a uno en la vida.*

Al oír esto el muchacho se calmó y diciendo estas oraciones: Jesús, José y María expire en vuestros brazos y en paz el alma mía, "murió santamente".

93. LA MUERTE DE MONSEÑOR GASTALDI: 1873 (MB. 10,657)

Soñé que llegaba al Palacio del Señor Arzobispo Gastaldi y que estaba cayendo un enorme aguacero. En ese momento Monseñor salía del Palacio revestido con los ornamentos pontificiales de celebrar la Santa Misa. Yo me le acerqué y le dije que por favor no saliera todavía a la calle porque estaba lloviendo muy fuerte y que se le dañarían las vestiduras.

El se volvió hacia mí y de manera muy autoritaria me dijo:

—*Zapatero a sus zapatos. Métase usted en sus asuntos que yo me meto en los míos.*

Yo me le acerqué otra vez y le rogué que no saliera a la calle todavía porque el aguacero arreciaba y le podía hacer mal. Pero él me respondió bruscamente:

MONSEÑOR GASTALDI:
El arzobispo cuya muerte repentina le fue anunciada en el sueño a San Juan Bosco.

—Usted no es el encargado de darme consejos a mí. Váyase a sus asuntos y deje que yo arregle los míos.

Y me apartó de su lado y salió a la calle. Pero tropezó entre tanto barro y se resbaló y cayó entre un charco, y sus ornamentos se dañaron mucho.

Yo le volví a rogar que velara por su dignidad, que no siguiera por la calle en medio de tan gran aguacero. Y hasta por cinco veces le rogué, pero todo fue inútil. No valieron ruegos ni súplicas. Cayó por segunda vez y cayó por tercera vez y sus ornamentos se llenaban más y más de barro y de mugre. Y a la cuarta vez que cayó ya no fue capaz de levantarse y sucumbió, y...murió.

NOTA: Monseñor Gastaldi, por informaciones mentirosas que le dieron contra Don Bosco, lo trató muy bruscamente y lo hizo sufrir enormemente. El santo trató varias veces de obtener que corrigiera su modo tan áspero de proceder pero no lo consiguió. Con este sueño supo que se aproximaba la muerte de Monseñor. Poco después murió de repente, de un derrame cerebral.

94. LA GUERRA CARLISTA EN ESPAÑA: 1874 (MB. 10,1148)

Soñé que estaba en España y que había una gran guerra civil y que estallaban muchos cañonazos en una feroz batalla entre los republicanos y los carlistas.

NOTA: En España hubo por aquellos tiempos una guerra civil entre los republicanos y los seguidores del Rey Carlos. La guerra duró cuatro años. Don Bosco deseaba que la victoria fuera del rey Carlos porque éste era muy católico. Pero cuando le preguntaron si Carlos ganaría respondió:

—*Si Dios le envía alguna ayuda especialísima sí triunfará. Pero por solos medios humanos es casi imposible que consiga la victoria.*

Y así sucedió. Carlos no consiguió la victoria y tuvo que retirarse a Italia.

95. LOS CAMINOS DE LA MUERTE: 1874 (MB. 10,80)

El 17 de noviembre Don Bosco recomendó a los jóvenes que hicieran bien el retiro mensual porque uno de ellos ya no estaría vivo para el retiro del mes siguiente. Durante dos días los jóvenes pasaron a confesarse con él, muy impresionados por ese anuncio.

El 19 de noviembre el Padre Berto, su secretario, le preguntó al santo cómo lograba saber cuándo iban a morir sus alumnos, para avisarlo con tanta precisión. El respondió:

—*En sueños veo a nuestros alumnos y enfrente de cada uno veo un camino. El camino que está en frente de algunos es muy largo y tiene escrito un número que indica los años que va a vivir. El camino de algunos es menos largo y el de otros es muy cortico. De un momento a otro veo que el camino de algún joven se acaba y el que va por ese camino cae muerto.*

Veo que el camino de algunos está lleno de trampas de los enemigos de la salvación y que el camino de muchos es más corto de lo que se imagina la gente.

Últimamente vi que delante de un joven ya no había camino y que enfrente de él estaba escrito el número de este año en que estamos. Por eso les avisé que antes de 40 días, uno de los nuestros ya no estará vivo en la tierra, porque eso es lo que falta para que termine este año.

OBSERVACIONES:

¿Cada uno de nosotros debería pensar qué tan largo será el camino que tiene enfrente? Y decir las palabras del Salmo 90: "Señor ayúdanos a calcular nuestros años para que adquiramos un corazón prudente".

Un anuncio que no se cumplió exactamente.

Pero sucedió que un alumno del Oratorio estaba gravemente enfermo y no se murió en aquel diciembre, sino en enero del año siguiente. Los jóvenes preguntaron a Don Bosco por qué en esta ocasión su anuncio no se había cumplido exactamente, y él les respondió:

—*Es que este joven no quiso confesarse en todo diciembre. Y rezamos a Dios para que le diera un plazo más. Y al fin se confesó conmigo y pudo morir tranquilamente y perdonado. Pero eso sucedió ya en enero. Se retardó la muerte anunciada para que se consiguiera su conversión.*

96. VOCACIONES TARDÍAS. VOCACIONES DE MAYORES: 1875 (MB. 10,35)

A principios de 1875 Don Bosco viendo que la escasez de vocaciones para el sacerdocio era muy grande, estaba interesado en aceptar a hombres ya mayores de edad, deseosos de ser sacerdotes y fervorosos. Pidió a Dios que le iluminara y la respuesta fue este sueño que él narró al principio de ese mismo año:

Mientras me preguntaba: ¿quién sabe cuántos de nuestros jovencitos llegarán al sacerdocio? escuché una voz que me decía:

—*Observe en las listas de los estudiantes y compare.*

—*Me dediqué a observar en las listas de los estudiantes y llegué a esta conclusión: que de cada cien jovencitos que empezaron a estudiar con deseos de ser sacerdotes, sólo 15 llegaron al sacerdocio. Y que en cambio de cada diez hombres ya mayores que vinieron a hacerse sacerdotes, ocho llegaron al sacerdocio.*

NOTA: Desde entonces Don Bosco se propuso abrir una casa para los hombres mayores que desearan llegar al sacerdocio. Es lo que él llamaba: "Vocaciones tardías", y de aquella casa salieron muchos y muy santos sacerdotes para la comunidad y para las misiones. El dice que quiso saber quién era la que le había hablado diciéndole que mirara y comparara las listas de los estudiantes. Con esto parece que fue la Virgen Santísima la que le dio esta recomendación.

97. UN ARBOL PRODIGIOSO: 1875 (MB. 11,36)

El 15 de marzo de 1875 tuvo el santo en Roma un sueño que narró el 16 de la siguiente manera:

Anoche soñé que me encontraba en un jardín junto a un árbol con unas frutas tan grandes que me admiraban. El árbol tenía tres clases de frutas: higos, duraznos y peras.

Fotografía tomada al cumplir sus 60 años en 1875.

De pronto se levantó un viento impetuoso y empezó a caer sobre mí una granizada mezclada con piedras, y una voz me dijo:

— *¡De prisa, de prisa, recoja la fruta!*

Busqué un canasto pero era muy pequeño. Y la voz me dijo:

-*Busque otro que sea más grande.*

Busqué otro canasto más grande pero se llenó con muy pocas frutas y la voz me mandó que buscara otro todavía mayor. Y añadió:

—*Aprisa, aprisa, porque el granizo puede destrozar todo.*

Me puse a recoger frutas pero tuve una amarga sorpresa al notar que algunos higos que eran muy grandes tenían el defecto de que estaban podridos por un lado. La voz me siguió diciendo:

—*De prisa, pero escoja bien.*

Me puse a escoger bien y eché la fruta en tres canastos: en uno los higos, en otro los duraznos y en otro las peras. ¡Qué hermosas y grandes eran aquellas frutas! Y la voz me habló de nuevo diciendo:

—*Los higos son para el Señor Obispo, las peras son para ti y los duraznos son para las misiones.*

Y dicho esto, la voz desconocida empezó a gritar:

— ¡Animo, bravo, bravo, muy bien! Y yo me desperté.

Este sueño se me quedó sumamente grabado en la mente y no he podido apartarlo de mi recuerdo.

EXPLICACIÓN:

Don Bosco entendió que se le animaba a emprender lo más pronto la obra de las vocaciones para hombres mayores, y que era necesario proceder rápidamente antes de que las contrariedades acabaran con esas vocaciones. La granizada eran las dificultades y oposiciones que el santo iba a tener por esta obra, que no fueron pocas.

Lo del canasto más grande era un aviso de que había que conseguir para estas vocaciones una casa más grande de la que al principio había pensado conseguirles.

Las frutas grandes pero podridas por un lado eran personas con apariencia de buena gente pero que tenían algún grave defecto y que era necesario apartarlas del grupo de las vocaciones porque su presencia podría hacer mucho mal.

Las tres clases de frutas fueron los tres grupos de vocaciones que nuestro santo consiguió: unos para los obispos en las parroquias. Otros para ir de misioneros a América y a otros países, y los terceros para ayudar a Don Bosco en su obra central.

98. EL CABALLO MISTERIOSO: 1875 (MB. 11,223)

El 4 de mayo de 1875 ante el alumnado en pleno nuestro padre habló así:

"La noche del 25 de abril me fui a acostar pensando qué les debería decir a los jóvenes que van a hacer los Retiros Espirituales. Y apenas me dormí empecé a soñar. Y me pareció encontrarme en una gran llanura y oí que mis amigos Buzzetti y Gastini me decían:

—*Don Bosco, suba a ese caballo que se le presenta.*

Y apareció un caballo brioso y hermosísimo que tenía el pelo muy brillante.

Yo subí al caballo. Qué alto me pareció entonces aquel animal. Me parecía estar sobre un elevado pedestal desde el cual contemplaba todo el inmenso valle.

Enseguida sonó una trompeta y se oyó esta voz:

—*Recuerden que estamos en el país de la prueba y de la tentación (que nadie se extrañe de que le lleguen pruebas y tentaciones. Es el fuego que purifica, dice la 1a Carta de San Pedro 4,12).*

Y en ese momento descendió de lo alto de un monte una inmensa cantidad de jóvenes, más de cien mil. Allí estaban los alumnos de ahora y los que vendrán más tarde. Cada uno llevaba un arma en sus manos: un hierro terminado en dos puntas afiladas.

Y por el otro lado del campo apareció una cantidad enorme de animales feroces que parecían tigres y leones de cuerpo descomunal. Su hocico producía espanto y sus ojos estaban llenos de sangre.

Los monstruos se lanzaron a atacar a los jóvenes, los cuales se prepararon para defenderse con sus armas. Llevando en sus manos aquel hierro con dos puntas afiladas, hacían frente a las fieras, las cuales no pudiendo vencer a sus víctimas, mordían con rabia aquellos hierros pero se les rompían los dientes y tenían que alejarse.

Pero el arma de hierro de algunos jóvenes no tenía sino una sola punta y ellos eran heridos por las fieras. El arma de otros no tenía mango para agarrarla o estaba roto o carcomido por la polilla. Otros eran tan presuntuosos que se lanzaban a combatir las fieras sin llevar armas y eran destrozados por ellas y morían. Pero los que llevaban el arma de hierro con dos puntas bien afiladas y con el mango bien fuerte eran muchos, muchos.

Y una voz me dijo:

—*El arma de dos puntas significa: Confesión y Comunión.*

En una punta del arma estaba escrito: Confesión, y en la otra: Comunión. Y la voz añadió:

—*Mango roto o carcomido significa confesiones y comuniones mal hechas.*

Mientras tanto mi caballo se veía rodeado de enorme cantidad de serpientes pero él saltaba y lanzaba coces a derecha e izquierda y las aplastaba o las alejaba y se elevaba cada vez más en corpulencia. Ese caballo significa la ayuda que Dios nos envía para defendernos de los enemigos del alma.

Vi que los que tenían el arma sin mango o con el mango carcomido llevaban escritas algunas de estas palabras: "Orgullo, Pereza, Impureza".

Di una vuelta en mi caballo por el campo y vi a muchos jóvenes tendidos por el campo como muertos. Unos estrangulados, otros con el rostro desfigurado de manera horrible y muchos muertos de hambre a pesar de que tenían junto a sí un plato lleno de riquísimos alimentos.

Y me fue dicho que éstos representan a los que tienen pecados sin confesar (quizás desde muy pequeños y nunca los han confesado) y a los que comen o beben de gula y a los que no quieren practicar los consejos que se les dan en las confesiones y no aprovechan de la fuerza que ofrecen los sacramentos.

Muchos jóvenes caminaban sobre una alfombra de rosas pero al sentir sus espinas caían desfallecidos por el suelo. Otros pisaban fuertemente las rosas y llegaban al otro lado victoriosos. Y me fue dicho que los que caen bajo las punzadas de las espinas son los que se entregan a los placeres sensuales y son víctimas de sus consecuencias dañosas. En cambio los que pasan adelante victoriosos son los que saben mortificar sus pasiones y dominar su sensualidad.

De nuevo se oyó un sonido de trompeta llamando a batalla y aparecieron otra vez las fieras en mayor número y ferocidad que antes. Y todos nos sentimos atacados, también yo. Pero tomamos el arma de hierro con sus dos puntas afiladas y resistimos el ataque y los monstruos al verse combatidos se dieron a la fuga y desaparecieron. Entonces resonó la trompeta y se oyó una voz que decía:

¡Victoria! ¡Victoria!
Yo preguntaba:

— ¿Pero cómo se proclama victoria si han quedado tantos heridos y tantos muertos?

Y la voz del cielo respondió:

—*Se concede tregua a los vencidos (para que se recuperen).*

Y apareció en el cielo un bellísimo Arco Iris desde un extremo a otro de las montañas (señal de la paz que Dios quiere hacer con sus creaturas).

Y sobre la cabeza de los vencedores aparecieron bellísimas coronas que resplandecían de manera maravillosa, y sus rostros brillaban con una belleza incomparable.

Y apareció una bellísima Señora en una tribuna, acompañada de una multitud de gente de una hermosura imposible de imaginar. La Señora estaba vestida como una gran Reina y exclamó amablemente:

—*Hijos míos, vengan todos a protegerse bajo mi manto.*

Al mismo tiempo extendió un amplísimo manto y todos los jóvenes corrieron a protegerse bajo él. Noté que algunos en vez de correr volaban por los aires, y en su frente llevaban escrito: "Inocencia". Otros caminaban más despacio porque tienen más faltas. Algunos caminaban entre el barro y se quedaban allí atollados y no lograban llegar hasta el manto de la Señora. Son los que viven amarrados a sus pecados y a sus malas costumbres y por no dejar sus maldades no llegan a ser buenos devotos de la Virgen. Algunos se quedaron en mitad del camino sin lograr llegar porque lo que les interesa en la vida es tener dinero, fama y goces terrenales y no el ser santos y agradar a Dios.

Yo empecé a correr para colocarme junto al manto de la Virgen Santa y en ese momento me desperté.

Quienes desean saber qué clase de arma tenían en aquel combate y si fueron vencedores o vencidos pueden acercarse en estos días y le diré a cada uno lo suyo.

En este sueño no solamente vi lo pasado sino también lo futuro. Frente a cada joven vi un camino lleno de espinas, de clavos y de peligros, pero también lleno de gracias y de ayudas de Dios, y esos caminos terminaban en un jardín bellísimo al cual llegaban. Que cada uno tenga mucha confianza en Dios pues si bien el camino que le espera para recorrer está lleno de tropezones y guijarros y peligros, también estará lleno de ayudas maravillosas del buen Dios. Y la felicidad que nos espera al final de nuestro camino es tan grande y tan inmensa que muy pronto se nos olvidarán las penas y luchas que tuvimos que sufrir para recorrerlo.

EXPLICACIONES:

El Padre Julio Barberis le oyó después decir al santo:

—*Esto fue algo más que un sueño.*

El Padre Berto se le acercó y le preguntó cómo lo había visto a él en aquel sueño y Don Bosco le dijo tales verdades y tan precisas que el sacerdote preguntante derramó lágrimas de emoción y exclamó:

— *¡Si hubiera venido un ángel del cielo no me habría hablado con tanta precisión!*

El 23 de enero de 1876 cuando Don Bosco empezaba a hablarle a todo el alumnado, lo interrumpió el Padre Barberis, diciéndole:

—*Perdone Don Bosco, pero hemos oído que en estos días ha tenido un interesante sueño. ¿Quisiera contarlo aquí a todos? ¡Nos gustaría mucho oírlo!*

Don Bosco siempre radiante de alegría y demostrando la gran satisfacción que sentía al hablarles a sus discípulos, respondió:

—*Con mucho gusto les voy a contar lo que soñé, y si para alguno trae este sueño alguna enseñanza, que ojalá la ponga en práctica.*

Me pareció que estaba allá en mi pueblo natal, Castelnuovo, y que un enorme grupo de agricultores trabajaba en el campo: unos araban, otros desyerbaban, algunos sembraban y varios grupos cantaban alegremente mientras trabajaban.

Yo me preguntaba:

— *¿Por qué trabaja tanto esta gente?*

Y me respondí:

—*Para conseguir alimento para nuestros discípulos.*

En ese momento apareció en el campo un anciano venerable que me miraba con mucha bondad y yo me dirigí a él preguntándole:

— ¿Por favor, qué es este campo y de quién es? El me respondió:

—Es el campo del Señor.

Y los labradores empezaron a cantar aquellas frases de Jesús: "Salió el sembrador a sembrar. Y parte de la semilla cayó en el camino y vinieron las aves y se la comieron" (S. Mateo 13,3).

Y en aquel momento vi salir de todos lados una cantidad extraordinaria de gallinas que se metían en el terreno y se comían las semillas sembradas allí.

Y vi a un buen grupo de religiosos y profesores que observaban todo aquello y no hacían nada por alejar las gallinas; charlaban con sus compañeros, reían, se dedicaban a recreo y a deportes, y algunos hacían otros oficios pero ninguno se preocupaba por alejar aquellas gallinas que estaban haciendo tanto daño.

Yo empecé a llamarles la atención:

—*Señores: ¿no ven el gran mal que están haciendo todas esas gallinas? ¿No ven que se están comiendo las semillas y que así no vamos a tener cosecha después? Las gallinas ya tienen el buche lleno, ¿por qué no las espantan?*

Pero ninguno me hacía caso, ni se preocupaban por espantar a las aves.

Entonces yo empecé a palmotear y a tratar de espantar las gallinas para que se alejaran, y entonces uno que otro de esos religiosos y profesores empezaron a espantarlas también. Pero yo me decía:

—*Ahora sí las espantan, pero ya es tarde. Ya se comieron las semillas.*

Y oí que una voz del cielo repetía aquellas palabras del profeta: "Son perros mudos que no ladran cuando llegan los ladrones".

Yo me dirigí al amable anciano y le pedí que me explicara qué significaba todo esto y él me dijo:

—*El campo son los corazones de las personas, donde cae la palabra de Dios. Las gallinas que se comen la semilla y no la dejan nacer son las murmuraciones y las críticas que acaban con el buen fruto que esa palabra iba a producir en las almas.*

Así por ejemplo. Alguno predica o da una conferencia o lee a los demás una página de un buen libro. Esa es la semilla de la Palabra de Dios. Pero vienen los murmuradores y los criticones como gallinas hambrientas y se llevan todo el fruto que esas palabras iba a producir. El uno ridiculiza los gestos del predicador o su voz; el otro critica, se ríe de su forma de hablar y alguien murmura de algún defecto físico que tiene el que habló. Y así el fruto del sermón o de la conferencia o charla desaparece. Se hace la lectura de una página de un buen libro, y los murmuradores empiezan a criticar eso que se leyó y la lectura queda sin producir fruto. Y los más peligrosos murmuradores son esos que van criticando en secreto, a escondidas, cuando menos se piensa.

Cuando la semilla queda en el terreno, aunque éste no sea muy fértil, sin embargo alguna cosecha produce. Pero si vienen las aves y se comen las semillas, aunque el terreno sea fértil no se consigue cosecha ninguna. Así pasa con los sermones, las conferencias, las charlas formativas y las lecturas espirituales: aunque los oyentes no estén demasiado atentos ni sean demasiado fervorosos, algún provecho les quedará si aceptan de buena gana lo que se les dice. Pero si viene la criticadera y la murmuradera contra el que predica o contra lo que se dice, entonces ningún provecho se puede sacar ya.

Y el anciano siguió diciendo:

—*Algunos no ponen ningún interés en impedir la crítica y la murmuración y les da miedo demostrar a los murmuradores que no aceptan ese modo de estar criticando. Y existe algo peor: hay algunos que se unen a los criticones y murmuran de todo. Insistan mucho en esto los que enseñan: que la murmuración y la crítica hacen enorme mal. No les dé miedo hablar demasiado contra los criticones y los murmuradores. Permanecer mudos cuando se puede impedir la criticadera, es hacerse responsable de esas murmuraciones.*

Yo al oír estas palabras me sentí emocionado y más aún me emocioné al ver que varios se dedicaban a espantar las gallinas y en ese momento...me desperté.

Mis buenos amigos: yo les recomiendo con toda el alma: huyan de la criticadera y de la murmuración como de uno de los males más dañosos que existen. Apártense de los criticones como se huye de uno que tiene una enfermedad contagiosa. Traten de evitar que otros murmuren y critiquen; quien impide una crítica o una murmuración, ha logrado evitar un gran mal.

100. ANUNCIO DE TRES MUERTES: 1876 (MB. 12,48)

Anoche soñé que llegaba un hombre corriendo a toda prisa a llamarme:

—*Don Bosco, Don Bosco, ¿no sabe lo que ha sucedido? Que Fulano de tal, que estaba hasta hace poco tan sano y tan lleno de vida, está ahora gravemente enfermo y casi moribundo.*

—*No puedo creerlo* —le dije—. *Si esta mañana estuve charlando con él en el patio y estaba lleno de vida y de salud.*

—*Pues Don Bosco, me veo en la obligación de decirle que ese joven necesita urgentemente de su presencia, y desea verle y hablarle por última vez. Venga, venga enseguida, porque de otra manera no alcanzará a llegar a tiempo.*

Yo me fui con aquel hombre, y encontramos un grupo de gente que lloraba, y algunos decían:

—*Siga, siga pronto, que está en las últimas.*

Entré a una habitación y encontré a un joven acostado, con el rostro muy pálido y una tos y un ronquido y una falta de respiración que casi no le permitían hablar.

Yo lo llamé por su nombre y le dije:

— *¿Cómo te encuentras?*

—*Estoy muy mal.*

— *¿Pero cómo te encuentras ahora en este estado si esta misma mañana estabas jugando alegre en el patio?*

—*Sí, así es, esta misma mañana estaba alegre jugando en el patio, pero ya ve cómo estoy ahora. Por favor, confiéseme, que me queda muy poco tiempo. No tengo culpas graves en mi* conciencia, pero deseo recibir por última vez la absolución, antes de presentarme ante el Divino Juez.

Lo confesé, y enseguida vi que su enfermedad iba empeorando y que la tos ya casi lo ahogaba. Y dije:

Es necesario aplicarle enseguida la Unción de los enfermos. Y estaba preparándola cuando alguien exclamó:

— ¡Ya expiró. Acaba de morir!

Yo me quedé muy impresionado al saber que había muerto tan pronto uno que por la mañana había visto jugando en el patio, pero pensé:

— ¡Por suerte que era un joven de muy buena conducta!

Y dije a los que estaban allí:

— ¿Ven? Este joven no ha tenido tiempo ni siquiera de recibir la Unción de los enfermos. Pero demos gracias a Dios que le dio tiempo para confesarse. Era un joven muy bueno y se confesaba y comulgaba frecuentemente. Esperemos que el buen Dios lo tenga ya en su gloria, o que por lo menos esté en el Purgatorio. ¿Pero si una muerte tan inesperada les hubiera sucedido a otros que no están preparados? ¿Qué sería ahora de ellos?

Recemos una oración por su bendita alma.

Otras dos muertes. Enseguida llegó el salesiano que dirige la librería y me dijo:

—Don Bosco, ¿sabe lo que ha sucedido?

— ¿Qué ha sucedido?

—Que han muerto Fulano y Zutano.

— ¡No puede ser! ¿Cuándo ha sucedido eso?

—Murieron mientras Usted estaba fuera.

— ¿Y por qué no me llamaron?

—Porque no hubo tiempo.

— ¿Pero han muerto todos en este día 22 de enero?

—No, dijo el salesiano de la librería, mire al almanaque:

Miré al almanaque y decía: 26 de mayo.

— ¡Pero si cuando murió el otro joven estábamos en enero!

—No, ese joven murió en tiempo de Pascua, en abril. Y los otros dos en mayo.

En ese momento se oyó un ruido fuerte y...yo me desperté.

Yo estaba muy asustado. Ese es el sueño que tuve anoche 22 de enero. Hoy he comprobado que esos tres jóvenes están muy bien de salud. Trataré de que los cuiden para que se porten muy bien y yo mismo les daré algunos consejos. Pero no voy a decir quiénes son. Nadie se ponga a pensar o a decir: es Fulano, es Zutano. Más bien cada uno esfuércese por cumplir lo que decía Jesús: "Estad preparados porque a la hora menos pensada vendrá el Hijo del hombre". Estemos siempre preparados, porque a la hora que menos pensemos puede llegarnos la muerte, y el que no esté preparado para morir bien, corre grave peligro de morir mal. Vivamos santamente y así a la hora que Nuestro Señor le parezca bien enviarnos la muerte, estaremos preparados para pasar a la eternidad feliz.

EXPLICACIÓN:

Estas palabras de Don Bosco fueron escuchadas por los 800 alumnos con un silencio extraordinario. No se oía ni siquiera carraspear ni mover los pies. La impresión que ellas causaron duró por semanas y meses, y produjeron cambios radicales de conducta en varios que no se portaban muy bien. Y el número de jóvenes que se acercó al confesionario del santo en esos días, aumentó considerablemente.

Esa noche el Padre Barberis le dijo:

— *¡Padre, cuánto bien hacen esos sueños! Ah si se pudieran escribir todos y publicarlos en un libro, cuánto bien harían a los lectores.*

Don Bosco le respondió:

—*Sí, harían mucho bien. Yo al principio no les daba mucha importancia, pero después me he dado cuenta de que estos sueños causan más efecto que un sermón y que a algunos les aprovechan más que una tanda de Retiros Espirituales. Por eso los cuento. Veo que les hacen bien a los oyentes y que les agradan y que hasta ayudan a que amen más a nuestra Congregación.*

Y dando un suspiro, el santo añadió:

—*Cuando pienso en la responsabilidad que pesa sobre mí en esta posición en que me encuentro, tiemblo de pies a cabeza. Qué cuenta tan tremenda tendré que dar a Dios por tantos favores que nos ha concedido para bien de nuestra comunidad.*

101. LA HIENA Y EL AUXILIO QUE VIENE DEL CIELO: 1876 (MB. 12,166)

El 7 de abril de 1876 el secretario de Don Bosco que dormía en la habitación cercana, oyó que e; santo gritaba por la noche diciendo: "¡Antonio! ¡Antonio!"

A la mañana siguiente le preguntó si había dormido bien y le contó que lo había oído gritar. Don Bosco le narró lo siguiente:

Soñé que estaba en el último tramo de una escalera, en un sitio muy estrecho y que se me presentaba una hiena dispuesta a atacarme. No sabiendo cómo librarme de ese antipático animal empecé a pedir auxilio a mi hermano Antonio, que hace muchos años que se murió.

Finalmente avanzó la hiena hacia mí con las fauces abiertas, y yo viendo que nadie venía a auxiliarme agarré la hiena por el pescuezo, lleno de angustia ante tan grande peligro.

Pero en ese momento llegó de los montes un pastor que me dijo las palabras del Salmo 121: "Levanto los ojos a los montes. ¿De dónde me vendrá mi auxilio? El auxilio me viene del Señor que hizo el cielo y la tierra". Y añadió: "Cuanto más se baje y se humille una persona, tanto más auxilio y gracias recibirá del cielo". Este animal solamente le hace daño al que le da importancia y al que busca el peligro.

En seguida me desperté.

NOTA: Parece que el pastor hacía alusión a aquella frase de San Agustín: "El pecado y los enemigos del alma son como el fuego y ciertas fieras: no te hieren si no te acercas demasiado y si les tienes demasiada confianza. Pero el que ama el peligro, perecerá en él". Y aquella otra frase tan famosa y tan antigua: "¿Sabes por qué los valles reciben tantas aguas? Porque están muy bajos. ¿Sabes por qué las altas lomas están estériles y resecas? Por estar tan elevadas. Así pasa en lo espiritual: los que se humillan recibirán ríos de gracias y de ayudas de Dios. Los que se enorgullecen y se elevan vanidosamente se quedarán secos y sin muchas ayudas espirituales.

Este sueño como el anterior lo tuvo Don Bosco estando en Roma en 1876.

"Soñé que estaba en mi pueblo Castelnuovo y en mi vereda I Bechi y que llegaba allí el Sumo Pontífice Pío

CUADRO QUE RECUERDA EN CASTELNUOVO, LA VISITA DEL SANTO PADRE

San Juan Bosco soñó que el Sumo Pontífice iba a visitar a su pueblo natal. Más de cien años después, en 1988, el Papa Juan Pablo II visitó el pueblo de Don Bosco.

Nono. No podía creer que fuera el pero al fin me animé a preguntarle:

— ¿Cómo así, Santo Padre, no ha traído la carroza? Y me respondió:

—Mi carroza es la fidelidad, la fortaleza, la amabilidad. Pero él estaba muy cansado y rendido y me dijo:

—Yo ya he llegado al fin. Yo le dije emocionado:

—No, no, Santo Padre. Hasta que no se logren arreglar los asuntos de nuestra Congregación no se puede morir.

Entonces apareció la carroza del Sumo Pontífice y en vez de caballos había tres animales llevándola: una cabra, un perro y una oveja. Pero al llegar a cierto sitio del camino los animales ya no fueron capaces de hacerla mover y el Papa se encontraba cada vez más agotado.

Yo estaba apenado de no haberlo invitado a mi casa a tomar una merienda, pero me decía: Cuando lleguemos donde el Señor Cura Párroco le ofreceremos alguna atención.

Como la carroza estaba atascada entre el barro y no se podía mover, yo le puse el hombro al eje de atrás y la levanté. El Santo Padre me empezó a decir:

—Si estuviera en Roma y lo vieran haciendo esos oficios se le burlarían.

Y mientras estaba tratando de sacar la carroza de allí...me desperté.

NOTA: La primera parte de lo que Don Bosco vio en este sueño se hizo realidad cuando en 1988, al cumplirse el primer centenario de la muerte del Santo, el pueblo y la casita de Don Bosco tuvieron el inmenso honor de recibir la visita del Sumo Pontífice Juan Pablo II, gran amigo y admirador de nuestro Padre. El gráfico que está en el encabezamiento de este sueño es un mural que fue pintado en el templo parroquial de Castelnuovo como recuerdo de la visita del Santo Padre a conmemorar al más famoso hijo de ese pueblo, Don Bosco.

La imagen de este santo levantando la carroza atascada entre el barro, es muy diciente. El con sus comunidades y su santidad dio un gran impulso a las obras de evangelización y educación en muchísimas partes del mundo.

Pío Nono murió dos años después de la fecha de este sueño.

103. LA FE: NUESTRO ESCUDO Y NUESTRO TRIUNFO: 1876 (MB. 12,300)

El 28 de junio Don Bosco les dijo a los alumnos en su discursito antes de que se fueran a dormir.

—*Tengo que contarles un sueño muy interesante. Pero ya son las nueve y tendría que resumirlo demasiado para no trasnocharlos. Se oyeron gritos generales en el alumnado:*

¡Cuéntelo! ¡Cuéntelo! —El añadió—.

—Como es un sueño algo complicado, y se lo quiero contar despacio y con todos sus detalles, lo vamos a dejar para una próxima vez que venga a hablarles porque ya esta noche hemos hablado de otros temas. Lo que sí les advierto es que es un sueño que producirá un poco de miedo, pues a mi también me asustó bastante. Pero dejémoslo para la próxima vez.

Los centenares de jóvenes y todo el personal de profesores y de religiosos esperaban con emoción la narración del sueño y la noche del 30 de junio, fiesta del Corpus comenzó el santo a hablar de esta manera:

—No les quería contar este sueño por no atemorizarlos. Pero después pensé: si les hace bien, contémoslo.

Yo venía pidiéndole a Nuestro Señor desde hace bastante tiempo que me hiciera conocer en qué estado se hallaban las almas de mis discípulos, y qué remedios debo emplear para alejar de cada uno sus vicios y malas costumbres.

Y Dios tan bueno me hizo ver claramente el estado en el que se halla el alma de cada uno, y no sólo eso, sino también lo que le espera en el futuro.

También le he pedido mucho a la Santísima Virgen que ninguno de mis discípulos le conceda hospedaje al demonio en su corazón y espero que Ella me consiga esa gracia.

Soñé que estaba con mis queridos jóvenes en el patio del Oratorio, al atardecer cuando ya las sombras comienzan a oscurecer el cielo. Me rodeaba un grupo inmenso de muchachos, como lo acostumbran hacer en señal de cariño. Unos saludaban, otros preguntaban algo y yo le decía una palabra a uno y otra a otro.

De pronto se oyó un griterío en el extremo del patio y un ruido grandísimo y todos los jóvenes empezaron a correr muy asustados. Muchos gritaban y se quejaban. Yo quería saber de qué se trataba, pero algunos se acercaron y me dijeron:

—*Cuidado no vaya para allá porque ha llegado un monstruo que lo puede devorar. Huya con nosotros.*

El primer león. Dirigí la vista hacia el sitio donde se sentían los rugidos y vi un monstruo que a primera vista parecía un terrible león, inmensamente grande. Su cabeza era enorme y su boca abierta parecía hecha para devorar. De ella salían dos grandes y agudísimos colmillos que parecían cortantes espadas.

El animal se acercaba amenazante ante nosotros, lento, seguro, como quien sabe que va a conseguir presa para devorar. Nosotros estábamos aterrorizados y los jóvenes se reunieron alrededor mío, y con los ojos fijos en mí me preguntaban:

— ¿Don Bosco qué debemos hacer?

Yo les dije:

—Volvámonos hacia la imagen de la Santísima Virgen, arrodillémonos y recémosle a Ella con más devoción que otras veces para que nos libre de este peligro. Si se trata de un animal feroz, la Virgen lo vencerá, y si es un demonio, la Madre de Dios lo hará huir. No tengan miedo: la Madre Celestial se preocupa por nuestra salvación.

La fiera continuaba acercándose en actitud de preparar el salto para arrojarse contra nosotros.

Nos arrodillamos y comenzamos a rezar. Pasaron unos minutos de verdadero terror. La fiera había llegado ya tan cerca que de un salto podía caer sobre nosotros. Cuando de pronto, sin saber cómo, nos vimos trasladados todos a un gran salón, en medio del cual estaba la Santísima Virgen. Nuestra Señora resplandecía con luces maravillosamente hermosas y estaba rodeada de muchos ángeles y santos. Ella nos habló amablemente diciéndonos:

—No tengan miedo. Esto es solamente una prueba a la cual los quiere someter mi Divino Hijo.

Junto a la Virgen, resplandecientes de gloria, vi a varios salesianos que han muerto, y a mi hermano José y a un religioso de La Salle, hermano cristiano. Allí estaban además muchos amigos nuestros que han muerto y vi también a varios que aun están vivos.

Y una voz gritó:

—Levantemos el corazón.

Y explicó:

—*Hay que reavivar nuestra fe. Hay que elevar nuestro cora-zón hacia Dios. Hagamos actos de amor a Nuestro Señor y de arrepentimiento, y hagamos esfuerzos de voluntad para rezar con mayor fervor. Confiemos más en Dios.*

Luego se oyó otra voz que decía:

Levantémonos y subamos.

Y sin saber cómo, nos sentimos elevados por los aires hasta muy alto. Casi hasta la altura del techo del gran salón. To-dos estábamos en el aire y yo me sentía maravillado de que no cayéramos.

Aumenta el número de atacantes.

Y he aquí que el monstruo que habíamos visto en el patio, penetró en el salón acompañado de innumerable cantidad de fieras de diversas clases, dispuestas todas a atacarnos. Nos miraban, levantaban el hocico, y sus ojos parecían llenos de sangre. Yo, allá arriba, agarrado de una alta ventana pensaba:

—*Si me llego a caer de aquí, las fieras harán conmigo una gran carnicería.*

Y en ese momento oímos que la Virgen Santísima empezó a cantar aquella frase de San Pablo: "Que cada uno se arme con el escudo de la fe, para que pueda resistir los ataques del enemigo" (Efesios 6,16). Era un canto tan armonioso, tan bello, tan lleno de melodías, que a nosotros nos parecía estar en el cielo. Y se oía como si cien hermosas voces cantaran al mismo tiempo.

Los escudos. Y enseguida partieron de junto a la Virgen muchos jovencitos como llegados del cielo, que traían unos escudos y colocaban uno frente a cada uno de nuestros alumnos. Los escudos eran grandes, hermosos, resplandecientes. En ellos se reflejaba una luz celestial. Cada escudo era de acero en el centro y estaba rodeado de un círculo de diamantes irrompibles, y el borde era de oro muy fino. El escudo representaba la fe. Cuando todos tuvimos cada uno nuestro escudo, se oyó una vez potente que decía:

¡A la lucha!

Y en ese momento todos bajamos y caímos suavemente hacia el suelo, y cada uno empezó a luchar con las fieras que tenía en frente, defendido por su escudo. Aquellos monstruos empezaron a atacarnos con todas sus armas destructoras, pero les poníamos en frente nuestros escudos y se les partían los dientes y se les caían las uñas y tenían que alejarse. Llegaban luego otras manadas de feroces fieras pero les sucedía lo mismo que a las anteriores. La lucha fue larga y feroz, pero al fin oímos la hermosa voz de la Santísima Virgen que nos repetía la frase del apóstol San Juan: "Esto es lo que consigue victoria sobre el mundo: nuestra fe" (1 Jn. 5,4).

Al oír tales palabras, aquella multitud de fieras espantadas se dio a precipitada fuga. Y nosotros quedamos libres.

Entonces me puse a fijarme en los que llevaban el escudo de la fe. Eran miles y miles. Allí había muchos amigos que ya han muerto y muchos que aun están vivos. Y otros que vendrán en tiempos futuros.

Los ojos de los jóvenes no lograban apartarse de la Sma. Virgen. Ella entonó un canto de acción de gracias a Dios tan hermoso, que yo creo que sólo en el paraíso se podrá oír algo igual.

Nuevo y feroz ataque. Pero nuestra alegría se vio alejada de improviso por una serie de gritos y quejidos en el patio. Me asomé y vi una escena horrible: el patio estaba lleno de muertos, de heridos y de moribundos. Los monstruos habían vuelto y los destrozaban con sus colmillos, dejándolos llenos de heridas.

Y el que hacía la carnicería más espantosa era una especie de oso, que con sus dos colmillos que parecían dos afiladas espadas, hería sin compasión a los jóvenes en el corazón y los dejaba muertos.

El oso furioso se dirigió hacia mí tratando de atacarme y de atacar a los que estaban junto a mí. Pero al ver que teníamos el escudo de la fe no se atrevió a acercarse más.

Y entonces pude ver que sus dos colmillos tenían cada uno un nombre. El uno se llamaba: OCIO: perder el tiempo. Y el otro colmillo se llamaba: GULA: comer o beber más de lo necesario.

CON SUS COLMILLOS DESTROZABA SIN COMPASIÓN.

Yo no me podía explicar cómo entre los que viven en nuestras casas donde se trabaja tanto, pudiera existir el OCIO, y cómo nuestros alumnos tan pobres puedan comer o beber de GULA.

Y una voz me explicó todo de la siguiente manera:

El OCIO, o perder el tiempo, significa que se pierden muchas medias horas. Ocio no significa sólo no trabajar, sino que quiere decir también dejar volar la imaginación a pensar cosas peligrosas. Ocio es no estudiar las lecciones o no hacer las tareas. Ocio es dedicar el tiempo a lecturas mundanas, inútiles o dañosas. Ocio es cruzarse de brazos y dejar que los otros hagan solos los oficios sin ayudarles. Ocio es estar con desgana y sin atención en la iglesia y hasta demostrar fastidio en los actos de piedad y de devoción. El ocio, el estarse sin hacer nada, es causa de muchas tentaciones y de muchísimos pecados. Insístales a sus discípulos que si ocupan bien su tiempo cumpliendo exactamente sus propios deberes conservarán la castidad y las demás virtudes y no caerán en las trampas que les tienen preparadas los enemigos de la salvación.

¿Y la gula? ¿El comer o beber demasiado?

La voz me respondió:

Se peca de gula cuando se come o se bebe más de lo necesario. Se duerme de gula cuando se duerme más de lo necesario (dormir demasiado es tan dañoso como comer demasiado). Se peca de gula cuando se le dan al cuerpo más gustos de los que se le deberían dar: en el descanso, en el comer, en el beber.

Yo di las gracias por estas enseñanzas tan bellas y tan prácticas y quise acercarme a la Santísima Virgen para saludarla, pero oí nuevamente gritos en el patio y quise Salir a ver que sucedía y en ese momento...me desperté.

104. LAS OVEJAS FIELES Y LA OVEJAS DESERTORAS: 1876 (MB. 12,331)

La noche de la fiesta de Santa Ana (26 de julio de 1876) soñé lo siguiente:

Vi que un pastor llevaba un año cuidando muy bien a sus ovejas y que estaba contento porque como premio de sus fatigas iba a conseguir muy buena lana y muchos beneficios más.

Pero cuando llegó el tiempo de recoger la lana se dio cuenta de que faltaban varias de sus ovejas. Preguntó cuál era la razón y le respondieron:

—*Vino otro hombre, les propuso darles mejores pastos, e ilusionadas con él, esas ovejas se marcharon.*

El pastor se puso muy triste y exclamó:

—*Pobre de mí: tanto que trabajé, tanto que me esforcé por mis ovejas y no he logrado conseguir los frutos que deseaba. Perdí mi tiempo, mi trabajo y los gastos que hice.*

Pero las ovejas que habían permanecido fieles le respondieron:

—No, no has perdido tu trabajo. Nosotras te compensaremos por las que fueron infieles y se alejaron. Nosotras te daremos ganancias por las que se fueron.

Y el pastor se puso muy contento y demostró en adelante un gran cariño por estas ovejas tan fieles.

Propongo un premio para el que me diga qué enseñanzas trae este sueño.

EXPLICACIÓN:

El Padre Maestro de novicios que llevaba un año formándolos, le escribió a Don Bosco contándole entristecido que varios se habían ido a sus casas o se iban a ir. El santo le respondió contándole este sueño.

105. TRABAJO Y TEMPLANZA: 1876 (MB. 12,393)

1a. Parte: El toro y la humildad.

Este es uno de los sueños más importantes de nuestro santo. Lo narró así:

"Anoche tuve un sueño que me parece rico en importantes enseñanzas.

Vi que con mis discípulos llegábamos a un campo y que un personaje desconocido nos decía:

—*Quiero librarlos de un gran peligro. Es un toro furioso que destroza a los que pasan por su camino.*
Y me recomendó:

—Dígales a sus discípulos que tan pronto como oigan el rugido del toro, que es feroz y muy grande, se lancen inmediatamente al suelo y permanezcan así boca abajo, con la cara vuelta hacia la tierra, hasta que el toro se haya alejado. Los que no acepten humillarse por tierra y quedarse así, estarán irremediablemente perdidos. Que recuerden aquella frase del evangelio que dice: *"Los que se humillan serán enaltecidos, pero los que se enorgullecen serán humillados".*

Y de pronto se oyó el terrible mugido del toro, y mis discípulos muy obedientes hicieron dos filas a lado y lado del camino y se echaron a tierra y permanecieron con la cara vuelta hacia el suelo.

EL SUEÑO DEL TORO FEROZ

Se oyó el espantoso mugido del toro y llegó aquel animal terrible. Tenía unos cuernos con los cuales hacía verdaderos estragos. Todos temblábamos de susto. Al toro le aparecieron hasta siete cuernos. Pero con los dos de enfrente era con los que más destrozaba.

Y se oyó una voz que decía:

—*Ahora se verán los efectos de la humildad:*

Y, oh maravilla: en un instante, todos los que estábamos postrados y echados por tierra, con la cara contra el suelo, fuimos levantados por los aires de manera que los cuernos del toro no nos alcanzaban a tocar.

Pero los orgullosos, los que se habían quedado de pie en vez de echarse por el suelo, fueron todos destrozados por los

El toro era muy grande y muy feroz, y con sus cuernos hacía terribles estragos.

cuernos del feroz animal. Y la voz dijo:

—*Eso sucede a los orgullosos. El que se enorgullece será humillado.*

El toro levantaba los cuernos queriendo alcanzarnos y herirnos pero no lo logró porque estábamos bien altos. Entonces enfurecido se fue a buscar a otras fieras más que le ayudaran a atacarnos.

El toro es el enemigo de las almas. Tiene hasta siete cuernos, que son los siete pecados capitales (orgullo, avaricia, envidia, ira, impureza, gula y pereza). Pero a los que se mantienen humildes no los logra destrozar con estos pecados.

2a. Parte: *Las fieras y la Eucaristía.*

Vi luego que nos dirigíamos todos a una iglesia y que nos arrodillábamos ante el Santísimo Sacramento del altar y nos dedicábamos a rezar devotamente. Y en ese momento llegaron muchos otros toros furiosos con cuernos terribles y nos querían atacar pero no se nos pudieron acercar porque estábamos rezando a Nuestro Señor (se cumplía lo que dijo Jesús: "Ciertos espíritus malos no se alejan sino con la oración y el sacrificio").

3a. Parte: *Las dos condiciones para el éxito.*

Llegamos a un extenso campo y el desconocido me dijo:

Ahora vas a ver lo que espera a la Comunidad Salesiana.

Me hizo subir a una altísima roca y desde allí logré ver una llanura tan grande como nunca me había imaginado que pudiera haber algo tan inmenso. Parecía que desde allí se veía toda la tierra.

Y aparecieron allí personas de todos los colores y razas y con vestimentas de los más diversos países de la tierra. Allí cerca de mí había salesianos que conducían enormes grupos de muchachos italianos. Los logré reconocer. Luego hacia el sur vi muchos salesianos de Sicilia y del África dirigiendo grandes multitudes de jóvenes. Miré hacia el oriente y vi muchos jóvenes del Asia conducidos por los salesianos. A los salesianos de la primera fila los conocía. Los demás me eran desconocidos. Miré hacia el norte y hacia el occidente y por todos lados, enormes grupos de muchachos marchaban dirigidos por los salesianos.

Y el personaje me explicó:

Este es el campo inmenso que espera a los salesianos. Un campo sin límites espera a tus discípulos. Has visto a unos que conoces y a otros que no te son conocidos. Eso significa que los salesianos trabajarán por las almas en este siglo, en el siglo siguiente y en los siglos futuros. Pero con una condición: para conseguir estos éxitos que has visto se necesita que tengan estas palabras como su lema, como su palabra de orden, como su distintivo. Las palabras son: EL TRABAJO Y LA TEMPLANZA HARÁN FLORECER LA CONGRE-GACIÓN SALESIANA. Estas palabras hay que explicárse-las, hay que repetírselas muchas veces y hasta escribir algún librito que explique el significado de esas dos palabras. Es necesario tratar de convencerlos de que el trabajo y la templanza son la herencia que le dejas a la Congregación, y al mismo tiempo su gloria.

(Templanza es dominarse a sí mismo: ser sobrio y mortificado en el comer, en el beber, en el dormir y en el descansar.

Es cumplir aquello que dijo Jesús: "Quien desea ser mi discípulo que se niegue a sí mismo, que se domine a sí mismo").

Yo le respondí:

—*Estoy muy de acuerdo con todo esto. Es lo que recomiendo a mis discípulos día tras día y siempre que se me presenta la ocasión.*

Y la voz siguió diciéndome:

—*Hay que decirles con toda claridad que mientras cumplan estos dos lemas: Trabajo y templanza (estar siempre muy ocupados y saber mortificar sus sentidos y sus pasiones) tendrán seguidores al norte y al sur, al oriente y al occidente. Que cada uno se proponga ser un modelo en esto. Que cumplan lo que recomienda el apóstol: "Sean sobrios y estén atentos y vigilantes, porque el enemigo el diablo da vueltas como león rugiente, buscando a quién devorar" (San Pedro 5,8).*

El dominar los sentidos y la sensualidad es el paso número uno para obtener personalidad.

4a. Parte: *Los cuatro clavos.*

El guía me hizo ver luego un cartelón donde estaban pintados cuatro clavos y me dijo: "Estos son los cuatro clavos que atormentan y acaban con las Congregaciones Religiosas. Son como los cuatro clavos que atormentaron a Cristo en la cruz. Si en la Congregación Salesiana los logran tener alejados, todo marchará muy bien y llegarán a la santidad.

Y me explicó:

El primer clavo lleva escrita una frase de San Pablo que dice: *"Su dios es el vientre".* Significa comer demasiado, beber demasiado. No ser mortificados en el comer y en el beber.

El segundo clavo lleva escrita otra frase del apóstol que dice: *"Buscan lo suyo propio y no lo que es de Jesucristo".* Son los que lo que buscan no es el Reino de Dios o la salvación de las almas, sino su propia comodidad, el darle gusto a su orgullo y a su vanidad y el ayudar sólo a sus familiares. Si se aleja este modo de comportarse, la Congregación prosperará.

El tercer clavo lleva otra frase de la Sagrada Escritura que dice: *"Su lengua es como el veneno de una víbora venenosa"* (Salmo 140). Son los murmuradores, los que siempre viven criticando, los chismosos que cuentan a otros lo que han dicho contra ellos. Son un clavo fatal para las comunidades.

Y el cuarto clavo tiene escrita esta frase: *"Ocio, malgastar el tiempo".* Son los que pasan horas y horas sin hacer nada que valga la pena. Cuando a una comunidad llegan estos individuos que se la pasan sin hacer nada, la comunidad va hacia la ruina. Pero cuando todos se dedican a trabajar con toda su alma, la comunidad progresa.

Luego el guía me mostró otra frase del Libro Santo que decía: *"Son como una serpiente escondida entre la hierba, como una víbora en el camino por donde hay que pasar"* (Génesis 49,17). Son esos individuos que no les tienen confianza a los superiores, que jamás hablan con ellos, que se guardan todo lo que sienten y nunca lo dicen. Estos tales son verdaderos flagelos para las comunidades. Los que obran mal si son descubiertos pueden ser corregidos, pero éstos son solapados, hipócritas y no nos damos cuenta del mal oculto que andan haciendo, y cuando se les descubre ya no hay tiempo para remediar el mal que han hecho. Esta clase de gentes hay que mantenerlas alejadas de la Congregación.

Yo me propuse escribir estos consejos tan sabios, y cuando iba a comenzar a escribir, vi que los jóvenes empezaban a llegar asustados y oí el mugir del toro que llegaba embistiendo, y fue tal el susto que sentí que...me desperté.

CONCLUSIÓN:

Qué buena conclusión de todo esto fuera que nos propusiéramos practicar cada día el lema de *TRABAJO Y TEMPLANZA* y evitar siempre los cuatro clavos tan dañosos: la gula, el orgullo, la murmuración y el ocio. Y en vez de obrar ocultos como serpiente en la hierba, ser francos y sinceros con los superiores. De esta manera podremos hacerle un gran bien a nuestra alma y al mismo tiempo hacer muchísimo bien a otras almas.

Le pedí a Nuestro Señor que me iluminara algo más acerca de lo importante que es el cumplir el lema de *TRABAJO Y TEMPLANZA,* y me volví a dormir. Y vi un bellísimo jardín lleno de las flores más hermosas que se pueda uno imaginar. Y me fue dicho: esa será tu comunidad si se observa tu lema de Trabajo y Templanza.

Luego el jardín se convirtió en una pocilga donde había los animales más asquerosos y repugnantes que uno pueda imaginarse y allí había un hedor inaguantable, y me fue dicho: "En eso se convertirá la comunidad si no se obedece el lema de TRABAJO Y TEMPLANZA". El hedor me produjo tanto asco que...me desperté...y quedé por bastante tiempo con la impresión de aquella escena tan repugnante y horrible.

Hagamos caso a lo que se nos ha aconsejado hoy, y seremos felices (Mb. 12,401).

106. LA FILOXERA (o Roya o Broca) DE LAS UVAS: 1876 (MB. 12,404)

"En una noche de octubre (1876) mientras muchos de mis discípulos estaban haciendo los Retiros Espirituales, soñé que llegaba a un inmenso salón lleno de religiosos y que ellos me decían:

— *¿Está pensando qué debe decir a sus discípulos al final de los Retiros Espirituales? Pues...hábleles de la Filoxera; que huyan de la Filoxera. Dígales que si se esfuerzan por tener ale-*

jada la Filoxera; entonces sí la comunidad tendrá una larga vida y logrará hacer mucho bien a las almas.

Yo les pregunté:

— *¿Y de qué Filoxera hablan ustedes?*

—*Pues de esa Filoxera que ha acabado y llevado a la ruina a tantas comunidades religiosas y aun a muchas les impide hacer el bien que deberían hacer.*

Y como yo no entendía qué era lo que me querían decir, se adelantó un personaje amable y venerable y me dijo:

—*Te voy a explicar.* **La Filoxera (o Roya o Broca) es una enfermedad que les viene a las plantaciones y las destruye.** *Está compuesta por millones y millones de pequeñísimos microbios. Y cuando aparece en una planta, no pasa mucho tiempo y ya todas las plantas de los alrededores están infectadas del mismo mal, aunque estén a cierta distancia. Cuando aparece esta enfermedad la infección se extiende rápidamente y los frutos y la cosecha que se esperaba recoger queda todo arruinado. ¿Y cómo se propaga? El viento va transmitiendo la enfermedad de planta en planta. Es una desgracia que se propaga rapidísimamente.*

—*Y esa* **Filoxera (o Roya o Broca)** *es la murmuración, que se propaga rapidísimamente y lleva la enfermedad de la desobediencia a muchas personas.*

— *¿Y qué más les produce la Filoxera, o sea la murmuración?*

El anciano venerable me respondió:

—*Los males que provienen de la murmuración son incalculables. Lo primero que hace marchitar en las casas a donde llega es la caridad (la murmuración es un baldado de agua fría sobre la pequeña llama de la caridad). La murmuración enfría y apaga el deseo de salvar almas y hace perder mucho tiempo que se podía emplear en hacer el bien. Y el mal ejemplo que se recibe de los murmuradores hace que en ellos se cumpla lo que dice el Libro del Eclesiástico:* **"El murmurador se hace antipático ante Dios y ante los hombres".** *No hace falta que* el murmurador pase de una casa a otra: basta que allá se sepa lo que él dijo murmurando y así el mal se va extendiendo de casa en casa. Este fue el mal que acabó con muchas comunidades religiosas.

— ¿Pero y cómo poner remedio a este mal tan grande?

El personaje me dijo:

—No basta con remedios tibios. Hay que tomar medidas serias y fuertes. Para atacar la Filoxera (o Roya o Broca) no basta con fumigar. Basta una planta infectada para que ella infecte toda la plantación y se pase a otras fincas. Por eso es necesario cortar la planta, y ojalá quemarla, y si son bastantes las plantas infectadas, hay que cortar todas las que tienen esa enfermedad. Así tiene que ser en las comunidades: al murmurador, al que rechaza las órdenes recibidas, al que desprecia los reglamentos, al que siembra discordia y descontento entre los demás, hay que alejarlo sin contemplaciones, sin dejarse vencer por una peligrosa tolerancia. A veces se siente lástima al tener que castigar a un individuo porque tenemos amistad con él o porque tiene cualidades muy especiales, o porque su gran ciencia trae prestigio a nuestra Congregación. ¡Cuidado! no hay que dejarse llevar por esa consideración. Esos individuos difícilmente cambiarán de modo de ser. No digo que su conversión sea imposible, pero me atrevo a asegurar que es muy rara la posibilidad de que abandonen su costumbre de murmurar, de criticar y de hacer mal ambiente.

Dirán algunos: ¡Pero es que si se van, pueden portarse todavía peor allá en el mundo! Allá ellos, pero nosotros no podemos dejar esos individuos en la Congregación porque acabarían con todo.

— ¿Y si en la Congregación hubiera esperanza de que cambiaran?

— ¡Cuidado! Es preferible que se vaya uno de ellos y no exponerse a que se quede infectando con su murmuración y su rebeldía a toda la plantación del Señor. Tienes que hablar muy seriamente de esto a los que dirigen la comunidad.

Le di las gracias al amable personaje por estas enseñanzas tan importantes y en ese momento sonó la campana para la levantada y...me desperté.

107. APARICIÓN DE DOMINGO SAVIO: 1876 (MB. 12,494)

La noche del 22 de diciembre de 1876 fue memorable en el Oratorio o colegio de Don Bosco en Turín, pues aquella noche narró uno de sus más importantes y hermosos sueños. Hizo reunir a todo el personal de la casa, alumnos, profesores y religiosos, para contarles un sueño que dos días antes les había prometido narrarles. Es de imaginar la expectación general que había por escucharlo. Cuando lo vieron aparecer en la cátedra lo recibieron con entusiastas aplausos como sucedía cada vez que reunía a todo el personal de la casa para hablar de algún tema de especial interés. Apenas indicó que iba a comenzar a hablar se hizo un profundo silencio. Y él habló así:

—La noche del 6 de diciembre, comencé a soñar y me pareció que estaba en una pequeña altura frente a una llanura que parecía de cristal. Allí había las flores más bellas que uno se pueda imaginar y los frutales más exquisitos que desear se pueda. Además se veían por allí muchísimos edificios tan elegantes y tan lujosos que para la construcción de uno solo

En sueños se aparece a su padre para darle gracias y decirle que se ha salvado.

El 6 de Diciembre de 1876 se aparece hermosísimo a Don Bosco con muchos jóvenes más, y le dice que está en el cielo.

de ellos parecía que hubieran gastado todos los tesoros del mundo. Yo me decía:

—Ah, si mis jóvenes alumnos pudieran venir a gozar de la vista de estas bellas flores y a gustar estos frutos tan sabrosos y a vivir en estas casas tan lujosas.

Y en esos momentos llegó a mis oídos una música maravillosa como entonada por cien mil instrumentos musicales, tan bella como ningún famoso músico del mundo es capaz de componer algo semejante.

Y vi por entre aquellos jardines y frutales miles y miles de personas alegrísimas, cantando a mil y mil voces este bello himno del Apocalipsis:

—A Dios que está sentado en su trono y al cordero, alabanza, honor, gloria y poderío por los siglos de los siglos" (Ap. 5,13).

Mientras escuchaba entusiasmado los cantos celestiales vi venir hacia mí una inmensa multitud de jóvenes. Muchos de ellos habían estudiado en nuestros colegios y los conocía. Muchísimos más vendrán en tiempos futuros y eran desconocidos para mí. Al frente de ellos venía Domingo Savio y junto a él varios salesianos que ya murieron.

Al llegar aquella multitud de jóvenes cerca de mí se detuvieron a unos cinco metros de distancia. Ellos estaban inundados en una grandísima alegría que se notaba en el brillo de sus ojos y en el resplandor de su rostro. Me miraban con una amable sonrisa y permanecían en silencio.

Domingo Savio se adelantó el solo y se colocó tan cerca de mí que si yo estiraba una mano lograba tocar sus hombros.

Callaba y me miraba sonriente. Qué hermoso estaba. Su vestido era maravilloso: una túnica blanquísima adornada toda de diamantes y tejida en oro. En la cintura una franja roja, toda ella llenita de piedras preciosas (esmeraldas, perlas, rubíes, etc.) tan cerca unas de otras que casi se tocaban, y formando unos dibujos tan hermosos que yo estaba entusiasmado al contemplar todo aquello.

De su cuello colgaba un collar de bellísimas flores, que tenían hojas que eran diamantes y estaban colocadas sobre tallos de oro. Aquellas flores brillaban más relucientes que el sol de mediodía, y todas ellas iluminaban hermosamente el rostro rosado y amable de Domingo Savio, el cual llevaba sobre su cabeza una corona de rosas y se presentaba tan agradable y venerable que parecía un ángel.

(En este momento Don Bosco hizo un gesto de emoción que estremeció a todos sus oyentes. Después de breve pausa continuó).

—*Y como Domingo Savio, así venían vestidos hermosísimamente todos sus compañeros. Cada uno tenía en su cintura una faja roja, igual a la que llevaba Domingo.*

Yo le pregunté:

—*Domingo ¿éstos son los goces del Paraíso?*

Y él me respondió:

—*No, éstos no son los goces del Paraíso eterno, sino solamente goces naturales. Porque "ni ojo vio, ni oído oyó lo que Dios tiene preparado para los que lo aman". Si alguno viera algo de lo que se goza en el paraíso, moriría de la emoción.*

— ¿Y qué se goza en el Paraíso?

—Es imposible decirle qué se goza en el Paraíso. Pero lo principal es que se está junto a Dios. ("Esta es la vida eterna: conocer a Dios verdadero y a su enviado Jesucristo") (S. Juan 17,3).

Le pregunté de nuevo a Domingo Savio:

— ¿Por qué llevas esa túnica tan blanca y hermosa?

Y un coro desde el cielo empezó a cantar aquellas palabras del Apocalipsis: "Estos son los que purificaron su alma con la sangre del cordero" (Ap. 7,14).

Volví a preguntar:

— ¿Y por qué llevas esta faja de color rojo?

Y una voz cantó esta frase del Libro Sagrado:

— "Quienes conservaron la virtud de la pureza, seguirán al Cordero de Dios donde quiera que El vaya" (Apoc.14,4).

Comprendí entonces que la faja de color rojo, color de sangre, era símbolo de los grandes sacrificios hechos, de los violentos esfuerzos y casi del martirio sufrido por conservar la virtud de la pureza, y que para mantenerse casto en la presencia del Señor hubiera estado pronto a sacrificar la vida, si las circunstancias se lo hubieran exigido; que esa faja roja simboliza también las penitencias y mortificaciones que libran al alma de caer en muchos pecados. Y que la túnica blanquísima era una señal de que él mantuvo su alma blanca, sin mancha de pecado.

Luego al contemplar todos aquellos numerosos grupos de jóvenes que seguían a Domingo Savio le pregunté:

— *¿Quiénes son esos que te siguen?*

Y un coro de jovencitos me respondió cantando:

"Son como los ángeles de Dios en el cielo" (Mt. 22, 30).

Volví a preguntar a Domingo:

— *¿Por qué tú, si no eres el más viejo, eres el que viene dirigiendo este grupo?*

El me respondió:

—*Es que yo soy el más antiguo de los que han muerto en el Oratorio, porque fui el primero de tus alumnos en pasar a la otra vida. Y además: traigo un mensaje de Dios.*

Esta respuesta me hizo entender que Domingo Savio era enviado como embajador de Dios para traernos un mensaje del cielo.

Yo le volví a preguntar:

— *¿Qué me dices de la vida pasada de nuestra Obra?*

—*Encuanto al pasado tengo que decirle que la Congregación ha hecho mucho bien. ¿Ve aquél inmenso grupo de jóvenes?*

—*Sí, lo veo. ¡Qué numerosos son! ¡Qué felicidad se refleja en sus rostros!*

—*Pues mire bien el letrero que hay frente a ellos.*

—*Ya lo veo. Dice: JARDÍN SALESIANO.*

—Pues bien, —continuó diciendo Domingo Savio— todos esos jóvenes fueron educados en su obra o por sus religiosos o por personas encaminadas desde aquí hacia la vocación sacerdotal. Pero su número sería cien millones de veces mayor, si hubiera tenido mayor fe y mayor confianza en Dios.

Lancé un suspiro de tristeza ante este reproche y me hice el propósito de que en lo sucesivo procuraré tener mayor fe y más grande confianza en la ayuda de la Providencia de Dios.

¿Y acerca del presente qué me dices?

Domingo me presentó un bello ramillete de flores. Allí había rosas, violetas, girasoles, gencianas, azucenas, siemprevivas, y entre las flores, espigas de trigo. Me ofreció el ramillete y me dijo:

—*Que sus alumnos se esfuercen por tener cada una de estas flores, y que no les falte ninguna de ellas y que no se las dejen robar.*

¿Y qué significan esas flores?

—*La rosa significa la caridad. La violeta la humildad. El girasol la obediencia. La genciana (flor amarga que baja la fiebre) significa la mortificación y la penitencia. La azucena representa a la pureza o castidad. Las espigas de trigo significan la comunión frecuente. La siempre viva quiere decir que estas virtudes se han de cultivar y poseer siempre y tratar de perseverar en practicarlas. Recuérdeles a todos que los que practican la virtud de la pureza serán como ángeles de Dios en el cielo.*

Domingo: ¿y qué fue lo que más te consoló a la hora de la muerte?

—*Lo que más me consoló y alegró a la hora de la muerte fue la asistencia de la poderosa y bondadosa Madre de Dios. Dígales a sus discípulos que no se olviden de invocarla en todos los momentos más importantes de la vida.*

¿Y en cuanto al futuro qué me puedes decir?

—*Que el próximo año seis de sus discípulos serán llamados por Dios a la eternidad. Pero consuélese que ellos pasan del desierto de este mundo al jardín del Paraíso. Serán coronados como buenos vencedores. El Señor Dios le ayudará en su obra y le enviará otros discípulos igualmente buenos.*

¡Paciencia! —exclamé—. ¿Y en cuanto se refiere a nuestra Congregación?

En cuanto a la Congregación, Dios le prepara grandes acontecimientos. El año entrante aparecerá en ella una luz, una aurora tan espléndida que iluminará los cuatro extremos de la tierra, de oriente a occidente y de norte a sur: una gran gloria le está preparada. Si los sacerdotes de la Congregación saben hacerse dignos de la alta misión que Dios les ha confiado, el futuro de la comunidad será maravilloso y muchísimas almas se salvarán por su medio, con la condición de que sean muy devotos de la Virgen María y de que cada uno conserve la virtud de la castidad que es tan grata a los ojos de Dios.

¿Y de mí, qué me dices?

—*Ah, si supiera por cuántas dificultades tendrá que pasar todavía.*

¿Y del Santo Padre?

—*Le esperan duras batallas espirituales, pero pronto lo llevará Dios para darle su premio.*

¿Y nuestros jóvenes están andando todos por el camino de la salvación?

—*Sus jóvenes se dividen en tres grupos. Están en tres listas. Mire la primera lista; y me la entregó.*

La lista tenía por título: "Los no heridos. Los no manchados". Son los que conservan el alma blanca, sin mancha de pecado. Vi que eran muchos. A algunos los conozco. Otros vendrán después. Marchaban por un camino angosto y difícil y eran atacados por todos lados con flechazos y lanzadas, pero no eran heridos.

Domingo me dio enseguida la segunda lista de alumnos. Aquella lista tenía por título: "Los que han sido heridos". Son los que han cometido pecados pero se han arrepentido y se han confesado y han sido perdonados.

Eran mucho más numerosos que los de la lista anterior. Muchos marchaban encorvados y desanimados.

Domingo tenía en la mano la tercera lista que llevaba el siguiente título: "Los abandonados en la vía de la perdición";

y contenía los nombres de los que viven en pecado mortal. Yo deseaba mirar la lista para saber quiénes son esos, pero Domingo me dijo:

—*Un momento, si abre esa lista saldrá un hedor tan horrendo que nosotros no podremos soportarlo. Los ángeles tienen que retirarse asqueados y horrorizados y el mismo Espíritu Santo siente náuseas ante la horrible hediondez del pecado.*

Y me dio la tercera lista diciéndome: Tengo que retirarme por lo que va a suceder enseguida; pero lea la lista de los que viven en pecado. Aproveche esta noticia para hacerles el mayor bien a sus discípulos y no olvide recomendarles que se consigan el ramillete de flores que le presenté. Que conserven las virtudes representadas en esas flores.

Entonces abrí la tercera lista. Y en ese instante se presentaron ante mí los individuos en ella escritos, y logré observarlos personalmente. Qué tristeza sentí al verlos en ese grupo. A muchos de ellos los conozco. Y lo grave es que muchos de ellos parecen buenos, y hasta algunos parecen ser los mejores entre los compañeros, y sin embargo están en la lista de los que viven en pecado.

Pero tan pronto como abrí la lista se esparció por los alrededores un hedor tan insoportable que me dolió la cabeza y me dieron ganas de vomitar.

Y el sol se oscureció, y un rayo impresionante cruzó el espacio y se oyó un trueno horrendo, tan fuerte y terrible que... me desperté.

Y aquel hedor me impresionó tanto que ocho días después al sólo recordarlo ya me daban ganas de vomitar.

Me dediqué a averiguar si en verdad las almas de los jóvenes eran como las había visto en aquellas listas y todo lo que observé en el sueño me ha resultado exacto.

EXPLICACIONES:

Lo que Domingo Savio anunció a Don Bosco en este sueño o aparición, se cumplió exactamente. Al año siguiente murieron seis de sus alumnos. Y en ese año siguiente apareció también una Estrella Luminosa, una aurora que iluminó los cuatro extremos del mundo: EL BOLETÍN SALESIANO, la revista que en 33 idiomas y con más de dos millones de ejemplares mensuales lleva a todos los amigos de Don Bosco las noticias salesianas, y ha logrado hacer conocer su comunidad y sus obras en todos los continentes, y ha conseguido muchísimas vocaciones y gran cantidad de ayudas para la Congregación.

El Papa Pío Nono de quien Domingo Savio dijo que "pronto lo llevará Dios para darle su premio", murió 14 meses después de este sueño.

A Don Bosco le anunció: "Ah si supiera cuántas dificultades tendrá que pasar todavía". Y en efecto, en estos años fue perseguido por personas que jamás habría pensado que lo iban a perseguir. Y las dificultades que se le presentaron fueron inmensas (como por ejemplo: conseguir recursos para levantar la Basílica del Sagrado Corazón en Roma y sufrir terribles enfermedades). Pero con la ayuda de Dios salió adelante.

Era inspector de policía en Turín un buen católico quien al oír que a Don Bosco se le habían anunciado seis muertos en su colegio para el año siguiente, se propuso averiguar exactamente si en verdad se cumplía el tal anuncio. Y al final del año 1877 cuando murió el sexto alumno, nuestro hombre se convenció de que Don Bosco sí era un hombre iluminado por Dios y dejó su cargo en el gobierno y se hizo salesiano y fue un gran misionero muy querido por todos, el Padre Ángel Piccono.

Lo que más le hacía dudar a Don Bosco de si este sueño era realidad o era una simple fantasía era el haber visto entre la lista de los que viven en pecado a ciertos jóvenes que en el colegio tenían fama de ser los mejores de todos. Se puso a averiguar y logró comprobar que aunque exteriormente eran irreprochables, su vida real era de pecado y de hipocresía. A varios de ellos logró convertirlos y transformarlos, después de esta visión.

108. LA MUERTE DEL PAPA PÍO NONO: 1877 (MB. 13,45)

El 7 de febrero (1877) soñé que llegaba a Roma y que el Santo Padre el Papa me recibía en audiencia. Nos pusimos a charlar y de pronto el rostro de Pío Nono se puso radiante de luz. Yo le dije:

—*Ah, Santo Padre, si mis jóvenes que lo aman tanto pudieran verlo así como está ahora, ¡cómo se entusiasmarían!*

Pero enseguida el Santo Padre se acostó en un sofá y dijo:

—*Que traigan una sábana para cubrirme de pies a cabeza.*

Luego se levantó y entró por una puerta y ya no apareció más.

Enseguida oí que mi amigo Buzzetti me decía:

—El Papa ha muerto.

Yo emocionado...me desperté.

NOTA: Un año después de este sueño, el Santo Padre Pío Nono, .después de una breve enfermedad, murió santamente.

109. LA SEÑORA Y LOS CONFITES: 1877 (MB. 13,265)

Soñé que salía a una avenida y que me encontraba con una vendedora ambulante la cual estaba fabricando dulces.

— ¿Qué está haciendo? —le pregunté—.

—Estoy fabricando dulces para los salesianos.

Y me mostró que fabricaba tres clases de dulces: unos blancos, otros rojos y otros negros. Y me explicó:

—Estos son los premios para los salesianos. Los blancos se manchan fácilmente. Son para los trabajos que cuestan poco. Los rojos, color de sangre, son para los trabajos que cuestan fuertes sacrificios. Y los negros que son los más valiosos son para los trabajos que llevan hasta a conseguir la propia muerte.

— ¿Y por qué los cubre con tanto azúcar? —le pregunté-.

—Porque los salesianos deben sobresalir en todas partes en la virtud de su Patrono San Francisco de Sales, que es la dulzura, la amabilidad.

Yo seguí mi camino, pero luego me alcanzaron varios sacerdotes que me dijeron:

—Que la señora le manda un mensaje muy importante: que les diga a sus discípulos que trabajen, que trabajen mucho. Que van a encontrar muchas dificultades (como si fueran espinas) pero también muchos consuelos (como si fueran rosas), que les diga a todos que la vida es breve y que la cosecha es mucha. Que recuerden todos que la vida es breve pero que la eternidad que se consigue es inmensa.

— ¿Pero es que no se trabaja en nuestra Congregación? —les pregunté—:

—Sí, se trabaja, pero se puede trabajar más y mejor. Al oír esto me desperté.

Ojalá que recordemos el mensaje que recibí en este sueño: tener la amabilidad y dulzura de San Francisco de Sales y trabajar mucho y muy bien.

110. MENSAJE AL PAPA LEÓN TRECE: 1878 (MB. 13,419)

En febrero de 1878 Don Bosco redactó el siguiente mensaje y lo envió al Papa León Trece, por medio del Cardenal Bartolini:

—Le escribe un pobre siervo del Señor que ya antes envió algunos mensajes al Santo Padre Pío Nono.

He oído una voz que decía:

—Es necesario buscar las vocaciones para el sacerdocio no tanto entre los ricos que viven llenos de comodidades, sino sobre todo entre los que trabajan en el campo y entre los pobres de las ciudades; y no mirar en edad o en clase social. Reunirlos y prepararlos bien para que logren en el sacerdocio conseguir muchos frutos espirituales.

Hay religiosos dispersos por las persecuciones. Conviene reunirlos y si no es posible formar con ellos muchas casas, que por lo menos se formen unas pocas pero cumpliendo bien sus reglamentos.

Personas que viven en el mundo, si se dan cuenta de que los religiosos cumplen exactamente sus reglamentos y llevan una vida santa, sentirán interés y atracción por la vida religiosa y entrarán a las comunidades.

Las comunidades religiosas fundadas últimamente están más apropiadas para los tiempos modernos. La gente de ahora desprecia bastante a los que sólo rezan, pero aprecia mucho a los que no sólo rezan bastante sino que trabajan fuertemente. Por eso las comunidades nuevas deben ser apoyadas y favorecidas por aquellos que el Espíritu Santo ha colocado como jefes de su iglesia.

Se recomienda pues:

Trabajar mucho por conseguir vocaciones.

Insistir a los religiosos en la observancia de sus reglamentos.

Favorecer y apoyar a las comunidades nuevas y a los institutos religiosos que ayudan a las misiones extranjeras.

111. UNA ESCUELA AGRÍCOLA: 1878 (MB. 13,457)

En agosto de 1877 un obispo, Monseñor Terris, le envió una carta a Don Bosco pidiéndole que fundara una escuela agrícola en Francia. Don Bosco siempre se había manifestado opuesto a que su comunidad fundara Escuelas Agrícolas porque le parecía muy difícil lograr asistir bien a los alumnos allí. Pero la noche anterior a la llegada de la carta del obispo tuvo el siguiente sueño:

"Me vi en sueños en una finca que tenía una casa rústica llena de herramientas para la agricultura. Comencé a visitar la casa que estaba totalmente desierta, cuando oí que en el campo cantaba un niño. Me asomé a la puerta y vi un niño de unos 10 años, vestido de campesino, el cual con hermosa voz me cantaba una canción que decía:

—Amigo respetable— sea nuestro Padre amable.

 Yo llamé al niño y le pregunté qué era lo que deseaba, pero por respuesta volvió a entonar su canción:

—Amigo respetable— sea nuestro Padre amable.

Yo le volví a preguntar:

— ¿Qué deseas? ¿Un regalito? ¿Una medalla? ¿Una ayuda?

Pero el jovencito, señalando a un grupo de compañeros volvió a cantar:

—Estos son mis compañeros— que dirán lo que queremos.

Apareció un enorme grupo de jovencitos que me cantaba diciendo:

—Nuestro Padre: enséñanos el camino que lleva al jardín de las buenas obras.

Yo les pregunté:

— ¿Pero quiénes son ustedes? ¿De dónde vienen? ¿Qué desean?

Y ellos empezaron a cantar:

—*Nuestra patria querida*— *es la tierra de María.*

Les volví a decir:
— *¿Pero qué desean de mí?*

Y ellos cantaron una nueva canción diciendo:

Un jovencito cantaba, invitando a Don Bosco a fundar su primera Escuela Agrícola.

—*Esperamos que sea un amigo*— *que nos lleve al Paraíso.*

Les dije nuevamente:

¿Desean un puesto en mis colegios? ¿Quieren que les enseñe el catecismo o que los confiese?

Ellos volvieron a cantar:

—*Nuestra patria querida*— *es la tierra de María.*

Luego apareció una señora vestida de pastora y fue guiando a aquellos jovencitos hacia una casa de campo, rodeada de tierras de cultivo. Los jóvenes llevaban herramientas agrícolas y el número de muchachos creció de tal manera que llegaron a ser miles y miles. La Señora señalándome esa multitud de jóvenes me dijo:

—*Estos jovencitos son mis hijos. A ti te los confío.*

Yo le pregunté:

— *¿Y cómo puedo yo solo dirigir y enseñar a tanta multitud de jóvenes?*

Entonces la Señora me señaló un grupo de clérigos y sacerdotes y extendiendo su manto protector sobre ellos me dijo:

—*Estos te van a ayudar.*

Y a una orden de la Señora todos los jóvenes empezaron a cantar en coros bellísimos aquel himno que según el Apocalipsis cantan los ángeles en el cielo y que dice así:

—*Alabanza, gloria, sabiduría y acción de gracias, honor, obediencia y reconocimiento sean dados a Nuestro Dios por los siglos de los siglos" (Ap. 7,12).*

Y a este himno respondieron con un AMEN, tan fuerte y poderoso que yo...me desperté.

EXPLICACIONES:

Al día siguiente de haber tenido Don Bosco este sueño le llegó una carta del Obispo de Navarra en Francia, pidiéndole que fundara en esa región una Escuela Agrícola. El santo aceptó inmediatamente esta petición.

Cuando el Padre Lemoyne fue enviado por Don Bosco a ver la finca que le ofrecían, se quedó admirado al constatar que era totalmente igual a la que el santo le había contado que había visto en el sueño. La casa, las herramientas colgadas en las paredes, los campos de alrededor, todo era tal cual como Don Bosco le dijo que se le había aparecido mientras soñaba. Y todo esto estaba en otro país distinto a aquel en el que vivía nuestro Padre.

Y otras sorpresas iban a venir después. Cuando años después Don Bosco fue a visitar a aquella nueva obra salesiana, le salieron al encuentro unos alumnos precedidos por un jovencito que llevaba en sus manos un ramo de flores. Don Bosco palideció de la emoción: ese era el joven que él había visto en su sueño y que le había dicho cantando:

—*Amigo respetable: sea nuestro Padre amable.*

Ese muchachito llegó a ser después salesiano, el Padre Blain, y trabajó por la salvación de las almas durante más de 50 años, hasta 1947, cuando murió.

Por la noche cuando le ofrecieron una recepción y el joven-cito Blain cantaba un solo en honor de Don Bosco, y sus compañeros lo acompañaban luego en hermoso coro, Don Bosco le dijo emocionado al Padre Director:

—*Se está repitiendo aquí exactamente lo que vi y oí en el sueño.*

En cuanto a los ayudantes que la Virgen le prometió a Don Bosco que le iba a enviar, sobra decir que en Francia han llegado numerosas vocaciones a la Congregación Salesiana y aun hoy día muchos clérigos y sacerdotes se dedican a educar a los alumnos salesianos, protegidos siempre de manera admirable por la Santísima Virgen, la santa Pastora, la Madre del Buen Pastor.

Los miles y miles de jóvenes estudiantes de agronomía que Nuestra Señora le señaló en este sueño al Santo Fundador, han estado llegando desde hace más de cien años a las Escuelas Agronómicas de los salesianos en más de 50 países del mundo.

En cuanto a aquella frase que cantaban los niños: —Nuestra patria querida— "es la tierra de María", es de notar que Francia se ha llamado: "Tierra de María" porque en esa nación se apareció la Sma. Virgen para recomendar la devoción de la Medalla Milagrosa (1830) y se apareció luego por 18 veces a Santa Bernardita en LOURDES (1858) y desde allí se extendió maravillosamente la devoción a la Virgen María por todo el mundo. A Lourdes llegan cada día peregrinaciones de los diversos países del universo. Hay que recordar también que todo lo que los niños le cantaron a Don Bosco en este sueño, se lo cantaron en francés.

112. LOS PERROS Y EL GATO: 1878 (MB. 13,470)

En la noche del Viernes Santo de 1878 el enfermero de Don Bosco lo oyó que gritaba durante el sueño, como si estuviera muy asustado. Al día siguiente le preguntó la causa de sus gritos y el buen padre le narró el sueño que había tenido.

"Soñé que un pobre gatico venía corriendo perseguido por dos feroces perros, muy grandes. Yo llamé al gato para que se refugiara junto a mí, y los dos perrazos se me acercaron ladrando furiosamente. Yo les grité a los perros:

—Láguense de aquí, y dejen en paz a este pobre gatico.

Y entonces los perros hablaron y me dijeron:

—Tenemos orden de matarlo.

Y se lanzaron a acabar con el pobre gato. Yo tomé en mis manos un bastón y empecé a defender a aquel pobre animalillo contra sus dos feroces atacantes y les gritaba aquello que se me oyó decir durante el sueño:

— ¡Quietos. Atrás. Aléjense!

Y de pronto vi que el gato se había convertido en un corderito y que los perros se habían convertido en dos osos feroces, los cuales tomaron luego la forma de dos demonios horribles que gritaban:

—Lucifer nos mandó que le lleváramos este individuo.

Yo me volví a mirar al corderillo pero se había convertido en un jovencito de uno de nuestros colegios que lleno de espanto me repetía suplicante:

— ¡Don Bosco, por favor sálveme! ¡Sálveme Don Bosco, por favor!

Le respondí emocionado:

—No tengas miedo: ¿estás resuelto a ser bueno y a portarte bien?

—Sí, sí Don Bosco. ¿Pero qué tengo que hacer para salvarme?

Le recomendé: Tienes que llevar siempre contigo la medalla de la Virgen Santísima. Arrodíllate y recemos los dos una oración.

Y recuerdo muy bien quién era ese jovencito.

NOTA: En este gatico convertido en cordero y luego en persona, puede estar representado cada uno de nosotros, y ya sabemos lo que dice la S. Biblia: "El enemigo, el diablo da vueltas a nuestro alrededor como fiera furiosa, buscando a quién devorar" (1 San Pedro 5,8). Quién sabe cuántos jovencitos de nuestros colegios, débiles e ingenuos como corderitos, estarán siendo perseguidos y acorralados por enviados de Satanás, para acabar con la vida de su alma. La devoción a la Virgen, la oración y los buenos consejos de sus educadores pueden librarlos de tan horrendo peligro.

113. LAS VACACIONES: 1878 (MB. 13,646)

El 24 de octubre de 1878 Don Bosco anunció a sus alumnos que les iba a narrar un sueño, y esta noticia hizo prorrumpir a los jóvenes en manifestaciones muy notorias de satisfacción. Les habló así:

Soñé que llegaba a un jardín y que allí había una gran cantidad de corderinos jugando muy contentos. De pronto se abrió una puerta que daba salida hacia un gran potrero y la mayor parte de los corderitos salieron a distraerse libremente por aquellos pastizales. Sin embargo, algunos de ellos no se fueron hacia el amplio potrero sino que se quedaron en el reducido jardín en el cual los pastos eran menos abundantes, pero los peligros eran también menores.

Estaba el numeroso grupo de corderos alimentándose tranquilamente en el potrero, cuando de pronto se oscureció el cielo, brilló deslumbrante un relámpago y se oyó el ruido ensordecedor de un trueno. Había estallado una tormenta.

Sentí temor porque una tormenta puede hacer mucho mal a los corderos, y empecé a llamarlos. Y mis salesianos los llamaban también y trataban de hacer que entraran otra vez al jardín para que estuvieran allí bien resguardados. Pero muchísimos de ellos no quisieron aceptar la invitación y como eran más ágiles que nosotros salían huyendo y no entraban al jardín.

En medio del jardín había una fuente de agua con estas palabras del Cantar de los Cantares: Huerto cerrado (para que no entren las alimañas). Fuente sellada (para que no sea contaminada) (Cant. 4,12). Y de la fuente salió un manantial de agua hacia la altura y se dividió formando un arco iris, y haciendo una bóveda o techo inmenso para cobijarse y resguardarse allí.

Como la tempestad se volvía cada vez más violenta y peligrosa, mis salesianos y yo y todos los corderillos que habían aceptado entrar al jardín, nos cobijamos bajo aquella bóveda maravillosa que no dejaba penetrar el agua ni el granizo.

Miré a los corderitos que nos acompañaban y en la frente de cada uno vi el nombre de un alumno de nuestras obras. Pero me angustiaba pensando qué les podría haber pasado a los corderos que se habían quedado en el campo.

Y en plena tormenta y granizada salí al campo. Y allí contemplé con horror que los corderos que se habían quedado a la intemperie estaban todos heridos por la tormenta y el granizo. Unos tenían heridas en la cabeza, otros en sus manos, y algunos tenían herido el corazón. Varios intentaban dirigirse hacia el jardín pero la tempestad y la granizada los atacaba tan fuertemente que no los dejaban moverse.

Y fijándome en aquellos pobres corderos vi en la cabeza de cada uno el nombre de un alumno de nuestros colegios.

Enseguida me fue presentado un vaso de oro con tapadera de plata y allí dentro había un aceite curativo. Y me fue dicho:

—*Unja con este aceite a los heridos y quedarán curados.*

Empecé a llamar a los corderitos heridos para que se me acercaran, pero ninguno quería venir hacia mí. Me acerqué a ellos para curarlos, pero huían y no se dejaban alcanzar.

Al fin logré alcanzar a uno que tenía los ojos casi destruidos y se los ungí con aceite. Inmediatamente le quedaron curados y entró alegremente al jardín.

Luego vi que el jardín se transformaba y que en él aparecía un letrero que decía: "Colegio Salesiano". Enseguida los corderitos que se habían quedado afuera exponiéndose a la tormenta fueron entrando uno por uno en el jardín, pero aun allí varios de ellos no aceptaron que yo me acercara con el aceite curativo a sanarles sus heridas.

Luego un personaje me dijo:

—Mire, en ese estandarte está escrito qué significa el sitio donde la tormenta causa destrozos.

Volví a mirar y el estandarte tenía un letrero:
VACACIONES.

Y la voz continuó diciéndome:

—Ese es el efecto de las vacaciones para muchos alumnos: les llega la tormenta de las pasiones, de las tentaciones y de las ocasiones de pecar. La granizada que hería a los corderitos representa a los pecados porque ellos hieren el alma. El aceite curativo es una buena confesión con propósito de enmendarse. Pero algunos no quieren aceptar este remedio tan provechoso para curarse de los males del alma.

No se canse de recomendar a todos que tengan cuidado porque las vacaciones pueden ser un verdadero peligro para su alma y para su salvación.

Al oír esta recomendación, un ruido en la habitación vecina me despertó.

NOTA: Este sueño como todos los que el santo narró a sus alumnos, produjo buenísimos efectos entre sus oyentes. Muchos de ellos fueron a que Don Bosco les dijera qué tan heridos los había visto en aquella visión, y quedaban admirados al constatar la precisión con la cual les describía las heridas que en su alma habían recibido en vacaciones. (Este sueño fue narrado cuando los alumnos estaban recién llegados de vacaciones, pues en Italia el año escolar empieza en octubre).

Fue tal el número de buenas confesiones que hubo en aquellos días que el buen padre exclamaba emocionado:

—*Nuestros jóvenes se encuentran actualmente en un punto de fervor tan alto, como en otros años no se había conseguido sino dos o tres meses después de haber llegado de vacaciones.*

114. LAS TRES PALOMAS: 1878 (MB. 13,687)

El 13 de diciembre de 1878 Don Bosco narró el siguiente sueño:

"Soñé que estaba en mi casa natal, en I Bechi, y que me presentaban un canasto en el cual había unas palomitas, pequeñitas y sin plumas. Después de unos momentos les aparecieron plumas a las palomas, y a tres de ellas les salieron plumas muy negras. Enseguida las palomas levantaron el vuelo y las vi alejarse por los aires. Pero uno que estaba allí cerca tomó una escopeta, apuntó y disparó. Y dos de esas palomas cayeron por el suelo, y la tercera se alejó.

Yo me acerqué y vi que aquellas dos palomas se convertían en clérigos. Y una voz me dijo:

—*Así será en tu obra: de cada tres, quedarán dos.*

NOTA: Don Bosco explicó diciendo que el canasto es el colegio salesiano. Que algunos de los alumnos (representados por muchas palomitas pequeñas) visten el hábito de religiosos, que en aquel tiempo era una sotana negra. Que los demás se van lejos, pero que de cada tres que se hacen religiosos, puede ser que dos logren perseverar en la vocación.

115. UNA RECETA CONTRA EL MAL DE OJOS: 1879 (MB. 14,112)

Don Bosco estaba sufriendo mucho de los ojos. Algunos decían que eran cataratas y otros temían que quedara totalmente ciego. Un oftalmólogo muy afamado, el Dr. Reynaud, dijo que perdería la vista definitivamente. Pero el santo tuvo el siguiente sueño:

"Se me apareció una misteriosa señora que llevaba en la mano un frasquito con un líquido verde oscuro y me dijo:

—*Mira: si quieres aliviar tu mal de ojos, toma cada mañana un poco de este jugo de achicoria, durante cincuenta días y notarás sus buenos efectos.*

Al llegar al comedor para el desayuno Don Bosco le preguntó al Padre Lago que había sido farmaceuta:

—*Dígame: ¿el jugo de achicoria es bueno para los ojos?*

—Sí Padre, es uno de los remedios que aconsejan para el mal de ojos.

—Bueno, pues hágame el favor de prepararme un poco de jugo de achicoria.

El Padre Lago le preparó el jugo de achicoria y desde que Don Bosco empezó a tomarlo notó la mejoría en sus ojos. En aquellos cincuenta días aunque leía y escribía de noche y de día, su mal de ojos disminuyó notablemente y luego se quedó estacionario por algún tiempo.

116. LA GRAN BATALLA: EL FUTURO Y LAS VOCACIONES: 1879 (MB. 14,113)

El 9 de mayo de 1879 narró el siguiente sueño:

1a. Parte: la batalla.

Vi que nuestros jóvenes tenían que entablar una encarnizada batalla contra guerreros muy bien armados y que al fin quedaron muy pocos sobrevivientes.

Luego vi que la batalla era contra monstruos de formas gigantescas. Pero los nuestros llevaban un estandarte con este letrero: "María, Auxiliadora de los Cristianos". La batalla fue larga y sangrienta pero la Virgen hacía muy fuertes a sus devotos, los cuales iban quedando dueños de una amplia zona de terreno. A este grupo se unieron los jóvenes que habían quedado con vida de la batalla anterior y todos juntos formaron un ejército que llevaba como insignias a la derecha la imagen de Cristo Crucificado y a la izquierda la imagen

Las casas de los Salesianos y las Salesianas en el mundo

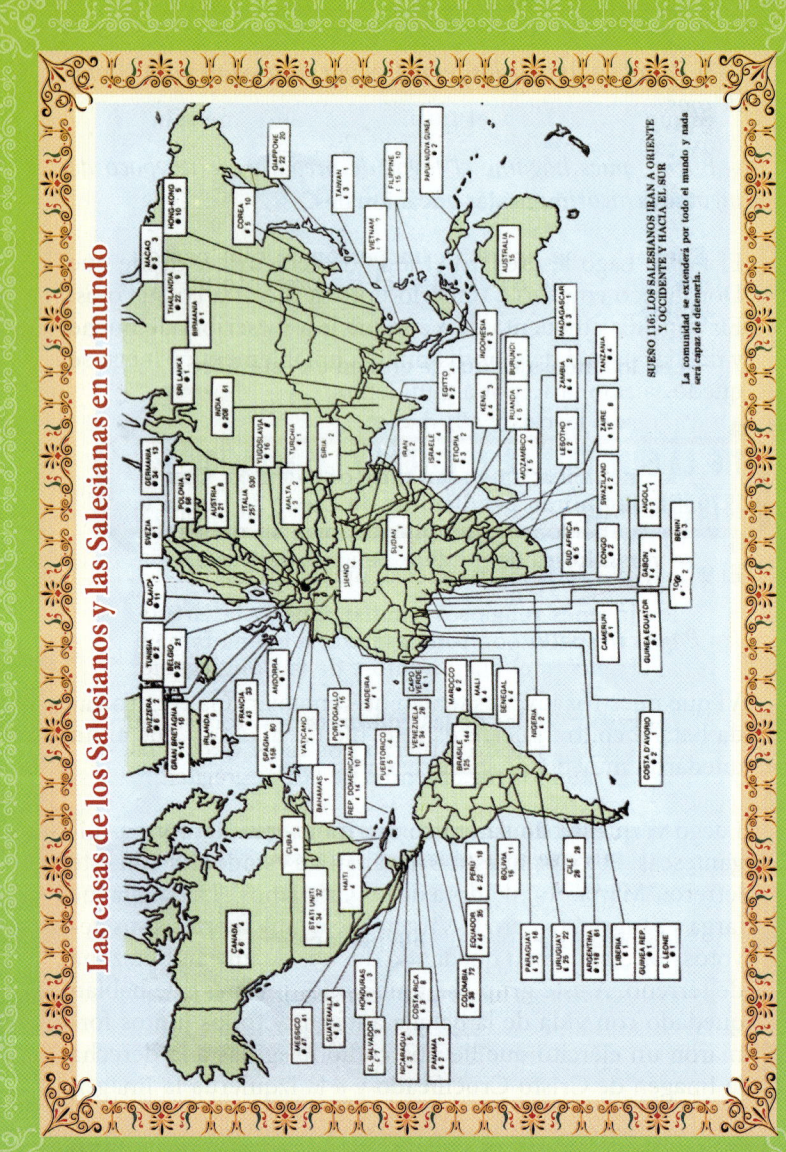

SUEÑO 116: LOS SALESIANOS IRAN A ORIENTE Y OCCIDENTE Y HACIA EL SUR

La comunidad se extenderá por todo el mundo y nada será capaz de detenerla.

de María Auxiliadora. Los que formaban nuestro ejército, después de batallar fuertemente se dividieron en tres grupos: unos se fueron hacia oriente, otros hacia occidente y el tercer grupo hacia el sur.

Luego fueron llegando nuevos grupos de jóvenes que presentaban las mismas batallas y luego partían hacia esas mismas direcciones. A estos últimos no los conocía (porque vendrán en el futuro), pero ellos me saludaban muy cariñosamente.

2a. Parte: *Los mensajes vocacionales.*

Luego se me apareció un personaje que parecía ser San Francisco de Sales, el cual me presentó un librito y me dijo:

—*Lea los mensajes que le envían en este libro.*

Me puse a leerlos y allí decía:

A los novicios: que sean muy obedientes. Con la obediencia obtendrán bendiciones de Dios y la buena voluntad de las personas. Cumpliendo bien su deber de cada día se verán libres de muchos peligros espirituales.

A los jóvenes religiosos: cuidar mucho la virtud de la castidad. Respetar con todo esmero la buena fama de los demás. Promover el buen nombre de la Congregación.

A los responsables de las comunidades: todo el mayor cuidado posible y todo esfuerzo por hacer que en la casa se cumplan bien los reglamentos de la Congregación.

A quien esté de superior: sacrificio completo y continuo para salvarse a sí mismo y para ganar el alma de los demás para Dios.

Yo le pregunté al venerable personaje:

— ¿Qué debemos hacer para conseguir vocaciones?

El me respondió:

—Sus religiosos tendrán muchas vocaciones si llevan una conducta ejemplar, si tratan con mucha caridad a los alumnos y si promueven la frecuente comunión.

¿Y qué normas seguir para la aceptación de los novicios?

—Excluir a los perezosos y a los que comen o beben de gula.

¿Y para aceptar a los que quieren hacer los votos?

—Fijarse si dan garantía de que son capaces de conservar la castidad.

¿Y cuál será el mejor modo para conservar el buen espíritu en nuestras casas?

Que los superiores escriban, visiten, reciban y traten con muy buenas maneras a todos. Que esto lo hagan siempre los superiores.

¿Y cómo debemos obrar respecto a las Misiones?

Enviando a las misiones únicamente a individuos de moralidad segura; haciendo devolverse a los de moralidad dudosa; y cultivar las vocaciones de los sitios a donde vayan los misioneros.

¿Y nuestra Congregación marcha bien?

La respuesta son las palabras del Libro Santo que dice: "El que es justo que se santifique más. No progresar es retroceder. El que persevere hasta el fin ese es el que se salvará".

¿Y nuestra Congregación se extenderá mucho?

Mientras los superiores de cada sitio cumplan bien su deber, la comunidad se extenderá y nada logrará oponerse a su propagación.

¿Y nuestra comunidad durará mucho tiempo?

—*La Congregación durará mientras sus socios amen el trabajo y la templanza (trabajar mucho y mortificarse y negarse a sí mismos). Si llega a faltar una de estas dos cualidades que son como dos columnas, el edificio se derrumbará arruinando a superiores y súbditos.*

En ese momento aparecieron cuatro individuos llevando un ataúd. Se dirigieron hacia mí. Yo les pregunté:

— *¿Para quién es ese ataúd?*

—*Es para ti. Para que recuerdes que eres mortal y que debes predicar ya desde ahora lo que deseas que tus discípulos hagan después de tu muerte.*

— ¿Tendremos muchas rosas o consolaciones? ¿O muchas espinas o penas?

—A tus religiosos les aguardan muchas flores, o sea muchas consolaciones y triunfos, pero también muchas espinas: amarguras, contrariedades que los harán sufrir. Es necesario rezar mucho.

— ¿La comunidad fundará casas en Roma?

—Sí, pero hay que ir con mucha prudencia y con gran cautela.

— ¿Está ya muy pronto el fin de mi vida?

—No te preocupes por eso. Dedícate a practicar lo que has recomendado a los demás: estar preparado, porque a la hora menos pensada llega el Señor.

En ese momento sonó un trueno horrible y yo...me desperté.

Si alguno de estos mensajes nos puede ser de provecho aceptémoslo. Y que en todo se dé gloria y honor al buen Dios por los siglos.

117. UNA LLUVIA MISTERIOSA Y LOS CUATRO TRUENOS: 1880 (MB. 14,460)

La noche del 9 de julio tuvo Don Bosco un sueño en el cual bajo el simbolismo de una lluvia misteriosa supo cosas que iban a suceder en el futuro. Lo narró así:

"Soñé que estaba reunido con un grupo de salesianos dándoles una conferencia. De pronto el cielo se oscureció y se desencadenó una tempestad con rayos, truenos y relámpagos que producían miedo. Un trueno más fuerte que los otros hizo temblar la habitación en donde estábamos. El Padre Bonetti salió al balcón a observar y exclamó emocionado:

—*Miren, una lluvia de espinas.*

Y en efecto caían espinas en tal cantidad, como gotas de agua en un aguacero.

Luego se oyó otro terrible trueno y la tempestad se calmó un poco. El Padre Bonetti salió otra vez al balcón y exclamó:

— *¡Qué hermoso: una lluvia de capullos o botones de flores!*

Al estallar un tercer trueno apareció un poco de luz del sol entre las nubes, el Padre Bonetti salió al balcón y gritó:

— *¡Está cayendo una lluvia de flores!*

Y en verdad el suelo y el techo de las casas quedaron cubiertos de bellísimas flores de variados colores.

Resonó un cuarto trueno y el cielo quedó despejado y apareció brillante el sol. El Padre Bonetti volvió a salir al balcón y gritó:

—*Vengan a mirar: están lloviendo rosas.*

Y en verdad caían y caían del cielo muchas y muy hermosas rosas. Y el Padre Bonetti exclamó lleno de alegría:

— *¡Por fin ha terminado la tormenta!*

Y yo me desperté.

Este sueño sucede en un tiempo en que el Padre Bonetti, salesiano, ha sido acusado con calumnias en Roma y corre peligro de recibir un injusto castigo. Y en ese mismo tiempo hay alguien que desde un alto puesto está persiguiendo terriblemente a Don Bosco y a sus salesianos. El primer trueno anuncia que Don Bosco y su comunidad van a sufrir muchas contrariedades en los próximos meses (lluvia de espinas) y así sucedió. Don Bosco llegó a exclamar entristecido: "Ya no les falta a mis enemigos sino clavarme un cuchillo en el corazón".

El segundo trueno en el cual las espinas son reemplazadas por capullos o botones de flores, se cumplió cuando el Papa León Trece tomó en sus propias manos la defensa de los salesianos y no dejó que condenaran injustamente al Padre Bonetti.

El tercer trueno cuando cae una lluvia de flores, se cumplió varios meses después cuando muere repentinamente el más terrible enemigo de los salesianos y llega a Turín como arzobispo el Cardenal Alimonda gran amigo y admirador de Don Bosco.

Y el cuarto trueno, lluvia de rosas y salida del sol y paz, se cumple cuando en Roma se enfermó gravemente de los nervios el que impedía que a la comunidad de Don Bosco se le concedieran los derechos que tienen las demás comunidades, y entonces el santo consiguió que para su Congregación empezara una época de mucha paz.

Y estos cuatro acontecimientos sucedieron en sólo 4 años, de 1880 a 1884.

El 10 de agosto de 1880 dijo nuestro Santo:

El 8 de agosto tuve el siguiente sueño:

Soñé que estaba en un salón muy hermosamente ilumina-do y con unos cubiertos y manteles bellísimos y relucientes. Y allí ante unas hermosas mesas estaban sentados nuestros alumnos: los del presente y los que vendrán en el futuro.

1o. Los lirios: y vi que descendían del cielo muchos ánge-les trayendo hermosísimos lirios o azucenas en sus manos y se acercaban a varios jóvenes y daban a cada uno el lirio o azucena que traían. Los que recibían aquella flor se elevaban por los aires y se volvían tan hermosos que quizás sólo en el paraíso se logre ver gente con tan grande belleza.

Pregunté qué significaba aquello y me fue dicho:

—*Esos jóvenes son los que conservan aquella virtud que tanto hay que recomendar a la juventud: la santa pureza.*

2o. Las rosas. Luego llegaron unos seres que parecían ánge-les y empezaron a repartir rosas a varios de nuestros alum-nos. Los que recibían las rosas comenzaban a brillar con un bellísimo resplandor.

Pregunté qué significaba aquello y una voz me dijo:

—*Los que reciben la rosa y brillan con especial resplandor son los que tienen el corazón inflamado de amor de Dios.*

3o. La cuerda floja. Vi luego en una gran oscuridad a unos jóvenes que tenían el rostro como brasas, los cuales estaban entre un barrizal y para salir de él se colgaban de una cuerda o lazo. Pero tan pronto empezaban a subir, la cuerda se aflojaba y volvían a caer entre el barro, y ellos quedaban llenos de fango.

Pregunté qué significaba aquello y me dijeron:

—*La cuerda es la confesión que puede hacer subir las personas hasta la santidad y hasta el cielo. Pero esos jóvenes hacen mal su confesión. Se confiesan sin verdadero arrepentimiento y tristeza de haber ofendido a Dios y sin hacer serios y firmes propósitos de empezar a ser mejores. Por eso la cuerda cede y ellos vuelven otra vez al fango de sus antiguas faltas y no logran salir de allí.*

4o. La serpiente. Vi luego a algunos jóvenes que tenían enroscada al cuello una terrible serpiente, lista a inyectarles su mortal veneno y a morderles la lengua. El rostro de esos jóvenes era tan horrible que causaba miedo.

Pregunté qué significaba esto, y una voz me dijo:

—*Esos son los que nunca se confiesan, o los que no se atreven a confesar ciertos pecados. Pobres: si se confesaran de todo, recobrarían la paz, pero si siguen callando sus pecados sin confesarlos, seguirán con el monstruo del remordimiento en su cabeza, y con el alma cargada de pecados y la conciencia llena de amargura, sin determinarse a echar fuera el veneno del pecado que llevan en su corazón.*

Y la voz añadió:

—Es necesario narrar a los jóvenes esto que has visto ahora.

Después de ver los tristes rostros de los que viven en pecado sentí la alegría de volver a ver el rostro resplandeciente de los que conservan la virtud de la pureza y de los que tienen su corazón lleno de amor de Dios y en ese momento se oyó un gran trueno y...me desperté.

NOTA: Varias semanas después dijo Don Bosco: Cuando tuve este sueño creí que eran sólo imaginaciones mías. Pero después me he puesto a averiguar datos y he comprobado que lo que vi del alma de cada joven, en el sueño, era pura realidad.

119. LAS CASAS SALESIANAS DE FRANCIA: 1880 (MB. 14,518)

En 1880 un gobierno anticatólico de Francia se propuso expulsar a todos los religiosos de ese país. Los salesianos se asustaron y enviaron un telegrama a Italia pidiendo que les prepararan 40 camas. Don Bosco les respondió que estuvieran tranquilos, que sufrirían pero que no serían expulsados. Sus amigos le preguntaron por qué estaba tan seguro de que sus salesianos no serían expulsados de aquel país y él les narró lo siguiente:

En los días de la fiesta del Nacimiento de la Virgen (8 de septiembre) estábamos todos afanados por las noticias que llegaban de Francia acerca de la expulsión de los religiosos. Ya habían expulsado a los jesuitas e iban a expulsar a otras comunidades. Yo rezaba y hacía rezar por este problema y una noche vi mientras dormía que María Auxiliadora aparecía y extendía su gran manto y cobijaba bajo él a todas nuestras casas de Francia. La Virgen miraba con mucha amabilidad a nuestras casas de Francia. Estaba la Virgen mirando con expresión sonriente esas casas, cuando de pronto se desencadenó una tempestad espantosa y un terremoto horrible, y hubo granizada, rayos y cañonazos, que llenaron a todos de espanto y temor.

Todos aquellos cañonazos y rayos iban dirigidos contra nuestros salesianos pero ninguno de ellos sufrió daño alguno. Todos los que se refugiaron bajo la protección de nuestra poderosa defensora, quedaron sin recibir heridas. Los dardos que enviaban los enemigos se estrellaban contra el manto de Nuestra Señora y caían al suelo sin poder hacer daño.

La Santísima Virgen rodeada de hermosísimas luces, y con una sonrisa en sus labios y un rostro extraordinariamente hermoso exclamó: "Yo amo a los que me aman".

Poco a poco la tempestad y el terremoto se fueron calmando, y ninguno de los nuestros fue víctima de aquellos peligros.

Por eso después de haber tenido este sueño yo les escribí a los salesianos de Francia que no se afanaran, pues la Virgen Santísima los iba a proteger de manera especial. Y aunque muchas otras comunidades fueron expulsadas, y aunque la prensa anticatólica pedía a gritos cada día que nos expulsaran, no fuimos expulsados. Que esto nos sirva a todos de estímulo para depositar siempre nuestra confianza en la Santísima Virgen. Pero no nos vayamos a enorgullecer, porque si nos llenamos de orgullo, la Virgen María puede abandonarnos y entonces los malos acabarían con nosotros.

LAS PERSECUCIONES
Y LA PROTECCIÓN DE MARÍA

Soñé que la Comunidad Salesiana iba a sufrir persecucio-nes, pero que la Virgen María nos defenderá a nosotros y a nuestros alumnos.

La ley de expulsión ya había sido publicada. Muchas comunidades tuvieron que salir del país. Los encargados de expulsar a los religiosos duraron todo el día de convento en convento sacando religiosos a la fuerza. Y al fin a las diez de la noche cuando ya no faltaban por expulsar sino los salesianos, suspendieron las labores de expulsión para continuarlas al día siguiente. Pero al amanecer le llegó al alcalde un telegrama del Ministro de Gobierno ordenándole no expulsar a nadie más. El gobierno tenía temor de encontrarse con problemas internacionales. Así que los salesianos no fueron expulsados.

Claro que Don Bosco, siguiendo su lema: "A Dios rogando y con el mazo dando" no se quedó manicruzado sin hacer nada. Se fue al Ministerio de Relaciones Exteriores de su país y luego intercedió ante el Cónsul italiano en Marsella y por estos medios consiguió que el gobierno francés hiciera callar a los periódicos anticlericales que estaban calumniando a los salesianos y pidiendo que los expulsaran. Al fin el gobierno se dio cuenta de que los salesianos se dedicaban a educar niños pobres y no los expulsó.

120. UNA NUEVA CASA EN MARSELLA: 1880 (MB. 15,56)

En septiembre de 1880 Don Bosco soñó que en Marsella le ofrecían una finca con bastantes pinos y con dos hileras de matas de plátanos y una zanja llena de agua que atravesaba la finca, la cual tenía una casa grande y espaciosa, y en el sueño oyó que en esa casa tendría un noviciado.

Más tarde el Padre José Oriol le dijo en Marsella que el Colegio Salesiano de esa ciudad necesitaba una casa de campo para que los jóvenes pobres fueran a pasar allá las vacaciones y Don Bosco le respondió:

—Ya tengo lista una casa grande y espaciosa, en una bella finca donde hay muchos pinos. Y a la casa se llega por en medio de dos filas de matas de plátanos, y a la finca la atraviesa una gran zanja llena de agua.

El Padre Oriol que sabía que Don Bosco no tenía en Marsella ninguna otra posesión fuera del Colegio Salesiano, creyó que el santo estaba desvariando, pero se atrevió a preguntarle:

—En qué se basa para decir que tiene esa casa y esa finca en Marsella.

Y el buen Padre le respondió:

—Es que la vi en uno de mis sueños. Y vi allá muchos jovencitos jugando.

Aquel sacerdote aunque no era salesiano, sin embargo cuando oía algo que Don Bosco había sabido en alguno de sus sueños, lo creía como cierto sin más ni más. Así que se convenció de que esto iba a ser así en realidad.

Un año después unos bienhechores ofrecieron una finca para los salesianos, pero Don Bosco vio que no era como la del sueño y no la aceptó.

Pasaban los años y la finca no se conseguía. En 1882 el Padre Oriol le recordó al santo lo que había visto en el sueño y él le aseguró sonriendo que el sueño se cumpliría a su debido tiempo.

Más tarde una señora le ofreció en arriendo a Don Bosco una finca en Marsella. El Santo escribió al Padre Director del Colegio Salesiano en esa ciudad para que fuera a ver la finca y le dijera si era como la que había visto en el sueño. El Padre Bologna vio que la finca era muy distinta a la del sueño y la finca no fue aceptada.

En 1883 la Señora Pastré, rica propietaria a la cual Don Bosco le había curado una hija dándole una bendición, le escribió al santo ofreciéndole una finca en Marsella. Don Bosco escribió de nuevo al Padre Bologna pidiéndole que fuera a ver la finca y que si allí había muchos pinos, y unas filas de matas de plátano, y una zanja con mucha agua y una casa grande, que la aceptara. El salesiano fue a ver la tal finca y se dio cuenta de que era tal cual el buen Padre se la había descrito en su carta. Entonces la casa fue aceptada y allí se fundó el Noviciado de los salesianos.

En 1884 el Padre Oriol fue a visitar la famosa finca, que se llamaba La Providencia y se quedó maravillado al ver que era exactamente igual a la que Don Bosco le había descrito en 1880 cuando le narró el sueño que había tenido.

121. APARICIONES DE LUIS COLLE: 1881 (MB. 15,80)

El 3 de abril de 1881 murió santamente el joven Luis Colle, cuando tenía sólo 17 años. Era hijo de dos personas amiguísimas de Don Bosco: el Conde Luis Colle y la señora María Sofía. Estos dos esposos fueron durante muchos años unos maravillosos bienhechores de nuestro santo y de las obras salesianas. Don Bosco les escribió 75 cartas y los amaba como si fueran sus propios padres. Su primer encuentro fue de la siguiente manera:

En febrero de 1881 estando nuestro santo en Marsella llegó un párroco de la ciudad de Tolón a rogarle que fuera a esa ciudad a darle una bendición a un joven para que se curara de una grave enfermedad. El santo le dijo que no podía ir, y no fue. Ocho días después volvió el párroco a rogarle que fuera a esa ciudad a bendecir al enfermo, y le contó lo buenos y santos que eran aquellos esposos Colle. Don "Bosco (quizás porque sabía que el joven no se iba a curar de esta enfermedad) le dijo que él no iba a una ciudad a curar un enfermo. Que organizarán allá una conferencia para cooperadores salesianos y que él después de dar esa conferencia pasaría a bendecir al enfermo. Y así se hizo.

Cuando llegó a casa del enfermo, éste lo esperaba con gran fervor y alegría. Estaba en los últimos grados de una terrible tuberculosis. Don Bosco se dio cuenta de que este joven Luis Colle, era otro San Luis, y viendo que estaba bien preparado para irse al Paraíso, se dedicó a prepararlo a bien morir. Se admiró de lo bien que aceptaba a tan temprana edad de 17 años el tener que morir, y de cómo no pedía en sus oraciones la salud sino que se cumpliera en él la santísima voluntad de Dios.

El joven Luis Colle, el 3 de abril, poco antes de morir, y después de haber comulgado dijo a sus papacitos y familiares:

—*Me voy al Paraíso. Así me lo ha dicho Don Bosco.*

El recuerdo de un joven tan santo le quedó a nuestro santo muy grabado en su mente, y después escribió la biografía de tan virtuoso amigo.

Y Luis Colle se le apareció bastantes veces, como lo cuenta nuestro santo en las cartas que les escribió a sus padres. Oigamos como lo narra él:

"El mismo día 3 de abril, estando confesando, de pronto vi a Luis en un hermoso jardín, donde se divertía alegremente con algunos compañeros. Parecía estar completamente feliz. Con esto me convencí de que se encuentra ya en el Paraíso.

El 27 de mayo, fiesta de la Ascensión, en un momento, durante la santa misa, vi a Luis rodeado de un mar de luz, con bellísimo aspecto, muy alegre, con vestidos brillantes y adornados con oro. Y le pregunté:

—*Querido Luis, ¿eres feliz?*

—*Gozo de la más perfecta felicidad.*

— *¿Y no te falta nada?*

—*Sólo me falta la presencia de mis padres.*

— *¿Y qué les digo a tus padres?*

—*Que brillen con la luz del buen ejemplo, y que se llenen de obras y de amigos para el cielo.*

Después, el 21 de junio, día de San Luis, volví a ver por unos momentos a Luis Colle. Estaba resplandeciente como el sol, y me dijo:

—San Luis me ha colmado de favores y beneficios.

Luego el 25 de agosto, por unos momentos durante la Santa Misa vi a Luis resplandeciente en un bello jardín y cantaba con muchos de sus compañeros: *"Oh Jesús, corona y premio de los que conservan la pureza, bendito seas".*

El rostro de Luis aparecía bellísimo y él parecía totalmente contento.

El 4 de diciembre escribía Don Bosco a los papas de Colle:

"He vuelto a ver a Luis, nuestro queridísimo amigo, rodeado de luz, vestido de una manera esplendorosa, tan hermoso que no es posible describirlo".

El Corazón de Jesús. Después lo vi sacando agua de una fuente, para enviar al mundo. Le pregunté qué significaba aquello y me respondió:

—*Se trata de obtener favores del Corazón de Nuestro Señor Jesucristo, el cual es como una fuente inagotable de gracia, que cuantos más tesoros de misericordia se obtienen de El, más y más dones le quedan para repartir.*

Refiriéndose a las breves apariciones de Luis durante la Santa Misa, Don Bosco declaró:

—*Son muy cortas, porque si fueran más largas yo caería al suelo desmayado, por no poder resistir este encuentro con lo sobrenatural.*

Algo real y verdadero. Y a la mamá de Colle, el santo le escribió diciendo:

—*He reflexionado seriamente acerca de estas apariciones y estoy convencido de que no es un engaño o ilusión sino una auténtica realidad. Creo que Luis está gozando del Paraíso. Y se me aparece para instruirme, y me ha enseñado verdades de ciencia y de teología que eran antes para mí completamente desconocidas.*

Diferencia entre lo natural y lo sobrenatural. Otra vez se me apareció Luis y mostrándome una rosa me dijo:

— *¿Quiere saber qué diferencia hay entre lo natural y lo sobrenatural?*

Mire esta rosa. Obsérvela bien.

Y la rosa ordinaria se convirtió en una flor más brillante que un diamante refractando los rayos del sol.

Luego me señaló un monte muy feo, lleno de barro y de cuevas. Y de un momento a otro el monte se convirtió en una maravillosa montaña y en vez de barro se veían por todas partes piedras preciosas.

En un banquete. Estando un día invitado a un lujoso banquete, en pleno almuerzo vi que se me aparecía Luis Colle y me decía:

—*Estos gastos son demasiados. Tantas comidas tan exquisitas y tantos lujos, y mientras tanto tanta gente muriéndose de hambre. Hay que combatir estos gastos exagerados en comidas y en lujos.*

Mientras tanto los demás exclamaban:

— *¿Don Bosco, Don Bosco, por qué no nos contesta?*

El santo escribiendo a los papacitos de Luis para contarles sus apariciones les decía:

—*Estos favores de Dios son tan extraordinarios que aterran por la responsabilidad que se adquiere al recibirlos, pues tengo la obli-*

gación de corresponder a tantas gracias que el Señor me concede.

Noticias. El 4 de marzo mientras viajaba en el tren, vi aparecerse a Luis, el cual me comunicó datos y noticias acerca de la astronomía, que yo ignoraba. Después me señaló unas regiones de América del Sur a donde es muy necesario enviar misioneros. Luego añadió:

—*Es necesario que los jóvenes comulguen con frecuencia. Admitirlos pronto a la Primera Comunión. Dios quiere que se alimenten de la Sagrada Eucaristía. Y hacer que se vuelvan muy devotos del Sagrado Corazón de Jesús.*

El golfo y el mar. Y señalando un golfo que salía del mar añadió:

— *¿Ves ese golfo que sale del mar? Las aguas del océano lo llenan continuamente y el mar no disminuye nunca. Así son los favores que se reciben del Corazón de Jesús: fácil recibirlos; basta pedirle con fe.*

Más tarde, en el sueño 125 narraremos el famoso viaje en el cual Don Bosco acompañado por Luis Colle recorrió las futuras obras de su comunidad en América del Sur.

Al preguntarle al joven:

— *¿Qué haces en el cielo?*

El respondió:

—*En el cielo repito siempre: ¡Gloria a Dios! ¡Gracias sean dadas a Dios! ¡Gracias y alabanzas a aquel que nos ha creado, y que es dueño de la vida y de la muerte! ¡Gracias y alabanzas a Dios! ¡Aleluya! ¡Aleluya! ¡Gloria a Dios para siempre. Aleluya!*

122. EL SUEÑO DE LOS DIAMANTES: 1881 (MB. 15,166)

En el mes de septiembre de 1881 tuvo Don Bosco uno de sus sueños más importantes en el que se le presentó el porvenir que le esperaba a su Congregación y el extraordinario crecimiento que ella iba a tener, y al mismo tiempo se le daban a conocer los peligros que amenazarían destruirla si no se procedía a luchar a tiempo para evitar estos peligros.

Las cosas que el santo vio y oyó en este sueño le impresionaron de tal manera que no se contentó con narrarlo de viva voz sino que lo escribió. Y éstas son sus palabras:

—*La gracia del Espíritu Santo ilumine nuestros sentidos y nuestros corazones. Amén.*

Lo siguiente es para enseñanza de la Congregación Salesiana.

El 10 de septiembre de 1881, mientras dormía creí que me hallaba paseando por un gran salón cuando apareció **un personaje de tan majestuoso aspecto** que no podía fijar en él la mirada. Iba vestido de la siguiente manera:

Un rico manto le cubría el cuerpo. Sobre el manto llevaba una banda con este letrero: La Comunidad Salesiana tal como debe llegar a ser.

El manto del personaje tenía diez diamantes de tamaño y esplendor extraordinarios.

En el pecho llevaba tres diamantes: el uno se llamaba FE. El

Sueño del personaje de los diez diamantes

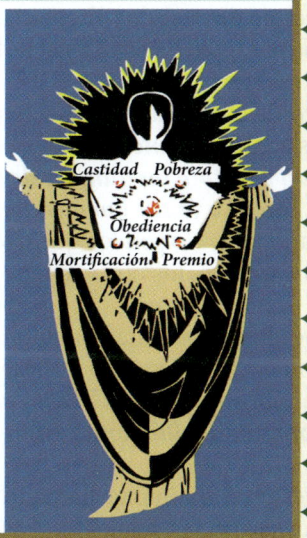

- Trabajo
- Templanza
- Fe
- Esperanza
- Caridad
- Castidad
- Pobreza
- Obediencia
- Mortificación
- Premio

otro ESPERANZA. Y el que estaba sobre el corazón tenía por título: CARIDAD.

En el hombro derecho llevaba un diamante que se llamaba TRABAJO, y en el hombro izquierdo otro que se llamaba TEMPLANZA.

En la espalda el manto tenía también cinco diamantes.

Arriba tres: el del centro tenía escrito: OBEDIENCIA y era el más grande y el más brillante de los cinco. Junto al hombro derecho había un diamante que se llamaba VOTO DE POBREZA, y junto al hombro izquierdo otro que se llamaba: VOTO DE CASTIDAD.

Debajo de estos dos últimos había otros dos: el de la derecha tenía por título PREMIO y el de la izquierda: MORTIFICACIÓN.

Desde el diamante de la FE salían estas frases de la Sagrada Escritura: *"Ármense con el escudo de la fe para que puedan resistir a los ataques de los enemigos del alma" (Efesios 6,16). "La fe sin buenas obras es una fe muerta"* (Apóstol Santiago). No son los que oyen el buen mensaje sino los que lo cumplen, los que van a poseer el Reino de Dios (ib).

Desde el diamante llamado ESPERANZA salían unos rayos con estas frases: *"No pongan su esperanza en los seres humanos sino en Dios". "Allá arriba deben estar fijos nuestros corazones, allá donde están los verdaderos gozos".*

Desde el diamante llamado CARIDAD salían unos rayos de luz con las siguientes frases: *"Que cada uno ayude a los otros a llevar sus propias cargas, y así se cumplirá la ley de*

Cristo" (San Pablo Gal. 6,2). Amad y seréis amados. Pero antes que todo hay que amar la propia alma y el alma de los demás. Que se celebre muy devotamente la Santa Misa. Que se recen con todo fervor los Salmos. Que cada cual visite frecuentemente a Jesús Sacramentado en el templo.

Desde el diamante del TRABAJO salían unos rayos con las siguientes frases: "Este es un buen remedio para dominar las pasiones y la concupiscencia". Es un arma poderosa contra los ataques del diablo.

En el diamante de la TEMPLANZA las frases eran: "Si quitas el combustible se apagará la llama. Haz un pacto con tus ojos para no ver lo que no te conviene. Y un pacto con la gula para no comer ni beber más de lo debido. Haz un pacto con el sueño para no dejarte vencer por la pereza. Las bebidas alcohólicas y la pureza no pueden vivir juntas".

Esta es la frase que salía del diamante de la OBEDIENCIA: "Este es el fundamento en el cual se basan el edificio espiritual y la santidad".

Del diamante de la POBREZA salían estas frases: "Dichosos los pobres de espíritu, porque de ellos es el Reino de los Cielos". Las riquezas son espinas. La pobreza no consiste en palabras sino vivir pobremente, y ella nos abrirá el Reino de los Cielos y entraremos en él.

Desde el diamante de la CASTIDAD salían unos rayos luminosos con las siguientes palabras: *"Todos los bienes me vinieron juntamente con ella". "Dichosos los puros de corazón porque ellos verán a Dios".*

El diamante llamado PREMIO tenía estos letreros: "Si te atraen los grandes premios que te esperan, que no te asusten los muchos trabajos que tienes que hacer". Pasajero es lo que sufrimos en la tierra. Eterno es lo que nos hará gozar en el cielo.

En el diamante llamado MORTIFICACIÓN había estas frases: "Esta es un arma potentísima contra los ataques del demonio. Es una defensa para todas las virtudes". "Ciertos espíritus inmundos no se alejan sino con la oración y la mortificación" (Mc. 9,29).

EN LAS ORILLAS DEL MANTO HABÍA TAMBIÉN UNAS FRASES. Por ejemplo: "Que estas virtudes sean tema de predicación muy frecuentemente. Quien desprecia las cosas pequeñas, poco a poco caerá".

Y una voz añadió:

La caridad lo comprende todo, lo excusa todo, lo espera todo, lo soporta todo (1 Cor 13,7) prediquemos esto siempre con la palabra y con los hechos.

Segunda Parte:

Entonces desapareció la luz y nos rodearon las tinieblas. Nos arrodillamos y rezamos el Himno: *"Ven Creador Espíritu"* y rezamos el Salmo 129: "Desde lo hondo clamo a Ti Señor", y rezamos la jaculatoria: "María Auxiliadora, rogad por nosotros".

Y apareció un letrero que decía: LA CONGREGACIÓN SALESIANA COMO TIENE EL PELIGRO DE LLEGAR A SER.

Entonces volvió a aparecer el personaje pero con aspecto triste y como quien está a punto de comenzar a llorar. El manto, antes tan hermoso ahora estaba desdeñido y destrozado. En el sitio donde antes había estado cada diamante, había ahora un gran roto, y polilla destruyendo la tela.

Donde antes decía: "FE", ahora decía: "SUEÑO Y PEREZA".

Donde antes decía ESPERANZA, ahora se leía: BURLA Y DESPRECIO.

En el sitio donde antiguamente estaba escrito CARIDAD, se veían ahora estas palabras: NEGLIGENCIA EN LA ORACIÓN. BUSCAN SUS PROPIOS INTERESES Y NO LOS INTERESES DE JESUCRISTO.

En vez de TEMPLANZA, se leía ahora: GULA: SU DIOS ES SU VIENTRE.

Donde antes se leía TRABAJO, ahora se leía: SUEÑO, PERDER EL TIEMPO, QUITAR LO AJENO.

En el sitio donde antes había el diamante llamado OBEDIENCIA, ahora solamente había un gran rasgón.

En vez del diamante llamado CASTIDAD ahora había un letrero con estas palabras: CONCUPISCENCIA DE LOS OJOS, SOBERBIA DE LA VIDA.

El diamante de la POBREZA había sido reemplazado por estas palabras: PEREZA EN EL LECHO, EXCESO EN BEBER Y COMER, LUJO EN LOS VESTIDOS, AMONTONAR DINERO.

Donde antes se leía PREMIO, ahora estaba escrito: NUES-TRA RECOMPENSA SERÁN SOLAMENTE LAS COSAS DE LA TIERRA.

En el sitio donde había estado la palabra MORTIFICA-CIÓN, ahora no había nada, sólo un gran rasgón.

Al ver esto el Padre Lasagna cayó desmayado y el Padre Cagliero se puso muy pálido y exclamó:

— ¿Posible que hayamos llegado a un extremo tan espantoso?

En ese momento se apareció un jovencito vestido de túnica blanca bordada con plata y oro y nos dijo:

—Siervos e instrumentos del Dios Omnipotente: lo que acaban de ver y oír es un aviso del cielo para meditarlo y para enseñarlo a los demás. Que se hable mucho de esto en la predicación. No se cansen de predicar acerca de estos temas, pero que su predicación vaya acompañada de la luz de su buen ejemplo de vida. Que la meditación sea muchas veces acerca de lo importante que es cumplir los Reglamentos y los propios deberes de cada uno. Si así se hace, no faltará el auxilio del Todopoderoso, y la comunidad será la admiración del mundo y de los ángeles, y la gloria de la comunidad será la gloria de Dios. Y se repetirán aquellas frases del salmo: "Es el Señor el que ha hecho esto y estamos alegres. No a nosotros Señor, no a nosotros sino a tu nombre sea dada la gloria".

Hay que ser prudentes en la aceptación de los novicios; ponerles pruebas fuertes; sólo aceptar a los buenos. Despedir a los inconstantes, ligeros y volubles.

Al oír estas palabras me desperté e inmediatamente me levanté y escribí todos estos mensajes para que no se me fueran a olvidar. Y quedé convencido de que Nuestro Señor tiene una gran misericordia hacia nosotros y que nuestra comunidad es muy bendecida por el cielo, pero que Dios quiere que le cooperemos debidamente.

Los males que aparecieron en reemplazo de los diamantes nos amenazan y son peligrosos, pero los podremos alejar si se predica mucho acerca de esto y si cada uno se esfuerza por practicar lo contrario a cada vicio.

Nos esperan muchas espinas, pero también muchos consuelos y grandes triunfos. "Oh María Auxiliadora de los Cristianos, rogad por nosotros".

Ojalá que ninguno de nosotros se deje robar alguno de esos diamantes.

123. EL SUEÑO DE LAS CASTAÑAS: 1881 (MB. 15,318)

El año 1881 terminó con un regalo del cielo a las religiosas Hijas de María Auxiliadora (fundadas por nuestro Santo). Y consistió en un sueño aleccionador. Don Bosco lo narró así:

"Soñé que estaba recogiendo castañas, recogiendo frutas por el campo. Cuando ya tenía un canasto lleno de aquellas frutas se me apareció una mujer que me dijo:

— ¿Sabe cuántas frutas hay en ese canasto?

—No lo sé. ¿Cuántas habrá?

—Hay más de quinientas.

— ¿Y qué significa ese número?

—Que las religiosas de María Auxiliadora tendrán más de 500 casas en el mundo.

Luego escuché la voz de hombres furiosos que gritaban como borrachos y trataban de atacarnos (quizás sean los que se oponen a la vocación de las que quieren entrar de religiosas).

Luego la mujer me dijo:

—Mire, hay algunas frutas que parecen por fuera hermosas y sanas, pero por dentro están dañadas y llenas de gusanos.

— ¿Y qué debemos hacer con ellas?

—Apartarlas de las otras porque pueden echar a perder a las que están sanas. Y así hay que hacer con las que aspiran a ser religiosas. Si son demasiado orgullosas o tienen otros vicios hay que alejarlas.

— ¿Y cómo saber cuáles son las frutas (o vocaciones) que están agusanadas y podridas por dentro, si por fuera presentan tan buenas y engañadoras apariencias?

—Ponerles fuertes pruebas. Exigirles severamente que cumplan exactamente los reglamentos de la comunidad. Esta es una prueba en la cual difícilmente se equivoca quien tenga buen espíritu de observación.

Y la mujer añadió:

—*Hay ciertas frutas que se conoce que están dañadas, porque al echarlas en agua flotan enseguida. Así algunas vocaciones: se conoce que son falsas porque no se quieren quedar abajo con las demás, sino que quieren sobresalir de alguna manera. Esas hay que alejarlas. Hay que tener cuidado porque algunas son dobles y aparentan todo lo contrario de lo que en realidad son.*

NOTA: Don Bosco les pasó estos mensajes a sus religiosas para que tuvieran en cuenta todas estas normas al aceptar nuevas postulantes en la Congregación.

El sueño le dijo que su comunidad de religiosas llegaría a tener más de 500 casas, y en ese tiempo no tenía todavía ni siquiera veinte. Ahora, gracias a Dios, la comunidad de las Hijas de María Auxiliadora tiene más de mil casas en 75 países. Dios sea bendito por ello.

124. EL MENSAJE DEL PADRE PROVERA: 1883 (MB. 16,22)

La noche del 17 de enero de 1883 soñé que me encontraba con el Padre Provera (un santo salesiano muerto recientemente). Su rostro estaba tan hermoso y tan radiante de luz que difícilmente se podían fijar en él los ojos. Yo le pregunté:

— *¿Te has salvado? ¿Y qué gozas en la otra vida?*

—*Sí, me he salvado, y gozo todo cuanto un buen corazón pueda desear y todo cuanto una buena inteligencia pueda pensar. "Ni ojo vio ni oído oyó lo que Dios tiene reservado para los que lo aman".*

— ¿Ya mí me queda mucho tiempo todavía sobre la tierra?

—No mucho. Es más bien poco. Pero tiene que hacer todavía muchas cosas. Trabaje con todos los esfuerzos posibles como si fuera a vivir para siempre aquí. Pero esté preparado, porque a la hora menos pensada...

— ¿Y a mis religiosos qué les debo decir?

—Recomiéndeles mucho el fervor, el entusiasmo por todo lo bueno.

— ¿Y qué hacer para conservar el fervor y el buen espíritu en la comunidad?

—Hacer como hace el agricultor: podar, podar sin miedo. Toda rama seca e inútil que no produce buenos frutos hay que cortarla y echarla fuera. Así el resto del árbol adquiere fuerza y produce buenos frutos.

— ¿Y qué les digo a los que trabajan por salvar almas?

—Dígales (añadió levantando la voz) que les está reservado un gran premio, pero que Dios les concede ese premio únicamente a los que perseveran con entusiasmo dedicándose a servir a Nuestro Señor.

¿Y a los jóvenes, qué les debo recomendar?

—Que trabajen mucho y que estén atentos para huir de las ocasiones de pecar.

— ¿Y algo más?

—Que trabajen con ánimo y que nunca dejen de evitar las ocasiones de pecar.

—¿Y para que estén seguros de conseguir la eterna salvación, qué les debo recomendar?

—Que reciban frecuentemente y con fervor la Sagrada Comunión, que asistan con frecuencia a la Santa Misa y que hagan serios propósitos en la confesión y se esfuercen por cumplirlos.

—¿Y a qué debemos dedicarnos especialmente los que estamos en este mundo?

El Padre Provera se volvió en ese momento muchísimo más resplandeciente y dijo:

—Que todos cumplan lo que recomienda el Salmo 116.

Y un coro bellísimo de miles y millones de voces entonó el Salmo diciendo:

"Alabad al Señor todas las naciones. Aclamadlo todos los pueblos. Porque es muy grande su misericordia con nosotros y su fidelidad es eterna y dura para siempre".

Y al oír un fortísimo: AMEN, me desperté. Eran las dos de la madrugada.

125. UN VIAJE A TRAVÉS DE AMERICA DEL SUR: 1883 (MB. 16,324)

El 4 de septiembre de 1883 Don Bosco narró un sueño que es una dramática representación de lo que esperaba a los discípulos del santo en América del Sur. Anuncia un porvenir de una grandiosidad épica y viene a contradecir a los que andaban diciendo que la Obra de Don Bosco era una simple obra de hombres que se acabaría cuando él se muriera. Lo narró así:

"El 29 de agosto, me soñé que estaba viajando a grandísima velocidad, y oí a unos señores desconocidos que hablaban de temas muy interesantes. Uno dijo:

—*Lástima que Europa siendo un continente católico no se preocupe más por enviar misioneros a evangelizar a los territorios de misión. Lástima que son pocos los que quieren ir a misionar a esas gentes que también fueron redimidas por el Hijo de Dios, por Cristo Jesús.*

Y otro añadió:

—*Que enorme cantidad de gentes están todavía sin conocer la verdadera religión, y eso solamente en América del Sur. Los geógrafos de nuestro tiempo se imaginan que las Cordilleras de los Andes son unas simples montañas muy altas. Pero ellas tienen muchos valles e inmensas selvas, bosques, animales y piedras preciosas que poco se encuentran en otras partes. En los Andes hay mucho carbón, petróleo, cobre, hierro, plata y oro, escondidos en grandes minas entre esas montañas. Allí los colocó la mano del Creador para beneficio de los seres humanos. ¡Oh Cordilleras de los Andes: que riquezas tan grandes que poseen y tienen escondidas!*

El Guía. Entonces se me apareció un joven de unos dieciséis años, de hermosísima presencia y rodeado de una gran luz y acompañado de muchos jóvenes más, muy brillantes.

Logré reconocer que era el joven LUIS COLLE que había muerto recientemente. El me presentó a sus acompañantes y me dijo:

Estos son amigos de los salesianos y de sus obras.

El Viaje Aéreo. Luego vi que llegábamos a la ciudad de Cartagena, Colombia; y que desde allí emprendíamos un viaje en un tren que volaba por los aires, y recorrimos toda América del Sur. Allí aprendí cosas hermosísimas acerca de la fauna, la flora y la topografía de todas esas inmensas regiones.

Desde la ventanilla del tren que volaba por los aires vi desfilar bosques, montañas, llanuras, ríos inmensamente largos que yo no había imaginado que fueran a desembocar tan enormemente lejos del sitio donde nacieron. Miles y miles de kilómetros de selva virgen que está sin explorar. Allí vi las cordilleras de Colombia, Venezuela, Guayana, Brasil y Bolivia.

El interior de los montes. Y logré ver lo que hay debajo de las montañas: riquezas inmensas que un día serán descubiertas. Muchas minas de metales preciosos. Minas grandísimas de carbón; depósitos de petróleo tan ricos y abundantes como hasta ahora no se han encontrado en otras partes.

Y una voz me dijo:

—*Cuando se exploten las riquezas que están escondidas en estas montañas, estas tierras serán tan ricas como la Tierra Prometida que brotaba leche y miel. Tendrán una riqueza incalculable.*

Llegarnos a La Paz, Bolivia. Luego pasamos al Uruguay. Yo creía que el río Uruguay era pequeño pero vi que es un río muy caudaloso. De allí pasamos a la provincia de Mendoza en la Argentina. Enseguida viajamos hacia las Pampas y la Patagonia. Por todas partes de este país se veía que la civilización avanzaba rápidamente. Por fin llegamos al Estrecho de Magallanes en el extremo sur de América. Mi amigo me mostró cantidades grandes de carbón y de madera que en el futuro serán explotados.

Con los Salesianos. Bajamos en Punta Arenas y me dirigí hacia el Colegio Salesiano. Pero allí nadie me conocía y yo no conocía tampoco a nadie. Todos me contemplaban maravillados como si fuese una persona desconocida. Yo les decía:

— *¿Pero no me conocen? Yo soy Don Bosco.*

¿Oh, Don Bosco? Nosotros lo hemos oído nombrar mucho y lo hemos visto en fotografías. Pero en persona no lo habíamos conocido.

—*Y el Padre Fagnano, y el Padre Lasagna y el Padre Costamagna, y el Padre Milanesio que fueron los que fundaron estas misiones, ¿dónde están?*

—*Nosotros no los hemos conocido. Nos han hablado de ellos, pero ya hace muchos años que se murieron.*

Y logré contemplar el progreso maravilloso que la religión católica va a tener en aquellas regiones en el futuro y le di gracias a Dios por todo ello, especialmente por valerse de los salesianos para hacer tanto bien en esas tierras.

Subirnos otra vez al tren que volaba por los aires y al pasar sobre la Patagonia, me di cuenta de que ese territorio es mucho menos ancho de lo que los geógrafos han imaginado hasta ahora.

Al pasar sobre una selva vimos a un grupo de salvajes que mataban a un prisionero de raza blanca y lo cocinaban y se lo comían. Vimos también muchísimos animales feroces en aquellas selvas que rodeaban a ríos interminablemente largos.

Y Luis Colle me dijo:

—*En todas estas regiones estarán los Salesianos, amansando gente muy fiera.*

Después me mostró un mapa muy exacto de todas las regiones de América del Sur, señalándome con grados y datos precisos todos aquellos sitios visitados, y anunciándome que por allí estarán trabajando los socios de nuestra comunidad (y sigue una descripción muy detallada de todos los sitios con sus grados de latitud).

Enseguida oí el sonar de una campana y...me desperté.

EXPLICACIÓN:

Don Bosco añadió: "Con la amabilidad y bondad de San Francisco de Sales lograremos hacer mucho bien en todas aquellas regiones de América del Sur".

Escribiendo a los papas de Luis les decía: "Lo que vimos y recorrimos en el sueño se va cumpliendo cada vez más. Esto se está convirtiendo ahora en punto central de las obras que emprendemos".

Y hablando con sus salesianos les decía: "Cuando se lleguen a conocer las riquezas minerales que hay en América del Sur, estos territorios tendrán un desarrollo comercial inmenso. Allí hay muchas minas de metales muy valiosos".

En este sueño Don Bosco aprendió muchos datos geográficos de Suramérica que él no había podido aprender ni en libros, ni consultando expertos.

En el sur de Argentina, en Comodoro Rivadavia, Don Bosco vio en el sueño grandes yacimientos de petróleo. Eso fue en 1883. Pues bien: en 1910, estando los empleados del gobierno cavando pozos en busca de agua potable encontraron petróleo allí y ya hay novecientos pozos petrolíferos en esa región.

Don Bosco habló de grandes yacimientos de petróleo en estos países, y bastantes años después vinieron a descubrirse muchos y muy grandes pozos de petróleo en Venezuela y en Colombia.

Vio también en este sueño grandes minas de carbón. Basta recordar las inmensas minas de carbón descubiertas en el Cerrejón en Colombia a finales del siglo veinte. Cien años después del sueño.

En este sueño el santo anotó muchos datos geográficos muy precisos, y unos cuarenta años después el sabio geógrafo De Agostini que recorrió todas aquellas tierras escribió un libro comprobando que todo lo que el santo vio en su sueño estaba completamente de acuerdo con la realidad. Sin duda que aquí intervino un poder que sobrepasa los límites humanos, porque muchísimos datos que logró saber durante el viaje aéreo no los conocían los sabios de su tiempo.

En cada uno de los sitios donde su "tren que volaba" se detuvo, allí hay ahora alguna Casa Salesiana.

Con razón, la Sociedad Geográfica de Francia le concedió una condecoración por todos estos datos.

126. EL NICHO DE SAN PEDRO EN EL VATICANO: (MB. 17,20)

"Soñé que me encontraba en la Basílica de San Pedro en Roma, dentro de un nicho allá a gran altura, debajo de una cornisa y más arriba del sitio donde está la famosa estatua de San Pedro y por encima del retrato del Papa Pío Nono. No sabía cómo había ido a parar allá y no encontraba cómo bajarme de semejante altura. Miré a mi alrededor para ver si había modo de bajarme, pero no vi nada que me ayudara. Llamé, grité, pero nadie respondió. Por fin, lleno de susto y de angustia...me desperté.

EXPLICACIÓN:

Si en aquel tiempo alguno hubiera dicho que esto era una profecía, un anuncio del futuro, la gente se habría reído. Pero 50 años después, el Papa Pío Once ordenó al gran escultor Canónica que hiciera una imagen de Don Bosco y la mandó colocar allí precisamente en ese nicho, encima de donde está la estatua de San Pedro y un poco más arriba del mosaico que contiene el retrato del Papa Pío Nono. Y allá está Don Bosco, subido sin que él haya sabido cómo.

127. LA MADRE DEL PADRE RUA: 1884

En una carta a su vicario, el Padre Rúa, Don Bosco le escribió: "Anoche 20 de enero vi en sueños que tu mamá entraba a mi habitación y se ponía a revisar el armario donde está mi ropa y que al verla llena de polilla me dijo: "Hay que decirle al ropero Casinis que no hay que dejar que la ropa se dañe así, porque cuesta mucho dinero".

NOTA: La mamá del Padre Rúa reemplazó en el Oratorio a Mamá Margarita cuando ésta murió, y atendió por varios años a los salesianos y a los alumnos con el esmero de una madre cariñosa. Casinis era ropero en ese entonces y después fue-sacerdote y misionero en América.

128. SAN PEDRO Y SAN PABLO: 1884 (MB. 17,33)

El 13 de febrero (1884) vi en un sueño lo siguiente:

Me pareció que se me aparecían San Pedro y San Pablo. Me sonreían amablemente. De pronto San Pedro me preguntó:

— *¿Y la vida de San Pedro, cuándo la va a publicar?*

Y San Pablo añadió:

— *¿Y la vida de San Pablo, por qué no la publica?*

Y en efecto yo había tenido el proyecto de publicar la vida de estos dos apóstoles pero después se me había olvidado.

Les pedí excusas humildemente y San Pablo me advirtió:

—*Si no lo hace pronto, después ya no tendrá tiempo.*

Luego vi que San Pedro se ponía a orar diciendo:

La estatua de Don Bosco en un nicho de la Basílica de San Pedro, en el mismo sitio en el que él se vio en sueños. Más arriba de la estatua de San Pedro y del retrato del Papa Pío Nono.

—*Gloria a Dios Padre Creador, Gloria Dios Hijo Redentor. Gloria a Dios Espíritu Santo Santificador. Al solo Dios sea Gloria y Alabanza por los siglos de los siglos. Y a Ti oh María, los cielos y la tierra te aclamen como Reina. ¡María!... ¡María!... ¡María!...*

Y pronunciaba este nombre haciendo una pausa entre una y otra exclamación con una expresión de afecto y veneración que a todos llamaba la atención.

Apenas San Pedro terminó de orar, empezó San Pablo a decir:

¡Oh profundidad de los proyectos divinos! Gran Dios: tus secretos son inaccesibles a los mortales. Solamente en el cielo podrán los seres humanos conocer un poco de los misterios de Dios. A Ti oh Dios, Uno y Trino, a Ti el honor y la acción de gracias desde todos los puntos del universo. Oh María: que tu nombre sea alabado y bendecido por todos. Los cielos canten tu gloria y que sobre la tierra seas siempre Tú, el auxilio de los cristianos. Reina de todos los santos. Aleluya, Aleluya.

Al oír cantar con tanto entusiasmo estas palabras sentí una emoción tan grande que me puse a llorar y...me desperté.

NOTA: Este sueño lo tuvo Don Bosco después de una gravísima enfermedad en la que estuvo a punto de morir. En aquellos días el Padre Barberis les dijo a los jóvenes salesianos:

—*Solamente si alguien ofrece un acto heroico se logrará conservar la vida de Don Bosco.*

Y entonces el clérigo Gamerro ofreció su vida a Dios con tal de que Don Bosco no se muriera todavía. Y a los dos días este joven que gozaba de perfecta salud sufrió un ataque y murió. Antes de morir contó que la Virgen Santísima había venido a anunciarle que lo llevaría al cielo. Dios aceptó este cambio y se llevó al clérigo y conservó la vida al santo Fundador. Cuando Don Bosco supo esta noticia exclamó:

—*Era a mí al que le tocaba irse ahora para la eternidad. Pero Nuestro Señor ha dispuesto llevarse primero al cielo al joven Gamerro.*

El santo vivió todavía 4 años más y en estos años realizó obras prodigiosas.

129. UNA PREDICACIÓN Y UNA MISA: 1884 (MB. 17,41)

Soñé que me encontraba con un grupo de gente que me invitaba a predicarles y que entré a un templo y les hice un sermón acerca de lo peligroso que es tener malas costumbres. Y les conté cómo el diluvio universal fue un castigo porque la gente se había vuelto muy impura, y cómo la destrucción de Sodoma y Gomorra por una lluvia de fuego se debió a que tenían costumbres muy malas.

Luego me pidieron que les celebrara la misa pero no encontré ni cáliz, ni hostia, ni sacristán y entonces...me desperté.

130. LA FAMOSA "CARTA DESDE ROMA": 1884 (MB. 17,100)

En mayo de 1884 Don Bosco envió una carta desde Roma a sus salesianos y alumnos en la cual les narraba un importantísimo sueño que había tenido. Esta carta tuvo un gran efecto en los discípulos del santo. El Padre Miguel Rúa la leyó a todo el personal del Oratorio, reunido expresamente para escucharla. Como allí Don Bosco decía que había visto el estado de la conciencia de muchos de sus discípulos, al regresar él de Roma, fueron muchos los que se le acercaron a preguntarle en qué estado los había visto en su sueño. La carta dice así:

Amadísimos hijos en Jesucristo:

Mi gran deseo es que todos logren ser felices en esta vida y conseguir la felicidad para la eternidad. Para ello les narro un sueño que tuve hace poco tiempo.

Se me apareció un antiguo alumno que ya murió. El me dijo:

— ¿Don Bosco me conoce?

—Claro que sí, tú eres Valfré, un alumno de nuestro Oratorio hace unos 14 años.

—Don Bosco, ¿quiere ver cómo era la vida en su colegio en aquellos tiempos de 1870?

—Sí, sí, hazme ver cómo era, porque esto me proporcionará mucha alegría.

Entonces Valfré me hizo ver a los alumnos de aquellos antiguos tiempos. Me parecía estar en el antiguo Oratorio en las horas de recreo. ¡Qué movimiento, qué alegría! Unos corrían, otros saltaban. Algunos estaban en competencias muy emocionantes de deportes. En un sitio había un grupo de jóvenes alumnos pendientes de los labios de un sacerdote que les narraba una historia. Más allá estaba un clérigo

LA CARTA DESDE ROMA

jugando un emocionante partido con un grupo de muchachos. Se cantaba, se reía por todas partes. Había por doquier sacerdotes y clérigos mezclados con los alumnos, los cuales gritaban y hacían bullicio alegremente. Yo estaba encantado al ver todo aquello, y Valfré me dijo:

—Mire: la familiaridad, la sana confianza, produce cariño y el cariño abre los corazones y así los alumnos se manifiestan sinceramente a los asistentes y superiores. Y aceptan con facilidad lo que se les quiera mandar, porque se dan cuenta de que los superiores los aman.

Enseguida se acercó a mí otro antiguo alumno, José Buzzetti, con la barba completamente blanca y me dijo:

—*Don Bosco: ¿quiere ver ahora cómo son los alumnos que están actualmente en su colegio?*

—*Sí, sí, pues hace un mes que no los veo.*

Y me presentó el patio del colegio. Allí estaban los alumnos en recreo. Pero ahora ya no se oían los gritos de alegría ni las canciones, ni se veía el movimiento de otros tiempos.

En los ademanes y gestos, y en el rostro de algunos jóvenes se notaba un desgano, una tristeza, una desconfianza que llenaba de angustia mi corazón. Es verdad que vi a muchos que jugaban, que corrían, que se movían con placentera despreocupación. Pero otros, y eran bastantes, estaban apoyados en las columnas, como si estuvieran llenos de pensamientos desalentadores. Otros se quedaban en las escaleras y no tomaban parte del recreo en común. Algunos paseaban en grupos y hablando en voz baja entre ellos, lanzando a una

LA VIDA ANTIGUA DEL ORATORIO

*¿Recuerda con qué cariño y con qué confianza nos reunía-
mos los alumnos a su alrededor? (Sueño 130).*

y otra parte miradas sospechosas y malintencionadas. Algunos sonreían pero con una sonrisa acompañada de gestos tales que se podía pensar que a San Luis se le habría llenado de colores el rostro de vergüenza al oír lo que allí decían. Y aun entre los que jugaban, algunos estaban tan desganados que demostraban claramente que no encontraban gusto alguno en aquel recreo.

Y el antiguo alumno me dijo:

— *¿Ve este recreo? ¡Qué diferencia con aquellos que teníamos nosotros!*

—*Oh sí que lo veo —respondí suspirando de tristeza— ¡Qué desgana en este recreo!*

Y el personaje continuó diciendo:

—*Y de ahí proviene después el desgano de muchos para acercarse a los santos sacramentos, el descuido en las prácticas de piedad en el templo y en otros sitios. De ahí viene que están de mala gana en el colegio donde la Divina Providencia de Dios les concede tantos bienes espirituales e intelectuales. De aquí proviene que a muchos no les llame la atención la vocación al apostolado. De aquí también la ingratitud hacia los superiores, y los secretos y las murmuraciones con todas las malas consecuencias que todo esto les traerá.*

—*Comprendo —respondí— ¿pero cómo animar a nuestros jóvenes para que vuelvan a la antigua alegría y a la sana expansión?*

—*Con la caridad.*

— *¿Con la caridad? ¿Pero es que mis jóvenes no son bastante amados? Tú sabes cuánto los amo. Tú sabes cuánto he sufrido* *por ellos y cuánto he aguantado durante 40 años y cuántos sacrificios tengo que padecer en la actualidad por hacerles el bien. Cuántos trabajos, cuántas humillaciones, cuántas contrariedades, cuántas persecuciones para conseguirles alimentación, habitación y estudio, buenos maestros y especialmente para buscar la salvación de su alma. He hecho todo cuanto he podido y todo cuanto he sabido, porque ellos son el gran afecto y amor de toda mi vida.*

—*No me refiero a usted.*

— *¿De quién hablas entonces? ¿De los que me reemplazan? ¿De los asistentes? ¿De los directores? ¿De los profesores? ¿No ves cómo son mártires del estudio y del trabajo? ¿No ves cómo gastan su vida y su salud y su juventud en favor de esos jóvenes que son como una herencia que la Divina Providencia nos dejó para que cuidáramos?*

—*Eso lo veo y lo siento. Pero no basta. Falta lo mejor.*

— *¿Qué falta entonces?*

—*Falta que los jóvenes no solamente sean amados, sino que se den cuenta de que en verdad los aman.*

— *¿Pero es que no tienen ojos en la cara? ¿Es que no tienen inteligencia para comprender? ¿Es que no ven que todo cuanto se hace es por amor a ellos?*

—*No. Se lo repito, no basta con eso.*

— *¿Pero entonces qué es lo que se necesita?*

—*Se necesita que sean amados en las cosas que a ellos les agradan; que se participe en sus inclinaciones y gustos infan-*

tiles, y así ellos verán también el amor en muchas cosas que a ellos les agradan poco, como son la disciplina, el estudio, el dominio de sí mismo, la mortificación y que aprendan a obrar con generosidad y con amor.

—Por favor explíquese mejor.

—Mire, mire ese recreo.

Observé y miré que eran muy pocos los sacerdotes y profesores que estaban mezclados entre los jóvenes, y mucho menos los que tomaban parte en sus juegos. Los superiores ya no eran el alma de los recreos. La mayor parte paseaban charlando entre sí, sin preocuparse de lo que hacían los alumnos; uno que otro corregía a los que se portaban mal, pero con amenazas y esto raramente. Vi que alguno que otro salesiano buscaba introducirse en un grupo de jóvenes pero los muchachos buscaban la manera de alejarse de sus maestros y superiores.

Entonces me dijo mi amigo:

— ¿En los primeros tiempos del Oratorio, no estaba usted siempre en medio de los jóvenes especialmente en horas de recreo? ¿Recuerda aquellos hermosos años? Era una alegría de Paraíso. Una época que recordamos siempre con emoción porque el amor lo regulaba todo y nosotros no teníamos secretos para usted.

—Eso es cierto. En aquellos tiempos era para mí un verdadero motivo de alegría estar entre mis muchachos, y ellos iban a porfía a acercarse a mí, y me hablaban con toda confianza y existía un verdadero deseo de escuchar mis consejos y de ponerlos en práctica. Ahora en cambio las continuas audiencias, y mis muchas ocupaciones y mi deficiente salud me lo impiden.

—Bien, bien; pero si usted no puede, ¿por qué sus salesianos no se convierten en imitadores suyos? ¿Por qué no les insiste más y no les exige que traten a los jóvenes como los trataba usted?

—Yo les hablo, les insisto hasta cansarme, pero muchos no están resueltos a tomarse el trabajo de tratar como tratábamos antes.

—Y así descuidando lo menos, pierden lo más, y este más es el fruto de sus fatigas. Dígales que amen lo que a los jóvenes agrada y así los jóvenes amarán lo que es del gusto de los superiores. Y así el trabajo de la educación será mucho más suave y llevadero. La causa de la frialdad y del desgano actual consiste en que muchos jóvenes no tienen confianza con los superiores. Antiguamente el corazón de los jóvenes estaba abierto hacia los superiores, y por eso los alumnos amaban y obedecían prontamente. Pero ahora los superiores son considerados como superiores solamente y no como hermanos, ni como padres, ni como amigos; y por lo tanto son más temidos que amados. Por eso si se quiere hacer un corazón y una sola alma, por amor a Jesús, se ha de romper esa barrera fatal que es la desconfianza y reemplazarla por una cordial confianza entre superiores y alumnos. Los que exigen la obediencia han de tratar al alumno como una madre a su hijito, y entonces sí reinarán en el colegio la paz y la alegría.

— ¿Y cómo hacer para romper esa barrera de la desconfianza?

—Que se tenga familiaridad con los jóvenes, especialmente en los recreos. Sin la familiaridad no se les puede demostrar el afecto que les tenemos y sin esa demostración no se puede *obtener confianza. El que quiera ser amado tiene que demostrar que en verdad ama. Jesucristo se hizo pequeño con los pequeños y cargó con nuestras debilidades. El es el maestro y el modelo de la familiaridad.*

El maestro al cual sólo lo ven en el salón dando clase, es maestro y profesor y nada más. Pero si en el recreo se acerca a los jóvenes y participa con ellos, entonces sí se convierte en su hermano.

Si a un sacerdote solamente lo ven en la misa celebrando y predicando, dirán que está cumpliendo con su deber de sacerdote. Pero si lo ven en el recreo mezclado entre los jóvenes, diciéndoles una buena palabra, entonces sí se darán cuenta de que en verdad es una persona que los ama.

Recuerde cuántas conversiones fueron efecto de una de esas palabritas que usted decía al oído de los jovencitos mientras se divertían en el recreo. Si el joven se da cuenta de que el educador en verdad lo ama, le devolverá también amor. Y el educador que es amado lo consigue todo de sus educandos. Y los que sienten confianza hacia el superior le dan a conocer lo que necesitan y hasta le cuentan sus defectos para que les ayude a corregirlos.

El amor hacia los discípulos hace que el educador sea capaz de soportar las fatigas, los disgustos, las ingratitudes, las faltas de disciplina, las ligerezas, las negligencias de los jóvenes. Jesucristo cuando veía una caña medio rota no la acababa de romper y cuando veía una lámpara apagándose no la acababa de apagar. El es el verdadero modelo de todo educador.

Si se trabaja con verdadero amor a los jóvenes no habrá entonces quien obre por lucirse y por darle gusto a su orgullo, ni quien castigue por vengar su amor propio ofendido. No habrá quien se retire del apostolado de educar por temor a que otros tengan más éxitos que él. Si en verdad se ama no habrá quien se dedique a murmurar contra los otros educadores para ser amado y estimado él por los jóvenes con exclusión de los demás superiores. Quien esto hiciera no cosechará sino desprecios e hipócritas zalamerías.

Si se ama verdaderamente a los educandos no sucederá que el educador se deje robar el corazón por una creatura y que para preferir a ésta descuide a los demás jovencitos; ni sucederá que por amor a la propia comodidad dejen los educadores de asistir y acompañar a los jóvenes en los recreos; ni acaecerá tampoco que por respeto humano y por obtener una falsa popularidad dejen de llamarle la atención a quien comete faltas.

Si lo que se tiene es un amor efectivo y verdadero, el educador no buscará sino únicamente la gloria de Dios y el bien de las almas. Cuando empieza a debilitarse este amor es cuando las cosas empiezan a no marchar bien.

¿Por qué se quiere reemplazar la caridad y el amor fraterno por la frialdad de un reglamento? ¿Por qué los educadores dejan de cumplir aquellos detalles educativos que Don Bosco les ha recomendado? ¿Por qué al sistema de prevenir para que no cometan faltas y de vigilar y de corregir amablemente los desórdenes, se le quiere reemplazar por aquel otro más cómodo para el que manda, que consiste en promulgar la ley y después hacerla cumplir a base de castigos que llenan de antipatías el corazón del educando y le causan disgustos? ¿O por el otro peor de descuidar el hacer cumplir los reglamentos y así atraer el desprecio hacia los superiores y acarrear desórdenes gravísimos?

Y todos estos males suceden si falta la familiaridad, el trato amable entre educadores y educandos. Si se desea que en el Colegio reine una felicidad como la que había antiguamente es necesario que los que estén de superiores sean todo para todos, siempre dispuestos a escuchar toda duda u observación de los muchachos; todo ojos para vigilar paternalmente y así prevenir desórdenes y males; todo corazón para buscar el bien espiritual de los alumnos y el bienestar material de estas personitas que la Divina Providencia les ha confiado.

Sí así se obra, entonces los corazones no permanecerán cerrados y no se ocultarán ciertas cosas que llevan la muerte espiritual a las almas. Sólo en caso de inmoralidad sean los superiores inflexibles. Es mejor correr el peligro de alejar de la casa a un inocente que hacer que permanezca en ella uno que da escándalo y mal ejemplo. Los educadores consideren como gravísimo deber de conciencia el referir al superior todo aquello que pueda constituir ofensa de Dios.

Y añadió mi amigo:

—*El mejor plato en una comida es la buena cara.*

Yo continué mirando el lánguido recreo y sentí una tristeza tan grande que...me desperté.

Segunda Parte:

A la noche siguiente se me apareció de nuevo en sueños mi antiguo alumno y me dijo:

—*Dígales a los jóvenes que reconozcan con gratitud todos los sacrificios que hacen por ellos sus profesores y superiores. Que recuerden que la humildad es fuente de tranquilidad. Que* soporten con paciencia los defectos de los demás, pues la perfección no se encuentra en este mundo, sino solamente en el Paraíso. Que dejen de murmurar y de criticar pues la murmuración y la crítica apagan mucho la caridad y enfrían los corazones. Y sobre todo que procuren vivir en gracia de Dios, en amistad con Dios, sin pecado mortal en el alma. Quien no vive en paz con Dios no puede tener paz consigo mismo ni con los demás.

— ¿Pero es que entre nuestros alumnos hay bastantes que no están en paz con Dios?

—Sí, esa es la causa principal del malestar reinante y a la que hay que ponerle remedio. Sólo desconfía quien tiene secretos qué ocultar, quien teme que sus secretos sean descubiertos y le traigan una gran vergüenza. Además si el corazón no está en paz con Dios, vive angustiado, inquieto, rebelde a la obediencia, se encoleriza y se irrita por nada, le parece que todo marcha mal, y como él no ama, se imagina que los superiores tampoco lo aman.

—Pero en nuestro colegio hay bastantes confesiones y comuniones.

—Sí, pero muchos se confiesan sin hacer ningún propósito serio de enmendarse. Se confiesan, pero siempre de las mismas faltas, sin hacer progreso ninguno. Se exponen siempre a las mismas ocasiones de pecar. Siguen siempre con las mismas malas costumbres, con las mismas desobediencias, con el mismo descuido en el cumplimiento de sus deberes, y continúan así por meses y meses, y algunos hasta que terminan estudios.

— ¿Y son muchos los que no sacan ningún provecho de sus confesiones?

—*Afortunadamente no son muchos* —*y me los mostró*—. *Yo vi entonces cosas muy desagradables que no escribo aquí pero que las diré a los interesados cuando esté de vuelta allá en el colegio. Por ahora es tiempo de rezar para lograr volverse mejores, y esforzarse por llegar a ser como Domingo Savio y tantos otros jóvenes santos que han pasado por nuestros colegios.*

¿Y qué otro buen consejo habrá que enviar a mis discípulos?

—*Predíqueles y recomiéndeles a todos, mayores y pequeños, que recuerden siempre que son hijos de María Santísima Auxiliadora. Que Ella los ha reunido en nuestros colegios para librarlos de los peligros del mundo, para que se amen como buenos hermanos, y para que le den gloria a Dios y a la Virgen María con su buena conducta. Que no olviden que la Virgen Santísima intercede para conseguirles alimento, vestido y estudio y que Ella obra infinitos portentos en favor de sus devotos y obtiene de Dios innumerables gracias y favores. Que con el Auxilio de la Virgen María, cuya fiesta celebraremos ahora en mayo, podemos hacer caer la barrera de la desconfianza que el demonio ha levantado entre los jóvenes y los superiores, barrera que aprovecha el enemigo para llevar ruina a las almas.*

Y dígales que mayores y pequeños deben estar todos dispuestos a sufrir alguna pequeña mortificación por amor a María y esforzarse por poner en práctica todos estos mensajes tan importantes.

—En aquel momento vi que algunos de nuestros jóvenes marchaban hacia la perdición eterna y sentí tal angustia que...me desperté.

¿Qué es lo que desea este pobre anciano que ha desgastado toda su vida por el bien de la juventud?

Que vuelvan otra vez los días felices en los que había afecto y confianza entre superiores y alumnos; los días en que había condescendencia y se toleraban los defectos de los demás, y todo por amor de Jesucristo. Los días en que había caridad y alegría en todos. Les aseguro delante de Dios que basta que un joven entre a uno de nuestros colegios, a una Casa Salesiana, para que la Santísima Virgen lo tome enseguida bajo su celestial protección.

Pongámonos todos de acuerdo: la caridad de los que mandan. La caridad de los que tienen que obedecer, hagan reinar entre nosotros el espíritu del amable San Francisco de Sales.

Se acerca el tiempo en el que me tendré que separar de mis queridos discípulos (al llegar a este punto Don Bosco dejó de dictar y empezó a llorar de emoción. Poco después siguió dictando). Mi mayor deseo es que cuando emprenda mi viaje a la eternidad los deje a todos, viajando por el camino que Nuestro Señor quiere que cada uno siga. La próxima fiesta de María Auxiliadora que celebraremos dentro de unos días (la cual deseo que los superiores la celebren a los alumnos muy solemne y alegre, también en el comedor),que esa hermosa fiesta sea como la preparación de la Fiesta Eterna que celebraremos todos juntos un día en el Paraíso.

Roma 10 de mayo de 1884. Afmo. Juan Bosco.

EXPLICACIONES:

Esta carta ha sido considerada por los salesianos como un verdadero tesoro de enseñanzas de pedagogía. Junto con el tratadito llamado: "El Sistema Preventivo" y con el "Reglamento para las Casas", son los tres escritos de pedagogía más importantes y famosos que escribió nuestro santo. Contienen enseñanzas sencillas y muy prácticas que si se cumplen, convierten los colegios en verdaderas familias donde reinan la alegría, la caridad y la paz. Esto lo han experimentado los salesianos en muchos países del mundo por más de cien años.

A quienes se dedican a la educación les haría mucho bien leer siquiera cada año esta carta y este sueño y sus maravillosas enseñanzas.

131. EL SUEÑO DE LA INOCENCIA: 1884 (MB. 17,625)

Me pareció que estaba en un bellísimo jardín lleno de hermosísimas flores e iluminado por una luz más bella que la del sol. Aquello parecía el Paraíso.

En la entrada del jardín se leía una frase de la Sagrada Escritura: "Dichosos los que con un corazón puro caminan en la Ley del Señor".

Y en la mitad del campo había un estandarte con esta frase del evangelio: "Hijo mío: tú siempre has estado conmigo, y todos mis bienes son tuyos" (S. Lucas 15).

Y en el jardín había dos jovencitas de unos doce años cada una, vestidas con una túnica blanquísima que les llegaba hasta los pies, y con un rostro de que demostraba una gran pureza y una enorme bondad. Estaban adornadas con rosas, azucenas y margaritas blancas, tan blancas y hermosas como no se puede uno imaginar mayor blancura.

Las dos empezaron entre sí el siguiente diálogo: la una decía una frase y la otra añadía la siguiente:

— ¿Qué es la inocencia? Es el estado afortunado de quien tiene la gracia santificante en su alma y la conserva mediante el exacto cumplimiento de las leyes de Dios.

—Conservar la inocencia y la pureza es fuente y origen de toda ciencia y de toda virtud.

—Qué gran brillo, qué gloria, qué excelente virtud se consiguen al vivir con el alma libre de pecados, entre gente mala y malvada, y saber conservar la inocencia y la pureza de las costumbres.

Una de ellas se puso en pie y recitó el Salmo primero: "Dichoso el que no sigue los consejos de los malos, ni se va por el mal camino de los pecadores, ni asiste a las reuniones de los desvergonzados, sino que su gozo es la ley del Señor y en ella medita noche y día. Será como un árbol plantado junto a una fuente de agua: da fruto a su tiempo, y no se marchitan sus hojas, y todo cuanto emprende tiene buen fin". Y diciendo esto señalaba los hermosos árboles del jardín, todos llenos de agradables frutos.

La otra joven añadió:

—De quien vive con el alma en gracia de Dios se pueden repetir las palabras del Cantar de los Cantares: Es como un lirio entre espinas, y puede decir a su Dios: "Mi Amado para mí y yo para mi Amado, pues el Señor vive entre lirios". Y diciendo esto señalaba una gran cantidad de lirios blanquísimos que adornaban aquel jardín.

Su compañera añadió aquellas palabras del Libro del Eclesiástico: "Dichoso el que sea hallado sin culpa. ¿Quién será y lo felicitaremos? Pudo pecar y no pecó. Pudo hacer el mal y no lo hizo. Por eso su buena conducta será recordada por muy largo tiempo".

Y añadió:

¿Quién podrá describir la belleza de un alma en gracia de Dios y sin pecado? Resplandece llena de hermosura, camina velozmente hacia el cielo; en ella vive como en un Sagrario el Espíritu Santo; brilla con mayor luz que el mismo sol; el cielo está abierto esperándola; es admirada por los ángeles y los santos que le esperan en el Paraíso: Dios le señala la corona de gloria que le tiene destinada y prepara para ella todos los tesoros de la eternidad.

—*Oh si los jóvenes conocieran el inmenso valor que tiene el vivir con el alma en gracia de Dios y sin pecado. Cómo se esmerarían para cuidarse de todo pecado. Pero desafortunadamente no se dan cuenta de su valor y pierden fácilmente la gracia o amistad con Dios.*

—*La gracia de Dios, el vivir con el alma libre de pecado, es como un tesoro precioso que se lleva en un vaso muy frágil, que fácilmente se rompe y el tesoro se derrama por el suelo y se pierde.*

—*El alma en gracia es como un espejo que refleja la imagen de Dios. Pero ese espejo se empaña fácilmente con el pecado.*

—*El alma en gracia es como un lirio, como una blanca azucena, pero ese lirio al ser tratado por manos poco delicadas se marchita y pierde su belleza.*

—*El alma en gracia es como un blanco vestido de seda. Pero basta una mancha para hacerle perder su belleza. Por eso hay que proceder con mucha precaución y gran cuidado.*

—Basta un pecado grave, un pecado aceptado y consentido para quitarle al alma la belleza de la gracia de Dios.

—Qué desgracia tan grande cuando una persona pierde la vida de la gracia por un pecado grave. Dios se aleja. La Virgen Santísima y el Ángel de la guarda se alejan también. El camino que le llevaba al cielo se convierte en vía que lleva a la condenación. Las promesas y favores del cielo se cambian en amenazas y castigos por parte de la Justicia Divina. Satanás se le convierta en su jefe y puede decirle: "Te he vencido. Ahora me perteneces", y su alegría se convierte en tristeza.

—Afortunadamente el que ha pecado puede levantarse, porque la misericordia de Dios es infinita. Si el pecador se arrepiente y propone empezar a ser mejor y si hace una buena confesión, puede recobrar otra vez la amistad con Nuestro Señor.

—Pero al que peca le quedan las malas inclinaciones hacia el pecado. Después de cada pecado se sentirá más débil en los combates espirituales y más inclinado al mal. Y el remordimiento puede seguir atormentándole.

—Oh qué delito tan tremendo cometen los que enseñan el mal a los niños y los que enseñan el mal a los que no lo saben. A quien le quita la inocencia a un niño le dice Jesús: "Ay del que escandalice a uno de estos pequeñuelos: más le valiera que le colgaran una gran piedra al cuello y lo echaran al fondo del mar". Ay del mundo a causa de los escándalos. Siempre habrá escándalos, pero pobres de aquellos que escandalizan a los demás. "Tengan mucho cuidado para no ir a escandalizar jamás a uno de estos pequeñuelos, porque sus ángeles ven continuamente el rostro de mi Padre Celestial" (Lc. 17,2).

Y las dos jovencitas siguieron paseando por el jardín y dialogando de la siguiente manera:

—*Es un gran error de los jóvenes imaginarse que la penitencia y las mortificaciones y sacrificios son cosas que sólo deben practicar los grandes pecadores. Si San Luis Gonzaga no hubiera hecho penitencias y sacrificios habría caído en pecados mortales. Esto hay que repetírselo a los jóvenes. Si hicieran sacrificios serían muchos más los que lograrían conservarse sin pecado.*

—*Ya lo dijo el apóstol: "Tenemos que llevar en nuestro cuerpo la mortificación de Cristo, a fin de que las maravillas de Jesús se manifiesten en nosotros.*

Jesús tan santo y tan puro y cuántos sacrificios y mortificaciones hizo. Y lo mismo la Virgen Santísima y los santos. Y esto es una lección y un ejemplo para nuestros jóvenes.

—*San Pablo decía: "Si viven dándole gusto a los deseos de la carne morirán. Pero si con el espíritu dominan las pasiones de la carne, vivirán" (Rom. 8,13). Por lo tanto quien no hace sacrificios y mortificaciones no será capaz de mantenerse sin cometer pecados graves. Y sin embargo muchos quieren mantenerse sin pecado pero viviendo sin hacer penitencias ni sacrificios.*

—*Es una tontería ese proceder. El Libro de la Sabiduría dice: "La seducción lleva al alma a la maldad y la concupiscencia pervierte el alma inocente". Con lo cual se quiere decir que la gracia de Dios en el alma tiene dos enemigos: las personas malas y las pasiones que uno mismo siente.*

Por eso dice el mismo Libro de la Sabiduría que para muchos es una verdadera suerte que la muerte les llegue cuando aún están muy jóvenes: "Porque agradó al Señor fue preferido por El, y porque vivía entre pecadores fue llevado a otro sitio.

Y añade el Libro Santo:

"Habiendo muerto a edad todavía muy corta, sin embargo logró recorrer un largo camino de santidad. Porque Dios amaba su alma lo sacó de en medio de este mundo tan lleno de maldad. Fue llevado para que la malicia no dañara su espíritu y para que la atracción hacia el mal no llevara su alma al error" (Sab. Cap. 4).

—*Los jóvenes necesitan mortificación y sacrificio para vencer la pereza y el desgano que sienten hacia la oración. Y que no olviden que todo el que pide recibe.*

Necesitan espíritu de sacrificio para ser capaces de obedecer a los superiores. Mortificación para dominar su orgullo, pues "Dios humilla a los orgullosos, pero eleva a los humildes".

Necesitan mortificación para saber decir siempre la verdad y para atreverse a pedir consejos a los que saben.

Necesitan mortificar su corazón: amando a todos con caridad, pero, apartándose de aquellos que ponen en peligro su castidad. Ya lo dijo Jesús: —Si algo es para ti tan importante como un ojo, o un pie o una mano pero te hace pecar, córtalo y échalo fuera, porque es preferible entrar al Reino de Dios tuerto o cojo o manco, y no tener que ser echado al fuego del infierno con los dos ojos y los dos pies y ambas manos. (Mc. 9,43).

Que se mortifiquen aceptando que se burlen de ellos por ser creyentes. Jesús decía: "Si alguno se declara a mi favor delante de la gente de este mundo yo me declararé en su favor ante mi Padre Celestial. Pero si alguno se avergüenza de mí ante la gente de esta tierra, yo me avergonzaré de él delante de los ángeles del cielo" (S. Mateo 10,32).

Es necesario que cada uno se mortifique en sus ojos: cuidado al mirar y al leer. Apartar la vista de toda imagen, de toda lectura que sea un peligro para la castidad (Jesús decía: "Las ventanas y las lámparas del alma son tus ojos. Pero si tus ojos se vuelven impuros, toda tu persona se vuelve impura (Mt. 6,22). El profeta Job dejó un propósito que es esencial: "Hice un pacto con mis ojos para no mirar la belleza de una persona joven (Job 31,1). Y el salmo recomienda; cuida tus ojos para que no vean la vanidad, lo que no te conviene mirar".

Mortificarse en el oír y el escuchar. Cuidado para no escuchar malas conversaciones, o palabras contra otras personas, o conversaciones contra la religión (El libro de los Proverbios aconseja que cuando oigamos algo de eso pongamos un rostro tan triste como el que va a llorar). El Libro del Eclesiástico aconseja: "Colócale una cerca de espinas a tus oídos para que no escuchen lo que no te hace bien escuchar. Trata de no escuchar nunca la lengua que habla de cosas malas".

Mortificarse en el hablar, para no decir cosas vanas. Repetir lo que dice el Libro Sagrado: "Señor, coloca un candado a mis labios y un freno a mi lengua para que no se desvíen hacia el mal". Cuidado: que los enemigos del alma no nos derroten por medio del mal uso de la lengua (Dijo Jesús "De toda palabra dañosa que diga una persona tendrá que dar cuenta a Dios en el día del Juicio... Por tus palabras te salvarás, o por tus palabras te condenarás").

Mortificarse en el comer y en el beber. La gula en el comer o en el beber han sido causa de terribles males espirituales para muchísimas personas. (San Pablo decía: "Domino mí cuerpo, no sea que enseñando a otros el camino para ir al cielo, yo me quede a mitad de camino).

Mortificarse aceptando los sufrimientos de cada día, tal como Nuestro Señor ha permitido que sucedan (Por unos cortos ratos de sufrimiento en esta tierra nos ganaremos una inmensa cantidad de gozo en el cielo, decía San Pablo). Recordemos que la primera condición que Jesús puso para seguirle y ser sus discípulos es la de mortificarse a sí mismo: "Si alguno quiere venir conmigo, qué se niegue a sí mismo" (Lc. 9,23).

—*Dios mismo que es tan bondadoso permite que sus amigos sufran muchas penalidades (Al hijo que más quiere, más lo hace sufrir, dice el Libro de los Proverbios). Así sucedió con el Santo Job, con José en Egipto, con Tobías y otros santos. A Tobías le dijo el ángel San Rafael: "Porque eras muy aceptable a Dios por eso era necesario que fueras purificado con los sufrimientos".*

Los que desean conservarse en gracia de Dios necesitan recibir con frecuencia la Sagrada Comunión que es el Pan que vuelve fuertes a las personas. De quien comulga fervorosamente se podrán repetir aquellas palabras del Salmo 23: "Me preparaste una mesa frente a mis adversarios", y aquellas otras del bello Salmo 91: "Caerán a tu derecha cien y a tu izquierda mil, pero a ti el enemigo no te podrá hacer mal".

Que quien desea vivir sin pecado en el alma recuerde que la Santísima Virgen es su Madre. Ella le dice las palabras de la sabiduría: "Yo soy la Madre del amor y del temor de desagradar a Dios, la madre de la santa esperanza y del verdadero conocimiento. Yo amo a los que me aman". Los que me honran poseerán la Vida Eterna. Soy terrible para los enemigos del alma como un ejército en orden de batalla".

Las dos jóvenes se levantaron y empezaron a subir una pendiente y una de ellas repitió aquellas palabras de la Sagrada Escritura:

"La salvación y la santificación de los justos viene del Señor. El es su protector en tiempos de angustia y tribulación. El Señor los ayudará y los librará. Los librará de las manos de los pecadores y los salvará porque esperaron en El".

La otra respondió:

—*Sí, el conservarse sin pecado y además hacer penitencia, esto es lo más alto en la virtud.*

La otra añadió:

—*Oh, cuan agradable es la gente que conserva su alma sin pecado. Su recuerdo será inmortal y agradable ante los ojos de Dios, y admirable ante los ojos de las gentes de esta tierra. Muchos los imitan cuando están presentes y los recuerdan con veneración o cuando ya se han ido para el cielo. Y en la eternidad recibirán corona de gloria, después de vencer en los combates por conservar la castidad. ¡Qué gozo, qué gloria, qué triunfo, poder presentarse ante Dios con el alma sin pecados graves, después de tantos combates!*

Luego vi aparecer una inmensa legión de ángeles que cantaban aquellas palabras del apóstol San Pablo: "Bendito sea Dios y Padre de nuestro Señor Jesucristo, que nos ha bendecido con toda clase de bendiciones espirituales en Cristo, por cuanto nos ha elegido en El antes de la creación del mundo, para ser santos e inmaculados en su presencia, eligiéndonos de antemano para ser sus hijos adoptivos por medio de Jesucristo" (Efesios 1,3).

Entonces un inmenso coro de espíritus celestiales entonó con voces bellísimas las siguientes frases de la carta de San Judas Tadeo:

"Al que es poderoso y os puede conservar sin pecado y os puede presentar ante su presencia sin mancha y llenos de alegría, al Dios Único, Nuestro Salvador, por medio de Jesucristo Nuestro Señor, gloria, majestad, fortaleza y poderío, como era en un principio por los siglos de los siglos". Amen.

Y al terminar tan bello canto...me desperté.

132. LOS JÓVENES Y LA NIEBLA: 1884 (MB. 17,180)

Soñé que me encontraba en la puerta del colegio rodeado de un grupo de discípulos y amigos a los cuales los rodeaba una intensa niebla. Se esforzaban por no ser reconocidos, pero logré observarlos muy de cerca y noté que al lado del corazón llevaban en la piel una mancha en forma de un tumor que exhalaba asquerosos olores. El tumor tenía tres colores: rojo, negro y amarillo.

La niebla era más intensa alrededor de la cabeza y a duras penas lograba leer unos letreros que estaban allí escritos al revés.

Me desperté y hacía todo lo posible por olvidar aquellas desagradables imágenes, pero todo era inútil pues esas figuras tan repugnantes volvían a aparecer delante de mis ojos. Entonces me levanté y escribí los nombres de todos los que vi allí entre esa niebla tan intensa.

NOTA: Lo narró Don Bosco en 1884 en los Ejercicios Espirituales de Valsalice. Otras circunstancias y demás cosas que vio durante el sueño las fue diciendo a cada uno de los interesados en particular cuando los llamaba para informarles cómo los había visto en el sueño.

133. UNA VISITA AL PAPA LEÓN TRECE: 1884 (MB. 17,239)

La noche del 9 de octubre (1884) soñé que viajaba en tren hacia Roma y que al llegar a esa ciudad me dirigía directamente hacia el Vaticano. Iba pensando que me iba a resultar muy difícil hablar con el Santo Padre porque seguramente alguno de sus camareros me iba a poner muchas dificultades para impedir la audiencia. Sin embargo me presenté a ese Monseñor el cual se mostró amabilísimo conmigo. Y al decirle que necesitaba una audiencia con el Santo Padre me dijo que ya que se trataba de temas de mucha importancia iba a hacer una excepción, y sin más me hizo entrar a hablar con el Sumo Pontífice.

Y soñé que había estado charlando con el Papa como unas dos horas y que él me decía:

—*Tengan cuidado con los que piden entrar a su Congregación. Es necesario que sean: 1o. De carácter obediente, dócil. 2o. Que tengan espíritu de sacrificio: que no estén demasiado apegados a su familia, a sus amigos, a su tierra natal, y que sean capaces hasta de durar bastante tiempo sin ir a su tierra. 3o. Que sean de moralidad segura, seguros en castidad.*

Este fue el tema principal que él me explicó durante la audiencia. Al terminar de hablar con el Padre Santo salí del Vaticano, subí al tren y me dirigí a Turín y cuando ya iba a llegar a esta ciudad...me desperté.

El 28 de octubre de 1884 DON BOSCO TUVO UNA VISIÓN EN LA CUAL VIO A CADA UNO DE SUS SALESIANOS DE ESE TIEMPO CON UNA BANDERA EN LA MANO Y EN ESA BANDERA ESTABAN ESCRITOS LOS AÑOS QUE IBA A VIVIR. (A varios les fue dando ciertos avisos acerca de la fecha de su muerte, los cuales se cumplieron con admirable precisión.

Soñé que iba a visitar al Santo Padre, el Papa y que me recibía muy bien.

NOTA: Al día siguiente, 10 de octubre, llegó el Cardenal Alimonda a decirle a Don Bosco que el Papa León Trece le enviaba un mensaje personal en el cual le pedía que nombrara un sacerdote que lo reemplazara en caso de muerte. (Don Bosco estaba muy débil y achacoso). El santo reunió al Consejo Superior de su comunidad y comunicó la determinación de que su reemplazo fuera el Padre Rúa, su más fiel y cualificado colaborador. Todos estuvieron totalmente de acuerdo con este nombramiento y al Santo Padre le pareció excelente y lo aprobó.

134. EL SUEÑO DE LAS MISIONES SALESIANAS EN AMÉRICA DEL SUR: 1885 (MB. 17,260)

En la noche del 31 de enero (1885) cuando un grupo de misioneros salesianos se preparaba para salir hacia América del Sur tuve el siguiente sueño:

Soñé que acompañaba a los misioneros salesianos en su viaje hacia América del Sur y que ellos me pedían que les diera algunos consejos. Y soñé que yo les decía:

Van a hacer mucho bien no porque tengan mucha ciencia ni muy buena salud ni abundantes riquezas, sino con estas condiciones: que tengan gran deseo de salvar almas, mucha piedad y mucho entusiasmo por promover la gloria de Dios y el bien espiritual de los demás.

Y soñé que habíamos llegado a América del Sur, a una extensísima llanura entre Chile y Argentina. Mis queridos misioneros se habían dispersado tanto por aquellos extensos territorios que apenas lograba distinguirlos. Al contemplarlos me

Fotografía tomada a Don Bosco en 1885.

quedé aterrado al ver qué poquitos eran en cada sitio. Pero luego me consolé pensando que eran pocos en cada sitio porque estaban repartidos por muchos centros de misión, y que su labor era como la pequeña semilla que se va esparciendo y que después producirá muy buenas cosechas espirituales.

Y vi que viajaban por aquellas tierras muchos transportadores que volaban por los aires. En Chile vi una casa grande donde numerosos salesianos se preparaban para el apostolado. En Argentina, Uruguay y Brasil vi muchas Casas Salesianas. Cuántas cosas maravillosas vi en este sueño. Veía lo pasado, lo presente y lo futuro Si fuera a escribir todo lo que allí logré ver, llenaría libros muy gruesos. Y qué gran cantidad de gentes nativas de aquellas tierras veía por allí, esperando la labor espiritual de los salesianos que los van a dirigir.

Noté que la labor de los primeros salesianos va a ser solamente la de esparcir la buena semilla de la evangelización. Y que después vendrán otros y recogerán la cosecha espiritual. Y me fue comunicado que los salesianos conseguirán grandes éxitos apostólicos con la humildad con el trabajo incansable y con la templanza (o sea con saberse dominar en el comer, en el beber y en el descansar).

Y vi que muchos obreros de Europa se irán a las tierras de América a buscar trabajo y progreso en esas regiones tan hospitalarias.

Después de contemplar el porvenir tan glorioso que Dios tiene destinado a nuestra Congregación en América del Sur, subí a un transportador que volaba por los aires y volví a la ciudad de Turín. Y pasé por encima de las casas y palacios de Turín y por sobre las montañas de los Alpes y la gente se veía muy pequeñita desde allá arriba. Y vi desde allá un número extraordinario de salesianos y de alumnos y de colegios que va a tener la Congregación. Muchos se iban de misioneros y otros venían a cubrir las vacantes que ellos habían dejado.

Y un joven sacerdote, muy venerable me mostró inmensos campos de apostolado y me dijo:

—*He aquí las almas y los países destinados a los salesianos, a los religiosos de San Francisco de Sales.*

Yo estaba maravillado al ver la multitud tan inmensa de personas que estaban allí reunidas y que desapareció enseguida.

Ahora al narrar el sueño me doy cuenta de que solamente logro contar unas pocas cosas de las que allí logré contemplar. El ánimo no es capaz de narrar todo lo visto. La memoria flaquea, las palabras son insuficientes para describir todo aquello.

Veía lo presente, lo pasado y lo futuro de nuestras misiones, con sus peligros, sus éxitos, sus contrariedades y con los desengaños momentáneos que acompañarán a este apostolado.

Después vi que nos encontrábamos en un salón inmenso y bellísimo lleno de resplandores y de gratas fragancias y suaves olores, y donde se escuchaban armonías verdaderamente celestiales. Y noté que empezaban a llegar allí gentes de muchas naciones, vestidas de blanco y gritando alegremente: ¡Viva. Triunfo! y acompañaban a los salesianos y a las religiosas de María Auxiliadora.

Y vi con admiración que entraban a ese salón muchos de piel muy oscura. Y me fue dicho: "Son los descendientes de Cam, que también serán evangelizados por los salesianos".

Y todas aquellas multitudes gritaban emocionadas: ¡Viva! ¡Triunfo! y entonaban gozosas las siguientes palabras:

—*Que se alegren el cielo y la tierra porque Dios reina en nosotros. Dios les dará de comer del árbol de la vida y jamás volverán a tener hambre ni sed. Alabad al Señor todas las gentes. Cantad sus alabanzas pueblos todos.*

Y un gran coro repetía:

Sólo a Dios la gloria y el honor por los siglos de los siglos.

Y todo aquello lo cantaban acompañados de unas armonías orquestales tan maravillosas que yo me volví hacia Monseñor Cagliero y le dije:

— *¡Estamos en el Paraíso!*
Y él me respondió:

—*No es el Paraíso. Es una débil figura de lo que será el Paraíso.*

Y al oír aquellos grandiosos coros que cantaban: "Sólo a Dios honor, gloria y triunfo, aleluya, eternamente y para siempre" me olvidé de mí mismo y...me desperté.

NOTA: En esos días salía para América del Sur una expedición de 18 misioneros salesianos y seis misioneras salesianas. Viajaban presididos por Monseñor Cagliero, recién consagrado obispo, y discípulo queridísimo por Don Bosco. Cuando Don Bosco narraba este sueño, cada vez que repetía las palabras ¡Triunfo, Viva! asumía un tono tan vibrante que hacía emocionar a los que lo escuchaban. De vez en cuando en la narración derramaba lágrimas de emoción al recordar los grandes triunfos que Dios tenía preparados a sus religiosos.

En el sueño se le dice que también los hijos de Cam serán evangelizados por los salesianos. En la S. Biblia se llama hijos o descendientes de Cam a los que son de raza negro.

En Chile vio lo que hoy se llama Teologado Salesiano, una amplia casa donde se han preparado muchos salesianos para salir a hacer apostolado.

El Padre Lemoyne copió el sueño tan pronto se lo oyó contar a nuestro santo. Y envió copias a las Casas Salesianas de América. Poco después recibía una carta del Superior de Argentina, el Padre Costamagna que le decía:

—*Junto con el sueño Don Bosco nos envió una carta en la cual nos dice que no es necesario prestarle mucha atención a sus sueños. Pues dígale al amado padre que en eso sí le vamos a desobedecer, pues sí les vamos a prestar mucha atención a sus sueños, ya que no podemos olvidar que él mismo nos ha dicho estas palabras: "Entre tantas comunidades religiosas que existen, quizás la nuestra es la que con más frecuencia ha recibido mensajes de Dios".*

ESTE SUEÑO SE HA CUMPLIDO MARAVILLOSAMENTE EN AMERICA DEL SUR.

Actualmente hay en Latinoamérica 4.000 salesianos en 22 países. En Brasil son 962, con más de cien colegios (y en el año de este sueño sólo tenían un colegio en aquel país). En Argentina son 871 los religiosos de Don Bosco. En Colombia 375 con 33 casas de educación y bastantes parroquias (y en el año del sueño no habían llegado todavía a este país). En México son 346.

Don Bosco vio que muchos obreros de Europa se irían a las tierras de América en busca de trabajo. Esto sucedió de manera impresionante unos 15 años después, cuando millones de europeos emigraron hacia América.

135. LA JOVEN VESTIDA DE BLANCO: 1885 (MB. 17,374)

La noche del 6 de octubre (1885) soñé que estando yo con un grupo de salesianos, se aparecía una joven vestida con una blanquísima túnica, la cual entregándome una cuchilla podadera me dijo: "Es necesario dedicarse a podar y a cortar las malezas que invaden el camino". Yo me dediqué a cortar ramas y matas con aquella afilada podadera, aunque el camino se volvía a llenar de malezas. La joven añadió: "Los superiores deben estar siempre de acuerdo entre sí y no dejar para más tarde el hacer las correcciones, cuando sea necesario hacerlas".

NOTA: Don Bosco al narrar este sueño lo explicó así:

"Las malezas que invaden el camino y que hay que ir cortando continuamente son los libros malos, las publicaciones dañosas, las malas conversaciones y todo aquello que puede oponerse a que la gente viva en gracia de Dios. En esto consiste gran parte de la sabiduría de los superiores de un colegio, en saber quitar del camino de la vida de nuestros jóvenes todas estas hierbas venenosas que hacen un gran mal a sus almas. Si los superiores se esmeran por estar de acuerdo entre ellos, y no se cansan de corregir, aunque no logren quitar del todo estas malezas, sí evitarán que ellas invadan el campo espiritual de sus alumnos".

136. EL DEMONIO DE MARSELLA: 1885 (MB. 17,386)

Estando hospedados en el Colegio Salesiano de Marsella, el Padre Cerrutti oyó por la noche un fuerte grito. Luego lo volvió a oír más fuerte todavía. Se dio cuenta de que aquel grito venía de la habitación donde dormía Don Bosco. Se levantó y se fue a ver qué era lo que sucedía. Entró a su habitación y encontró al santo, despierto, sentado en el lecho. Lleno de inquietud, le preguntó:

— ¿Don Bosco, se encuentra mal?

—No, no —respondió con tranquilidad—. Vete tranquilo a dormir.

Al día siguiente el santo le contó el sueño que había tenido:

—Vi que el demonio entraba en esta casa. Se fue al dormitorio y pasaba de una cama a otra diciendo: ¡Este es mío! ¡Este es mío!

Yo protestaba. De pronto se precipitó hacia uno de aquellos jóvenes para llevárselo. Yo comencé a gritar y él se lanzó contra mí para estrangularme.

Y al decir esto Don Bosco empezó a llorar y dijo muy conmovido:

—Querido Padre Cerrutti: ayúdeme. He venido a Francia a recoger limosnas para el Templo del Sagrado Corazón de Jesús en Roma. Pero en este colegio hay una necesidad espiritual muy grave. Hay que salvar a estos pobres jóvenes. Así que por estos *días dejaré toda otra preocupación y me dedicaré a ayudarles a salvarse. Hagamos con estos alumnos un buen Retiro Espiritual.*

Aquella noche el Padre Director anunció al alumnado que se haría al día siguiente un Retiro Espiritual y que Don Bosco confesaría a los que desearan confesarse con él.

Y el Retiro Espiritual resultó tan efectivo que el santo exclamó después emocionado:

—*El diablo me hizo pasar una mala noche, pero le hemos dado también un estacazo y un golpe bien fuerte.*

El Padre Albera, director de aquel colegio añadió:

—*Hay aquí algunos jóvenes que me han hecho llorar por su mala conducta.*

Y el Padre Cerrutti preguntó a Don Bosco:

— *¿Los que el diablo se quería llevar son únicamente los que no se confiesan?*

Y el buen Padre respondió:

—*No son solamente los que no se confiesan. Son los que se confiesan pero o no dicen todos sus pecados o se confiesan sin contrición, sin verdadero arrepentimiento.*

137. LAS MISIONES SALESIANAS DE ASIA, ÁFRICA Y OCEANIA: 1885 (MB. 17,552)

El 2 de julio de 1885 Don Bosco narró a sus salesianos el siguiente sueño:

Soñé que estaba junto a una montaña elevadísima sobre la cual había un ángel que enviaba resplandores hacia regiones lejanas. El ángel tenía en su mano derecha una espada que brillaba como una llama vivísima y con la izquierda señalaba algunas regiones y decía:

—*El ángel de Arfaxad los invita a combatir las batallas del Señor y a reunir a todos los pueblos en los graneros del Señor.*

Luego aparecieron Luis Colle y muchísimos jovencitos y una gran cantidad de ángeles que nos animaban a los salesianos para que no nos detengamos jamás en la labor de evangelizar y de extender la religión.

Y soñé que llegaba al centro de África donde se veían negros por todas partes y oí una voz que decía:
—*No hay maldición para ellos, sino bendiciones del Creador.*

Después soñé que llegaba a Australia y a la gran cantidad de islas que forman la Oceanía y escuchaba a miles de niños que nos gritaban.

—*Vengan en nuestro auxilio. ¿Por qué no continúan la obra que ya otros empezaron?*

Y muchos rodeaban a salesianos que no logré conocer y los recibían cantando:

—*Benditos los que vienen en nombre del Señor.*

Y me pareció que en un futuro habrá allá en esas islas mucho trabajo para los salesianos, y que los trabajos de ellos producirán muy buenos frutos espirituales, porque la mano del Señor estará constantemente ayudándolos si saben agradecer los favores de Dios.

Oh, si los salesianos de ahora pudieran ver dentro de quinientos años el destino tan maravilloso que Dios nos reserva para el futuro, si somos fieles.

De aquí a ciento cincuenta o doscientos años los salesianos estarán extendidos por todo el mundo.

Nosotros seremos siempre vistos con simpatía aun por los malos porque nuestro trabajo en favor de las gentes más pobres y necesitadas atrae las simpatías de todos, de los buenos y de los malos. Habrá alguna cabeza mala que nos quiera acabar, pero esos serán intentos aislados que no tendrán el apoyo de los demás.

Pero todo con estas condiciones: que los salesianos no se dejen dominar por el amor a las comodidades o por el desgano por el trabajo. Que ninguno se deje vencer por la gula. Que todos propaguemos la buena lectura del Boletín Salesiano, y que apoyemos las vocaciones, y también las vocaciones de personas mayores que querrán venir a nuestra Congregación.

El viaje en aquel sueño fue desde Santiago de Chile, por Buenos Aires, Río de Janeiro, Sao Paulo, Cabo de la Buena Esperanza, Madagascar, Golfo Pérsico, Senegal, Ceilán, Hong-Kong y Australia.

EXPLICACIONES:

Don Bosco hizo averiguar qué significaba el nombre de aquel ángel que se llamaba: "Ángel de Arfaxad", y supo que según la S. Biblia, Arfaxad fue un descendiente de Sem, el hijo mayor de Noé (Génesis, Cap. 10) y que los descendientes de Sem son los habitantes del Asia. Con lo cual se indica que este ángel invitaba a Don Bosco a que sus salesianos fueran al Asia. En aquel gran continente tienen ahora los salesianos muchísimas casas y gran cantidad de vocaciones.

En cuanto al África donde vio tantos negros aguardando la llegada de los salesianos, ya su comunidad tiene casas en casi todos los países de ese continente.

El santo pensaba con frecuencia en este sueño, hablaba de él con mucha satisfacción y alegría y veía en él una confirmación de lo que ya se le había confirmado en otros sueños. Ahora sus salesianos están en 105 países, tal como le fue anunciado en estos sueños que anunciaban el futuro.

138. UN ORATORIO PARA NIÑAS: 1885 (MB. 17,418)

El 17 de julio soñé que salía a la calle con mi Mamá Margarita, y con mi hermano José, y que entrábamos a una iglesia a rezar. Luego llegamos a la gran plaza llamada Víctor Manuel y allí había un numeroso grupo de niñas jugando. Entonces un personaje me dijo:

—*Por aquí debe fundar un Oratorio o Colegio para las niñas pobres.*

—*Perdone* —le dije— *pero esto no me es posible, porque ya tenemos muchos Oratorios y no hay el personal suficiente para fundar otros nuevos.*

El personaje añadió:

—*Pero aquí se necesita un oratorio o colegio para niñas pobres.*

Y en aquel momento todas aquellas niñas dejaron sus juegos y acercándose a mí empezaron a decirme suplicantes:

—*Oh Don Bosco: recíbanos en su Oratorio. Estamos desprotegidas en lo espiritual y el enemigo de las almas nos puede hacer muchísimo mal. ¡Por favor: socórranos! Abra para nosotros un Colegio y Oratorio donde nos instruyan y nos salven.*

Yo les dije:

—*Recen al Señor y El se encargará de ayudar en esto.*

—*Sí, rezaremos, rezaremos. Pero ayúdenos. Llévenos también a nosotras a cobijarnos bajo el manto de María Auxiliadora.*

NOTA: No es ésta la primera vez que Don Bosco siente que las niñas le piden que funde obras y casas religiosas para protegerlas e instruirlas en la religión. El mismo Pontífice Pío Nono cuando le aconsejó que fundara una comunidad de religiosas para instruir a la juventud femenina le dijo: ¡También por las niñas murió Jesús! Recuerde que ellas son más inclinadas a la piedad y que instruyéndolas en la religión se pueden conseguir grandes progresos espirituales.

Como el colegio para niñas pobres que le fue pedido en este sueño, las religiosas salesianas, las Hijas de María Auxiliadora tienen ahora 1.300 colegios para educar a las niñas en 75 países. Y María Auxiliadora las protege admirablemente.

En el mes de septiembre (1885) soñé que viajaba hacia Castelnuovo y que por el camino se me acercaba un venerable anciano el cual me decía:

— *¡Trabajo, trabajo, trabajo! Este debe ser el objetivo y la gloria de los sacerdotes. No desanimarse nunca en el trabajo y no dejar de trabajar. ¡Cuántas almas se salvarían si los sacerdotes trabajaran más! ¡Cuántas cosas se harían para gloria de Dios! ¡Oh, si el misionero cumpliera de verdad con sus deberes de misionero y si el párroco se dedicara con toda el alma a cumplir sus deberes de párroco! ¡Qué prodigios de santidad se verían por todas partes! Pero desafortunadamente muchos tienen miedo al trabajo y prefieren dedicarse a una vida comodona y descansada.*

Yo le dije que era una verdadera lástima la escasez de sacerdotes y él me respondió:

—*Es cierto que hay escasez de sacerdotes, pero si cada sacerdote cumpliera exactamente con sus propios deberes, casi serían suficientes los que hay. ¡Cuántos sacerdotes hay que hacen muy poco de lo que les obliga en conciencia hacer como sacerdotes! Algunos se quedan solamente atendiendo a su familia. Otros por timidez permanecen ociosos. Mientras que si se dedicaran a confesar, a enseñar catequesis, a propagar la religión, llenarían un gran vacío que hay en el campo de la iglesia. Dios proporciona las vocaciones según las necesidades que se van presentando en la Iglesia. Cuando el gobierno puso obligatorio el servicio militar para los seminaristas, muchos pesimistas creyeron que las vocaciones se iban a acabar, y entonces fue cuando más aumentaron.*

— ¿Y qué habrá que hacer para conseguir más vocaciones?, le pregunté.

—Ante todo que se cultive y se conserve entre los jóvenes la moralidad, la pureza. La moralidad es como un semillero del cual nacen muchas vocaciones.

—Y cada sacerdote ¿qué será lo que tiene que hacer para que su propia vocación produzca más frutos espirituales?

—Ante todo lo que dice San Pablo: "Que cada uno aprenda a gobernar y santificar muy bien su casa" (1 Tim. 5,8). Que cada cual sea ejemplo de santidad en el sitio donde trabaja y para las personas con las cuales trata. Que cuiden mucho para no dejarse dominar por la gula en el comer o en el beber, y que no se dediquen con demasiado afán a las cosas materiales. Que cada uno sea ante todo modelo de santidad para los que viven cerca de él. Después ya lo será para los demás.

El venerable sacerdote se despidió de mí y...yo me desperté.

140. SUEÑO ACERCA DE LA MUERTE DE UN SEMINARISTA Y DE UN ALUMNO: 1885 (MB. 17,434)

El 21 de octubre de 1885 murió santamente en el oratorio el seminarista salesiano Francisco O'Donellan. La noche siguiente tuvo Don Bosco el siguiente sueño:

Fui a acostarme con el pensamiento de la muerte del clérigo O'Donellan y sentía deseo de saber qué destino habría tenido en la eternidad. Y empecé a soñar.

Vi a O'Donellan tan hermoso y resplandeciente que parecía un ángel. Y al lado mío caminaba un joven alumno nuestro,

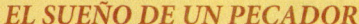

EL SUEÑO DE UN PECADOR

Dos terribles enemigos se preparaban a destrozarlo.

con la cabeza muy agachada y con apariencia de estar desesperado y muy triste.

Llegamos luego a un palacio de una hermosura extraordinaria y allí estaba una señora que resplandecía en medio de
multitud de rayos de colores. La rodeaba un inmenso grupo
de ángeles. La señora dijo con voz muy amable al recibir a
nuestro clérigo:

—*He aquí a mi hijo muy amado, que brillará como el sol por
toda la eternidad.*

Y el clérigo O'Donellan entró gozoso en aquel gran palacio.

Luego vi que aparecían dos fieras horrendas las cuales se
lanzaron contra el joven triste que estaba allí cerca, para
destrozarlo en pocos momentos.

Yo quise defender al pobre joven que gritaba pidiendo auxilio; y me lancé contra las terribles fieras, pero se volvieron
contra mí y al ver sus afilados dientes sentí tan grande miedo que…me desperté.

NOTA: El secretario de Don Bosco que dormía en la pieza
cercana, al oír sus gritos pidiendo auxilio entró a su habitación y lo encontró muy asustado.

La narración de este sueño a los alumnos les causó gran con-
moción. Esa misma semana los que aún no se habían confesado hicieron su buena confesión. Todos, menos uno, que se
llamaba Arquímedes Accornero. Al fin el Padre Francesia lo
convenció de que subiera a la habitación de Don Bosco y se
confesara con el santo. Pero había allí bastantes aguardan-

do turno y el muchacho no quiso aguardar y no se confesó tampoco esa noche. Afortunadamente al día siguiente el santo sacerdote Esteban Trione al saber que tampoco se había confesado la noche anterior y que el año anterior había tenido muy mala conducta, tanto que los superiores habían pensado que no volviera más al colegio, y que ese año aceptado a base de ruegos, también llevaba una conducta muy indeseable, se fue a charlar con él y de tal manera lo supo convencer que lo llevó a donde Don Bosco y consiguió que se confesara con el santo.

Esa misma tarde el joven Accornero ayudaba a llevar un montón de catres de hierro por una escalera arriba. El montón cedió y se vino escalera abajo y lo aplastó. Quedó sin sentido y sin habla y a la medianoche ya estaba muerto.

La mamá al saber la muerte de su hijo (que estaba en 7o. grado de bachillerato) lo primero que preguntó fue esto: "¿Se suicidó?". Hasta ante la misma mamá tenía fama de triste y malgeniado. Afortunadamente Don Bosco se había interesado mucho por él y logró que lo convencieran para que se confesara. Y muy a tiempo que lo hizo.

141. EL CONGRESO DE LOS DIABLOS: 1885 (MB. 17,333)

Soñé que estaba en una gran sala donde muchos diablos celebraban un congreso para encontrar los medios con los cuales lograr acabar y destruir a la comunidad salesiana (y a cualquiera otra asociación religiosa).

Un diablo propuso:

—*Para destruir esta asociación religiosa lo mejor será la GULA. Ella trae desgano para hacer el bien, corrupción de* costumbres, malos ejemplos, falta de espíritu de sacrificio, descuido de los deberes de apostolado...

Pero otro diablo respondió:

—*Este medio no sirve para la mayoría, porque la comida de los religiosos es bastante sobria y las bebidas alcohólicas son escasas entre ellos. Sus reglamentos mandan que la alimentación sea ordinaria y los superiores vigilan para que no haya exceso en esto. Y el que se excede en el comer y en el beber no sólo produce escándalo entre los demás sino que se atrae el desprecio de los otros. Yo propongo más bien, como medio para acabar con la Congregación el inspirarles un gran AMOR POR LAS RIQUEZAS.*

Y añadió:

—*Es que cuando en una asociación religiosa entra el amor a las riquezas, llega también el amor por las comodidades, y el deseo de tener cada uno su propio dinero para gastarlo en lo que se le antoje, y los religiosos empiezan ya a no pensar con caridad en los demás, sino con egoísmo, cada uno en sí mismo. Y el amor al dinero lleva a los religiosos a dedicarse a los ricos que pueden pagar altas cuotas, y se van olvidando de los pobres.*

Aquel demonio quería continuar hablando pero le interrumpió un tercero que dijo:

— *¡Qué gula, ni qué amor a las riquezas! Estos religiosos son bastante pobres y bastante sobrios. Además se dedican a atender gentes tan necesitadas, que cualquier cantidad de dinero que les llegue, apenas sí les alcanzará para ayudar a tantos* *pobres que vienen a pedir su ayuda. Yo en cambio propongo como medio para acabar con su comunidad el incitarles a una EXAGERADA LIBERTAD. Convencerlos de que no es necesario obedecer a los reglamentos de su Congregación. Que hay que rechazar ciertas preocupaciones poco brillantes que se les encomiendan. Que hay que producir movimientos contra sus superiores. Que se puede ir siempre a hacer visitas sin pedir permiso a nadie. Que pueden aceptar toda clase de invitaciones y aprovechar esas ocasiones para salir de casa...y otras cosas semejantes.*

Entonces se adelantó un cuarto demonio y exclamó:

—*Esos medios que han propuesto resultan bastante inútiles, porque los superiores pueden despedir a los rebeldes. Es verdad que algunos se dejarán deslumbrar por el deseo de tener una exagerada libertad, pero ya verán que la mayor parte de estos religiosos se mantendrán fieles al cumplimiento de su deber. Yo les propongo un medio cuya peligrosidad estos hombres no serán capaces de descubrir tan fácilmente. Consiste en CONVENCERLOS DE QUE LO MAS IMPORTANTE ES LLEGAR A SER MUY INSTRUIDOS, que su principal gloria será el lograr ser personas de mucha ciencia. Y para eso hay que convencerlos de que estudien mucho para adquirir fama, y no para lograr hacer gran bien a las almas o para ser más santos. Que se instruyan para provecho propio y no para provecho del prójimo que necesita de su apostolado. Hay que llevarlos a que desprecien a los que no son muy instruidos y que les interese la ciencia solamente, y no el ejercer el ministerio sacerdotal y el apostolado que tiene que hacer un buen religioso. Que no les guste enseñar catecismo a los niños, ni dar clases a los pobres, ni pasar largas horas en el confesionario. Que se dediquen solamente a predicaciones en las cuales puedan* lucir todo su orgullo y conseguir alabanzas de las personas humanas, pero no a las sencillas predicaciones en las cuales ayuden en verdad a la salvación de las almas.

Esta proposición fue recibida con grandes aplausos por todos los diablos. Y yo me puse a pensar con tristeza que a nuestra Congregación (y a muchas otras) puede llegar el terrible peligro de que algunos crean que lo verdaderamente importante es ser muy instruidos y adquirir fama de brillantes ante los demás, y mientras tanto descuiden sus deberes de sacerdotes y dé religiosos, esos deberes sencillos y humildes de enseñar catecismo, de confesar, de predicar de manera fácil al pueblo ignorante y de dedicarse a labores de apostolado que no brillan ante los ojos humanos pero que sí tienen un gran valor ante los ojos de Dios.

Y yo pensaba: ¡qué peligro tan grande el que nos puede venir: que los nuestros deseen solamente la ciencia que hincha y enorgullece y que proporciona alabanzas de la gente, y que esto los lleve a despreciar los buenos consejos de aquellos a los cuales consideran inferiores a ellos en el saber!

De pronto uno de los diablos me vio escondido allá en un rincón escuchándoles y entonces todos ellos se lanzaron contra mí tratando de destrozarme. Yo empecé a gritar: ¡Auxilio! ¡Auxilio! y...me desperté muy emocionado y muy cansado.

142. EL FUTURO DE ALGUNOS SALESIANOS: 1885 (MB. 17,333)

Otros avisos del cielo.

En la noche del 1o. de diciembre de 1885 el seminarista Viglietti se despertó asustado al oír gritos que salían de la habitación de Don Bosco. Corrió hacia allá y encontró al santo que decía:

— *¡Ay de mí. Ay de mí! ¡Auxilio! ¡Auxilio!*

Viglietti le preguntó:

— *¿Don Bosco, se siente mal?*

Y él, despertándose, le respondió:

—*Es que estaba casi ahogado por cosas que estaba soñando y que me fatigan.*

Y al día siguiente mientras desayunaba narró cuál era la causa de sus gritos:

—*Durante cuatro noches he visto en sueños una larga fila de salesianos llevando cada uno un cartel con un número. En uno se leía 70, en otro 62, en otro 30. Y cada salesiano iba y se sentaba sobre una tumba. Y allí pude ver muchos detalles acerca de la fecha y el sitio y las circunstancias de la muerte de cada uno. Yo asustado gritaba y esos gritos me dejaban los pulmones muy destrozados.*

NOTA: Muchos años después de la muerte del santo, un salesiano escribió un libro titulado: "CADA DÍA CON DON BOSCO" y allí señala más de 40 casos de salesianos a quienes Don Bosco les dio datos misteriosos acerca del cuando y el modo de su muerte. Comparando los datos de sus Cartas Mortuorias con lo que ellos habían contado en vida que Don Bosco les había anunciado, se encuentra una precisión maravillosa. Es que sus sueños eran verdaderos anuncios del futuro.

El 1o. de diciembre vi en sueños un gran rebaño de corderos y ovejas que representaban a muchos que trabajan en nuestra comunidad. Me acerqué para saludarlos pero me di cuenta de que esa piel de corderos era una especie de cobertura o disfraz que ocultaba a unos tigres, leones, perros rabiosos, cerdos, panteras y osos, y que cada uno tenía junto a sí a un monstruo infernal.

Un grupo de aquellos monstruos infernales estaba tramando un plan contra nuestra Congregación y decían:

— *¡A los salesianos hay que acabarlos, hay que exterminarlos!*

En ese momento me vieron allí cerca y se lanzaron contra mí para destrozarme. Yo grité pidiendo auxilio y entonces el secretario P. Viglietti entró en mi habitación y me encontró sentado en la cama, muy angustiado y muy cansado.

Sobre ese grupo de disfrazados de corderos vi un letrero que decía: "Se han hecho semejantes a las bestias".

(Y al decir estas últimas palabras, el santo inclinó la cabeza y lloró). Su secretario el Padre Viglietti le dijo:

—*Padre amado: nosotros le seremos siempre fieles. No seremos fieras disfrazadas de corderos.*

Don Bosco añadió:

—En este sueño vi también que dos de los nuestros no celebrarán este año la navidad en esta tierra. (Y en efecto, en ese diciembre murieron allí en la casa salesiana Antonio Guarino y Esteban Pisano).

Ah, si yo pudiera ir q las casas salesianas y decirles a los que están en pecado: ¿Por qué no confesarse? ¿Por qué no hacer las paces con Dios? ¿Por qué no obtener el perdón de Nuestro Señor? Ah, si pudiera ir donde cada uno y decirle: ¡Rompa ese hielo que tiene para con Dios. Arregle las cuentas de su alma!

En este sueño vi también a muchos que se harán religiosos, pero luego se retirarán porque amarán más al mundo que a la santidad. Y vi quiénes sí cumplen los reglamentos de nuestra comunidad, y quiénes no los cumplen.

144. UN JOVEN EXTRAÑO: 1886 (MB. 18,26)

La noche del 23 de enero de 1886, Don Bosco despertó con sus gritos soñando, a su secretario que dormía en la habitación vecina. Al día siguiente el Padre Viglietti le preguntó por qué gritaba y el santo le respondió:

—Es que en sueños veía a un joven deforme, extraño y repugnante que daba vueltas por mi habitación. Yo trataba por todos los medios de que se alejara y se fuera pero no se quería dejar expulsar de allí. Entonces como no se quería ir le dije:

—Mire que si no se va de aquí me voy a ver obligado a pronunciar una palabra sonora que nunca he dicho en mi vida.

Y como no aceptaba salirse de la habitación le grité una palabra bien sonora (¡carroña, asqueroso!) y en ese momento...me desperté.

Y el santo concluyó este relato poniéndose colorado y añadiendo:

—Jamás he dicho semejante palabra a nadie en mi vida. ¿Y me toca decirla ahora en sueños? Y sonreía.

NOTA: Jamás alguien oyó de los labios de Don Bosco una palabra menos digna u ofensiva. Su hablar fue siempre amable y supremamente respetuoso con todos. Quizás se cumple aquí lo que dice San Agustín: "Cuando el diablo no logra ciertas actuaciones, cuando estamos despiertos, trata de obtenerlas cuando estamos dormidos".

145. DOS SACERDOTES EN LA CATEDRAL: 1886 (MB. 18,26)

El 25 de febrero de 1886 Don Bosco narró a sus amigos:

"Soñé que entraba a la Catedral de Turín y que veía allí a dos sacerdotes que tenían un comportamiento no muy respetuoso en la Casa de Dios. Uno de ellos tenía el sombrero puesto y me atreví a decirle:

—*Perdone, pero si no tiene el suficiente respeto al sitio santo, y no teme escandalizar y dar mal ejemplo a los demás, por lo menos téngase respeto y consideración a sí mismo. (Quítese el sombrero.*

El sacerdote respondió:

— ¡Tiene usted razón! Y se quitó el sombrero.

Yo sonreí muy contento y...me desperté.

146. EL VIACRUCIS: 1886 (MB. 18,33)

Soñé que un personaje se me presentaba y me decía: —Prediqué a la gente acerca del Viacrucis.

Y me llevó a una plaza llena de gente y allí les hablé acerca de las 14 estaciones del Santo Viacrucis, o camino hacia la cruz. Les expliqué cómo en el Viacrucis vamos recordando lo que le sucedió a Jesús durante las últimas horas de su vida terrenal (desde la Oración en el Huerto el jueves santo por la noche, hasta su sepultura el viernes santo al atardecer).

Y soñé que al terminar de hablar aquellas gentes me pidieron que les explicara una por una las 14 estaciones del viacrucis. Yo les expliqué cómo Jesús que fue el primero en recorrer el Santo Viacrucis, nos propone también a nosotros que lo vayamos recorriendo, y lo dice con estas palabras: "Si alguno quiere ser mi discípulo, que se domine a sí mismo, tome cada día la cruz de sus sufrimientos y me siga".

Los oyentes me pidieron que les explicara el Viacrucis con ejemplos. Entonces les fui explicando cómo en esta práctica piadosa se van recordando los sufrimientos que Jesús padeció en su Pasión y Muerte para salvarnos.

La gente me pedía que repartiéramos Viacrucis impresos en libritos y yo me fui a buscar a unos sacerdotes salesianos para que me ayudaran en esta obra y mientras los buscaba afanosamente...me desperté.

NOTA: La vida de San Juan Bosco en este año 1886 era un verdadero Viacrucis o camino hacia la cruz, pues su salud era terriblemente deficiente y sus preocupaciones y trabajos muy grandes. Pero nunca perdía su serenidad y amabilidad. El sabía muy bien que cuanto más sufría en esta tierra, más semejante se hacía el Divino Redentor y más alto puesto se ganaba para el cielo. Pero repetía frecuentemente: "Recordemos que lo que nos hace conseguir premios no son los sufrimientos, sino la paciencia con la cual soportamos los sufrimientos que nos llegan".

Durante toda su vida recomendó a las gentes que le escuchaban, que rezaran el Santo Viacrucis, especialmente en Cuaresma (los 40 días anteriores a la Semana Santa) y en su devocionario llamado: "El Joven Instruido", del cual editó más de dos millones de ejemplares, publicó un bello Viacrucis con gráficos y hermosas oraciones. El personalmente hizo infinidad de veces el Viacrucis.

147. SUEÑO CON MAMÁ MARGARITA EN I BECHI: 1886 (MB. 18,34)

El 1o. de marzo de 1886 nuestro santo narró lo siguiente:

Soñé que estaba en el campo donde nací, en I Bechi. Mi Madre Margarita con una vasija en la mano estaba junto a la fuente y sacaba agua sucia echándola en una vasija. Aquella fuente había dado siempre agua purísima y ahora daba agua turbia, y mi madre estaba por eso muy admirada y exclamó: "Ahora nos tocará pagar el agua que bebamos",

En esta cama dormía Don Bosco, durante los dos últimos años de su vida. Aquí tuvo muy importantes sueños en 1886 y 1887.

Y añadió:

—*Explícales estas palabras a tus sacerdotes y verán que sí se van a cumplir.*

Luego me llevó a un sitio elevado y me mostró los pequeños caseríos de alrededor, por ejemplo: Capriglio (el pueblo donde nació Mamá Margarita) y Butigliera y me dijo:

— *¿Por qué no fundar aquí alguna obra? ¿Es que estas gentes no valen tanto como las de Patagonia?*

Sí, mamá, pero es que yo quiero hacer el bien aquí y también allá en Patagonia.

—*Bueno, si es así, estoy de acuerdo.*

Y al ver que mi madre se iba a alejar...me desperté.

Para hacer caso a las palabras de Mamá Margarita en el sueño 147: ¿POR QUE NO FUNDAR UNA OBRA AQUÍ EN EL SITIO DE TU NACIMIENTO? Los salesianos han construido un hermoso Templo y un gran Colegio en I Bechi. Donde nació San Juan Bosco.

EXPLICACIONES:

Más tarde las aguas que nacían en la fuente de I Bechi se hicieron impotables y hubo que instalar el acueducto oficial y pagar cada mes las aguas que allí se toman.

En la altura donde estaba la casa natal de San Juan Bosco se construyó 50 años más tarde, según el deseo de Mamá Margarita, (expresado en este sueño) un gran Colegio Industrial

para los jóvenes de los alrededores, el Instituto Semeria, y allí pueden ir a estudiar los jóvenes de Caprigio, Butigliera y demás pueblos vecinos. Así se ha demostrado que los paisanos de Don Bosco son tan importantes para los educadores salesianos como los de la Patagonia y demás misiones.

148. VIAJE DESDE VALPARAÍSO, CHILE HASTA PEKÍN, CHINA: 1886 (MB. 18,72)

La noche del 9 de abril de 1886 soñé que subía a un pequeño monte desde el cual se observaba una inmensa selva y muchos cultivos y oí el griterío inmenso de una cantidad in-

**FOTOGRAFÍA TOMADA EN BARCELONA
EN 1886 CUANDO TUVO EL SUEÑO**

contable de niños. Y vi venir un grupo enorme de jovencitos que corrían hacia mí y me decían:

— ¡Te hemos esperado tanto! Te hemos esperado mucho tiempo. Pero ahora estás con nosotros y no dejaremos que te vayas.

Yo no comprendía qué significaba aquello pero en ese momento apareció un inmenso rebaño de corderos guiados por una pastorcilla, la cual me dijo:

—*Mira lo que tienes en frente y recuerda tu sueño de los 9 años.*

Y llamando a los jovencitos para que se acercaran a mí, añadió:

—*Miren hacia lo lejos y verán lo que espera para el futuro.*

Y uno de los jóvenes exclamó:

—*Veo un letrero que dice: Valparaíso, Chile.*

Y otro añadió:

—*Veo otro letrero que dice: Santiago, Chile.*

La pastorcilla dijo:

—*Ahora miren hacia el otro lado y verán el camino que hay que recorrer.*

Entonces los jovencitos mirando hacia lo lejos gritaron:

Leemos un letrero que dice: Pekín, China.

Entonces vi allá una inmensa ciudad.

Y la pastorcilla me informó:

—*Si trazas una línea desde Valparaíso, Chile, hasta Pekín, China, pasando por el centro de África, tendrás el recorrido que harán en lo futuro tus salesianos evangelizando.*

Yo le respondí:

—*Pero las distancias son inmensas y los salesianos son pocos.*

Ella me contestó:

—*No te afanes ni te preocupes. ¿Ves allá? Hay cincuenta misioneros salesianos ya preparados. Y mucho más allá hay muchos misioneros más. ¿Y qué estás viendo en esa línea que va desde Chile hasta el África?*

—*Veo diez centros de misión.*

—*Bien, esos centros serán casas donde se prepararán los misioneros salesianos que van a ir a trabajar en esas regiones. Y ahora si vuelves a mirar a la línea que va desde África hasta Pekín, verás otros diez centros de misión. Y esas diez casas proporcionarán misioneros a todas esas regiones. Mira: Hong-Kong, Calcuta, Madagascar. En todas esas ciudades y en muchas ciudades más habrá casas salesianas, colegios y noviciados. Yo le pregunté afanado:*

— *¿Y cómo conseguir misioneros para tantas casas y misiones?*

—*Para eso es menester que emplees toda tu buena voluntad y que les digas y les recomiendes a tus discípulos que cultiven y cuiden mucho la santa virtud de la pureza la virtud de María.*

Muy bien. Me parece haber entendido. Les repetiré esas palabras que has dicho.

Ella añadió:

—*Y cuídate para no cometer el error de mezclar a los que estudian las ciencias religiosas, con los que se dedican a estudiar las ciencias mundanas. Los que se dedican a estudiar las ciencias divinas no deben mezclarse con los que se dedican a estudiar las ciencias mundanas.*

Yo quería hacerle otras preguntas, pero en ese momento la visión desapareció. El sueño había terminado.

EXPLICACIÓN:

Cuenta Monseñor Cagliero que al llegar a Chile en 1887 (al año siguiente de este sueño) en una recepción dijeron estas palabras: "Hace dos años que rezamos y suspiramos para que Don Bosco nos envíe sus salesianos".

Y Monseñor Fagnano dice que al llegar a Valparaíso, salieron más de doscientos niños a recibir a los salesianos y exclamaban:

¡Por fin han llegado nuestros padres! ¡Desde mañana ya podemos ir a estudiar!

Y que un grupo de jovencitos de otro sitio de Chile exclamaba:

—*Las niñas tienen hermanas que las eduquen. ¿Por qué nosotros no podemos tener padres salesianos que nos enseñen? ¿Cuándo será que nuestro padre Don Bosco nos envía sus religiosos? (Se repetía lo que oyó Don Bosco en el sueño: "Te hemos esperado tanto").*

La Celestial Señora me dijo: "Tienes que recordar tu sueño de los 9 años" (S. 148).

LOS NIÑOS DECÍAN: TE HEMOS ESPERADO TANTO Y NO DEJAREMOS QUE TE VAYAS.

Don Bosco en el último año de su vida: 1887.

En el año de este sueño, 1886, Don Bosco tenía 600 salesianos, y sus casas religiosas estaban en muy pocos países. Ahora sus salesianos son 17.000 en 105 países. Las diez casas de formación de religiosos que vio entre Chile y África y las otras diez que vio entre África y Asia ya existen (y en ese año no había nada de esto todavía por allí).

El cumplimiento de este sueño ha sido sorprendente. En todas las ciudades donde vio casas de su comunidad, ya las hay ahora y en muchas más. Las casas salesianas en el mundo son 1.300.

Y la Divina Pastora, la Virgen María, sigue llevando miles y miles de jovencitos a las Casas de Don Bosco en todo el mundo.

149. SOÑANDO CON EL ORATORIO: 1886 (MB. 18)

El 25 de abril de 1886 estando Don Bosco en Barcelona, España, vio en sueños a sus alumnos del Oratorio de Turín, Italia. Y notó que el Padre Lemoyne invitaba a los alumnos de los dos cursos superiores para que asistieran a una conferencia religiosa, y que muchos de ellos no quisieron asistir. Luego bajó en sueños a la iglesia de María Auxiliadora mientras se celebraba allí la Santa Misa y vio que las comuniones de los alumnos habían disminuido mucho. Y observó también que muchos jóvenes que debían presentarse a hablar con el superior no lo hicieron.

Al día siguiente hizo escribir esto a Turín y avisó que al volver a esa ciudad llamaría a los jóvenes y le diría a cada uno cómo lo había visto en este sueño.

El 9 de agosto de 1887 Don Bosco narró el siguiente sueño:

"Vi en sueños que muchos dueños de fincas buscaban pastos para sus animales y no los encontraban. Y decían:

— *¿Qué haremos que no hay con qué alimentar los ganados?*

Y otros respondían:

—*Tendremos que matar el ganado y comernos la carne. Como en tiempos de José en Egipto: aquí las vacas flacas devorarán a las vacas gordas.*

Luego vi unas maletas muy bien cerradas que nadie lograba abrir. Al fin pude abrir una de ellas y estaba totalmente llena de dinero. Y una voz me dijo:

—*Es el dinero de los ricos que pasará a los pobres, mientras que los ricos no lo podrán emplear. Muchos ricos perderán lo que tienen y serán expropiados".*

NOTA: Había aquí avisos de sequías y veranos muy grandes que iban a llegar a los agricultores y ganaderos, y la reafirmación de una verdad que Don Bosco iba predicando en esos años de ciudad en ciudad: "Si los ricos no comparten voluntariamente con los pobres repartiendo generosamente con ellos sus riquezas, un día violentamente les quitarán lo que poseen. Lo que podrían dar por las buenas (ganando así mucho premio para el cielo) y no lo quieren dar, lo perderán un día por medio de la violencia, pero ya sin méritos ni premios para la eternidad". Y la historia de las revoluciones y de los continuos secuestros de ricos ha venido demostrando que sí se cumple este penoso aviso.

151. EL RAMILLETE DE FLORES: 1886 (MB. 18,28)

El 31 de enero de 1886 se reunieron junto a Don Bosco los alumnos de los cursos superiores del Oratorio de Turín y le dijeron:

—*Cuéntenos algún sueño que se relacione con nosotros.*

Y él respondió:

Una noche soñé que estaba en el patio paseando rodeado de muchos alumnos y que uno de ellos siempre me volvía la espalda. Noté que en sus manos llevaba un ramillete de hermosas flores, pero seguía volviéndome la espalda. Yo le hice ver lo feo que era esa costumbre, y él me respondió:

—*Es que yo soy como las campanas que invitan a la gente a que vaya al templo pero ellas nunca van a misa.*

Ese joven lo conozco muy bien, pero no digo quién es.

NOTA: Quizás les quería insistir en que lo peligroso del apostolado es decir cosas muy bellas a la gente, pero no cumplirlas el que las recomienda. Cumpliéndose así lo que Jesús decía de los escribas: "Colocan pesadas cargas de obligaciones en los hombros de los demás, pero ellos no mueven ni un dedo para llevar esas cargas" (Mt. 23,4).

152. LA ESCLAVA DEL SEÑOR: 1887 (MB. 18,253)

La noche del 4 de enero de 1887 me pareció ver una persona llena de inmensos resplandores que me decía:

—Yo soy la Esclava del Señor. He sido enviada para curar a tu enfermo Ludovico Olive. El Señor ha mirado la humillación de su esclava y el Poderoso ha hecho obras grandes por mí.

Después ella añadió:

—Yo tengo mi morada en lo más alto de los cielos y puedo hacer ricos espiritualmente a los que aman y llenarlos de tesoros celestiales. Para los jóvenes sus mejores tesoros serán que sus palabras sean puras y sus acciones sean castas. Ministros de Dios: no se cansen nunca de insistir en que hay que huir de lo que es contrario a la pureza y de las malas conversaciones. Las malas conversaciones corrompen las buenas costumbres. Los que hablan malas conversaciones muy difícilmente se lograrán convertir de su impureza. Si quieren agradarme procuren tener buenas conversaciones y darse mutuamente ejemplos de buen obrar. Muchos prometen flores de buenas obras y sólo ofrecen a mi Hijo espinas de pecados.

Y siguió diciendo:

— ¿Por qué confesándose frecuentemente, su corazón sigue tan lejos de mí? Dedíquense a decir y a hacer lo que es bueno y no lo que es malo. Yo soy una Madre que amo a mis hijos espirituales pero aborrezco todo lo que es pecado. Voy a venir pronto para llevarme a algunos al descanso eterno. Yo cuido de mis devotos como una gallina cuida a sus polluelos.

Dedíquense a hacer obras buenas y no malas acciones. Las malas conversaciones son como una enfermedad contagiosa. Los superiores que no se cansen nunca de avisar acerca de estos peligros, porque va a venir aquel que les va a tomar cuenta del modo como han instruido a los demás. El tiempo que les queda es breve. Por tanto, mientras les queda tiempo trabajen con ánimo esforzado".

NOTA: El clérigo Ludovico Olive estaba moribundo y desahuciado por los médicos. Don Bosco, después de este sueño-visión dijo que Olive no moriría por ahora. Y en efecto pocos días después empezó a mejorar y fue misionero en China donde vivió hasta 1921 (35 años después de este sueño).

Al día siguiente de haber tenido este sueño, llamó Don Bosco al Padre Lemoyne y se lo narró y le dijo: Los médicos dicen que Olive se muere ahora. Y la Virgen me dice que vivirá mucho tiempo más. ¿Qué me aconsejas? ¿Decirle que se va a curar?

El Padre Lemoyne le respondió:

—*Don Bosco, lo que usted sueña son visiones venidas del cielo, y siempre se cumplen.*

—*Así es, —dijo el santo—, Entonces puedes hacer correr la noticia de que Don Bosco ha soñado que Olive no morirá por ahora.*

Y aquella noche soñó el moribundo Olive que se le aparecía Don Bosco y le decía: "Dentro de diez días vendrás a mi habitación, totalmente curado y me visitarás". Y así sucedió.

153. LAS CEREZAS: 1887 (MB. 18,283)

El 4 de marzo de 1887 Don Bosco narró lo siguiente:

Anoche soñé que recorría terrenos de mi país, que estaban sin cultivar y que una voz me decía:

—Cuidado, no sea que por cultivar terrenos en países lejanos (en el Mar Negro) se queden sin cultivar los terrenos del propio país.

Yo le respondí:

—Estos terrenos parecen sin cultivar pero es que estoy dejando que crezcan pastos para que se alimenten aquí los rebaños.

Luego vi un árbol lleno de cerezas y le pedí al agricultor que las recogiera. Pero al abrirlas vi con tristeza que estaban podridas por dentro.

EXPLICACIÓN:

Quizás esté aquí la respuesta a quienes preguntaban por qué enviaba tantos misioneros a otros países teniendo tanto trabajo por hacer en su propio país. Aquellos pastos, para que se alimenten los rebaños eran sus casas de formación, sus seminarios, y de allá salieron muchos pastores bien preparados para misionar en otros sitios.

En cuanto a las cerezas puede tratarse del cumplimiento de aquel antiguo refrán: "No todo lo que brilla es oro", para que los apóstoles no se llenen de vanidad, pues muchas veces lo que por fuera parecen frutos maravillosos, por dentro resultan frutos muy llenos de podredumbre.

154. LAS UVAS: 1887 (MB. 18,283)

El 24 de marzo de 1887 soñó Don Bosco lo siguiente:

"Soñé que estaba en medio de unas matas de uva en tiempos que no son de cosecha. Las uvas en mi tierra se cosechan en septiembre y ahora apenas estábamos en marzo. Y al ver semejante cantidad tan grande de racimos exclamé:

— *¡Qué hermosa está la uva! Este año tenemos una cosecha muy abundante.*

Y oí que mi hermano José me decía:

—*Es necesario recoger ahora todo lo que se pueda, mientras hay abundancia, porque van a venir tiempos de mucha escasez.*

¿Y por qué va a llegar esa escasez?

—*Porque la gente abusa de la abundancia. Cuando tienen mucho vino, toman mucho vino.*

EXPLICACIÓN:

Puede referirse no sólo a la cosecha de uvas sino también a la de vocaciones. En aquel año San Juan Bosco tenía alrededor de cien novicios. Había que aprovechar estos años de abundancia, porque después llegarían años de gran escasez de vocaciones.

155. LOS CASTIGOS DE LOS PECADORES: 1887 (MB. 18,284)

El 3 de abril de 1887 habló así Don Bosco:

"Anoche vi en sueños los castigos que esperan a los pecadores. Y lo que vi es tan terrible que si los que me oyen pudieran verlo, o se dedicarían a una vida santa o saldrían huyendo llenos de susto. Primero oí un estruendo y un griterío como los que se sienten cuando hay un terrible terremoto.

Luego vi un enorme horno donde muchos ardían y lanzaban lastimosos quejidos. Y una voz me dijo: "Muchos se dedican en esta tierra a todos los goces y después padecerán horribles sufrimientos".

Luego vi allí sufriendo a muchas personas horrendamente deformadas. Y eran de los nuestros. Y al verlos sufrir tanto y oírles tantos lamentos exclamé:

— *¿Pero no habrá algún modo de que paguen sus pecados y no tengan que venir a sufrir tantos tormentos?*

Y una voz me respondió:

Que paguen sus pecados con plata y oro. Con limosnas a los pobres, pero también con otra plata y otro oro preciosos: las oraciones frecuentes, las confesiones y comuniones fervorosas servirán mucho para librarse de los sufrimientos que esperan a quienes viven cometiendo pecados.

NOTA: Don Bosco se despertó muy angustiado y lloraba al narrar este sueño. Allí vio destinados a muy terribles castigos a muchos de sus amigos que manchaban sus almas con frecuentes pecados. Afortunadamente la voz del cielo le anunció unos modos prácticos para librarse de aquellos castigos: orar, dar limosnas y recibir con fervor y frecuencia los santos sacramentos, especialmente la Sagrada Eucaristía.

156. ACERCA DE LA OBLIGACIÓN DE DAR LIMOSNA: 1887 (MB. 18,361)

El 14 de junio de 1887 habló así nuestro Santo:

"Hace unas noches soñé que se me aparecía la Santísima Virgen y me reprochaba por haberme callado últimamente acerca de la grave obligación de dar limosna. Y me dijo: "Mire, que aunque uno sea sacerdote puede perderse por pecados contra el sexto y el séptimo mandamiento". Y me insistió en que son muchos los que se pierden por no haber hecho buen uso de las riquezas, por hacer uso indebido de sus bienes, y no repartir lo suficiente a los pobres. Y añadió: "Si los que tienen bienes de fortuna repartieran entre huérfanos y pobres lo que no les resulta muy necesario, sería mucho mayor el número de los que lograrían salvarse. Pero desafortunadamente son muchos los que se guardan para ellos solos sus riquezas y esto será su perdición".

NOTA: Desde hacía varios años venía Don Bosco hablando muy fuertemente a los ricos y a todos los que tenían algunos bienes de fortuna, acerca del gravísimo deber que tiene todo cristiano de compartir sus bienes con los necesitados. Muchos lo criticaban por esto y hasta lo querían acusar ante las autoridades eclesiásticas por hablar tanto acerca de los graves peligros que les esperan a los que tienen bienes si no los comparten con los necesitados. El santo repetía: "Si ahora no reparten voluntariamente sus bienes a los pobres, un día ellos vendrán con un puñal u otra arma en las manos y se los quitarán a la fuerza".

Y se quejaba de que a muchos sacerdotes les da pena insistirle a la gente acerca de lo grave que es la obligación de dar limosnas, y limosnas proporcionadas a lo que cada uno tiene o gana. (No migajas que no se sienten. Que eso sería un engañarse uno a sí mismo. Si lo que se da a los demás no cuesta nada, eso no es dar, es sólo un engañarse. La limosna debe empobrecer en algo al que la regala).

Repetía y repetía que el recomendar a los otros que se dediquen a dar limosnas generosas es hacerles un gran favor, porque según dijo Tobías en la S. Biblia: "La limosna borra multitud de pecados".

Pero como lo criticaban tanto por enseñar esto, dispuso callarse últimamente. Y fue entonces cuando se le apareció la Sma. Virgen en persona a regañarlo por haberse callado y a recordarle que aunque uno sea sacerdote puede perderse si vive pecando contra el sexto mandamiento o no reparte debidamente sus bienes a los pobres.

Después de este sueño el santo llamó al Padre Bonetti, buen escritor, y le dijo:

—*Por favor: redacte un libro acerca de la grave necesidad y obligación que tiene todo buen cristiano de dar limosnas. Y repártanlo por todas partes.*

El Padre Bonetti publicó ese libro al año siguiente, unos meses después de la muerte del santo. El título del libro era: "Cómo ganarse el cielo dando limosnas en la tierra".

Es curioso que ésta es quizás la última aparición de la Sma. Virgen a Don Bosco, y la hizo para insistirle en un tema importantísimo para la salvación: Dar limosnas. Ayudar a los pobres con toda generosidad. No hacer mal uso de las riquezas.

Ahora existe un libro muy hermoso acerca de este tema (cuya lectura recomendamos como enormemente provechosa). Su título es: "COMO HACERSE RICO PARA EL CIELO, DANDO LIMOSNAS EN LA TIERRA" por Sálesman. En ese bello libro está lo que San Juan Bosco enseñaba acerca de la grave obligación que cada uno tiene de dar limosnas según sus posibilidades, y además otros muchos ejemplos muy hermosos. No dejemos de leerlo, su lectura puede ser de gran provecho.

157. VIAJE EN COMPAÑÍA DEL PADRE CAFFASO: 1887 (MB. 18,463)

El 24 de octubre de 1887 dijo Don Bosco:

Una de estas noches soñé que se me aparecía el Padre Caffaso, mi antiguo confesor y director espiritual, y que con él recorría todas las Casas que la Congregación Salesiana tiene en América, y vi las condiciones de cada casa, y el estado del alma de cada uno de sus salesianos.

NOTA: San José Caffaso fue el generoso sacerdote que le costeó al pobre Juan Bosco la beca en el seminario para que pudiera terminar sus estudios sacerdotales. Después durante los primeros 19 años de apostolado de Don Bosco, fue San José Caffaso su confesor, su director espiritual, su generoso bienhechor y en muchos casos el único que lograba comprenderlo y que siempre sabía defenderlo. Nuestro santo guardó siempre un gratísimo recuerdo del Padre Caffaso, y éste vino a hacerle una última visita apenas tres meses antes de la muerte de Don Bosco.

158. REMEDIOS Y PELIGROS DE LA SANTA PUREZA: 1887

A finales de noviembre de 1887 (60 días antes de la muerte del santo) fue a visitarlo su apreciadísimo amigo y discípulo, el Padre Lemoyne (el que después escribió 10 volúmenes de la Vida de Don Bosco, las Memorias Biográficas) y el santo le dijo:

—*Anoche tuve un sueño.*

—*Llámele más bien una visión, le dijo el Padre Lemoyne.*

—*Como tú quieras. ¡Oh qué bueno es con nosotros Nuestro Señor!*

—*¿Y qué ha sabido en ese sueño?*

—*Vi y oí lo que hay que decirles a los jóvenes acerca de lo que deben hacer y evitar para conservar la santa virtud de la pureza o castidad, y los graves daños y males que les llegan a los que pecan contra la virtud de la pureza. Se me dijo que muchos que cometen impurezas, mueren cuando menos lo piensan, y son castigados. Que los vicios impuros atraen muchas muertes. Y creo que estas enseñanzas acerca de la pureza y de los peligros que hay en perderla, podrán ser de gran provecho para los que desean conservarla o volverla a conseguir.*

NOTA: Desafortunadamente el Padre Lemoyne vio a Don Bosco muy fatigado y creyendo que no se iba a morir muy pronto le dijo:

—*Padre, lo veo muy cansado. Si quiere me cuenta después detalladamente lo que le dijeron en este sueño y yo lo escribiré.*

Pero pocos días después ya el santo se agravó y no se lograron saber más detalles de este sueño.

Para alguno que tenga interés en saber muchos datos y detalles de gran importancia acerca de la Pureza o Castidad, le recomendamos conseguir y leer el impresionante libro titulado "LA CASTIDAD, avisos para defenderla". Su lectura puede hacer un gran bien.

159. COMO UN SANTO VOLÓ POR LOS AIRES PARA LLEVAR UNA TERRIBLE NOTICIA A OTRA NACION: 1886

En el año 1886 cuando todavía no había aviones, ni helicópteros, ni dirigibles, ni cohetes espaciales, San Juan Bosco voló una noche por los aires pasando desde Italia su patria, y por sobre el país de Francia hasta llegar a España para llevarle una espantosa noticia al director de uno de sus colegios.

Veamos cómo sucedió el asunto:

Era el día de la fiesta de San Francisco de Sales. Aquella noche el Padre Branda, director del Colegio Salesiano de Barcelona, España, dormía tranquilamente cuando de pronto se despertó y vio frente a su cama a San Juan Bosco (que vivía a centenares de kilómetros de distancia, en otro país, en Italia) el cual le dijo:

—*Padre Branda: levántese y venga conmigo.*

La habitación había quedado iluminada con una misteriosa luz. El rostro de Don Bosco y su mirada estaban llenos de afecto paternal.

El Padre Branda se levantó y oyó que el santo le decía:

—*Venga conmigo. Le haré ver cosas tremendas de las cuales no tiene ni imaginación de que estén sucediendo en esta casa.*

El director tomó las llaves de los dormitorios de los alumnos internos y se fue, siguiendo a Don Bosco que subió por las escaleras y entró en un dormitorio. Allí el santo fundador le señaló tres alumnos que aparecían con la cara terriblemente desfigurada y le dijo:

— *¿Ve estos tres desdichados? Los ha corrompido un emplea-do de la casa. Uno que si yo no hubiera venido a avisarle, usted nunca se habría imaginado que es él. He venido por-que es necesario que esta maldad secreta sea descubierta y se sepa. Padre: Usted se fía y le tiene confianza al tal empleado, que se llama NN... Pero ese es el asesino de las almas de estos jóvenes. Y mire en qué estado han quedado esos pobres (los muchachos aparecían con la cara deforme y descompuesta).*

El Padre Branda se quedó frío. Jamás había imaginado que aquel empleado fuera capaz de cometer tales maldades. Aparecía exteriormente como hombre bueno y era tenido en el colegio como persona de muy buena conducta. San Juan Bosco continuó diciendo:

—*Mándelo lejos; despáchelo enseguida fuera de casa. No per-mita que permanezca en medio de los jóvenes. Porque es muy capaz de corromper a otros.*

Salieron del dormitorio y de pronto se encontraron con el empleado corruptor. Estaba inmóvil. Con la cabeza baja, temblando y asustado como un condenado a muerte. El rostro de Don Bosco se volvió terriblemente serio y seña-lándolo con el dedo le dijo al Padre Branda:

— ¡Este es el que corrompe a los jóvenes!

Y volviéndose hacia el corruptor le dijo con voz terrorífica:

— ¡Corrompido y corruptor, usted es el que le roba las almas a Nuestro Señor! ¡Usted es el que traiciona la confianza que le han dado los superiores! ¡Usted es indigno de trabajar en esta casa!

Y con un tono amenazador le siguió reprochando lo terriblemente graves que eran sus pecados, y como en vez de irse a confesar y arrepentirse, se había callado y había aparecido hipócritamente como bueno durante muchos meses, siendo en realidad tan malo.

Apareció luego allí cerca un joven profesor y Don Bosco mirándolo también aunque no tan seriamente como al otro, le dijo al Director:

—A este también aléjelo de la casa, porque si se queda será causa de graves pecados.

Y diciendo esto se apagó la misteriosa luz que iluminaba todas aquellas habitaciones y el Padre Branda se encontró en la mitad de su alcoba, de pies, con las llaves de los dormitorios en sus manos y muy emocionado. Prendió una vela y vio que eran las cuatro de la madrugada. Se puso a rezar salmos de la S. Biblia, y a las seis se fue a celebrar misa, invadido por un horror que lo hacía temblar, y oyendo en su interior una vez que le repetía:

— ¡Decídase a actuar! ¡No tenga miedo a proceder!

Pocos días después desde Turín, Italia, le escribía el Padre Rúa, el hombre de confianza de San Juan Bosco y le decía: "Paseándome con Don Bosco le oí decir que fue hasta allá a visitarlo, mientras usted dormía. Y me pide que le pregunte si ya cumplió lo que él le mandó".

El pobre Padre Branda estaba angustiado. No hallaba qué razones buscar para expulsar al tal empleado, al joven profesor y a los tres alumnos, pues todos aparecían ante los demás como gente de muy buena conducta.

Y una mañana al empezar la santa misa sintió un terror inmenso y empezó a temblar y oyó una voz que le decía:

— *¡Cumpla enseguida lo que le mandó Don Bosco, o de lo contrario ésta será la última misa que usted celebra!*

El Padre Director llamó enseguida al jefe de disciplina del colegio, el Padre Aime y le dijo:

—*Por favor: llame a los tres jóvenes, N, N y N por separado, uno por uno, y exíjales fuertemente que le digan cómo se llama el que los ha corrompido. Yo escribo aquí en una hoja sin decírselo a nadie, el nombre del que yo creo que es el corruptor. Y usted escribe en otra hoja el nombre que ellos le digan. Trae ese nombre. Y comparamos a ver si coinciden.*

El Padre Aime llamó a los tres por separado. El primero negó al principio, pero luego al saber que los superiores sabían muchos detalles, le dijo el nombre del empleado. Los otros dos señalaron también como su corruptor al tal empleado. Padre Aime llevó el nombre escrito en un papel y el Padre Branda abrió la hoja en la cual había escrito el nombre que le había dado Don Bosco. Era el mismo, exactamente.

Entonces llamó al empleado, que desde hacía varios días estaba sufriendo una angustia espantosa. El sacerdote le dijo con voz que significaba un gran disgusto:

— *¡Usted es el que está corrompiendo a nuestros jóvenes alumnos!*

— *¿Yo? ¿Y cómo me puede decir eso?, exclamó temblando el pobre hombre.*

Y arrodillándose y pidiendo misericordia añadió:

— *¿Es que Don Bosco le ha escrito contándole esto?*

—*No, no me ha escrito. Ha venido personalmente a decírmelo.*

El pobre hombre empezó a llorar y a pedir que no lo expulsaran inmediatamente de la casa, sino que le dieran unas semanas de plazo para conseguir otro empleo. Dijo que lo cambiaran de oficio, pues en aquel trabajo era donde tenía más peligros. Y prometió enmendarse.

Los tres jóvenes fueron enviados definitivamente en esos días a sus familias y también el joven profesor fue despedido.

Cuando varias semanas después llegó Don Bosco a Barcelona, el Padre Branda le dijo:

—*Cumplí sus órdenes. Los demás ya se fueron. El empleado ha sido totalmente alejado del trato con los alumnos y espera a conseguir un nuevo empleo.*

Por orden del santo, unas semanas después se fue aquel empleado, el cual cambió totalmente de modo de comportarse, y llegó a ser excelente persona, y ya no volvió a cometer estas maldades.

El Padre Branda, el Padre Aime y el empleado mismo, narraron después a muchas personas esta impresionante historia, que a muchos debería hacer pensar muy seriamente, ya que es el cumplimiento de aquellas palabras de San Pablo: "Para todo el que hace el mal, tristeza y angustia vendrán". Y de aquellas otras de Nuestro Señor: "El que enseñe el mal a un pequeño, más le valiera que le colgaran una piedra al cuello y lo echaran al fondo del mar".

FIN

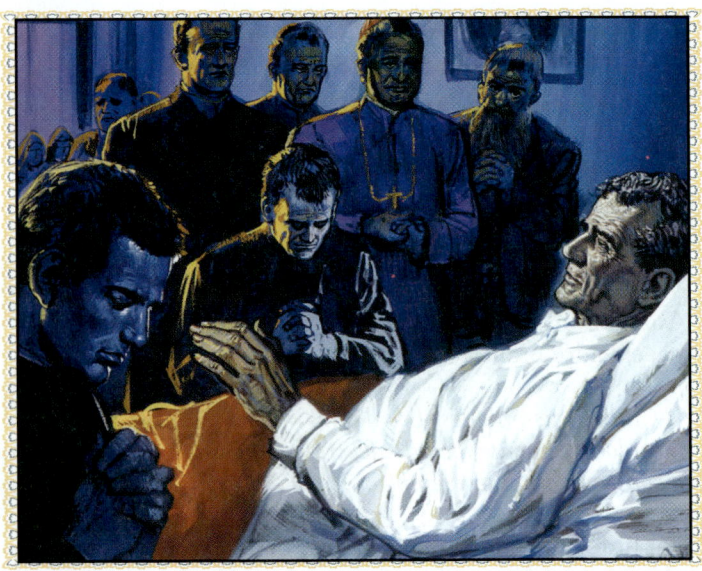

MIGUEL MAGONE

El vago que llegó a ser santo

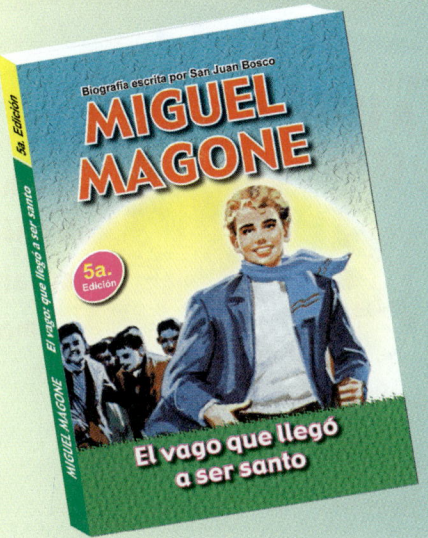

Obra maestra de la pedagogía de San Juan Bosco.
Leamos y regalemos a la juventud la biografía de

MIGUEL MAGONE

Toda en gráficos a colores y de lectura emocionante. Le agrada mucho a los jóvenes. Fue escrita por el mismo San Juan Bosco, que es un artista para escribir para la gente joven. No deje de conseguir tan bella biografía.

Beata LAURA VICUÑA

BEATA LAURA VICUÑA

6a. Edición

La hija que ofreció la vida por salvar a la madre.

La muchacha que ofreció la vida por salvar a la madre

Primera colegiala suramericana elevada al honor de los altares. Siguiendo las enseñanzas de San Juan Bosco y de Domingo Savio llega a la santidad cuando apenas está empezando bachillerato. La juventud lee con avidez la historia de Laura Vicuña, y se entusiasma por la santidad al recordar sus hechos tan impresionantes de su corta vida. Regalemos a muchachas y muchachos la bella biografía gráfica de *LAURA VICUÑA.* El buen Dios nos recompensará por propagar tan provechosa lectura.

DOMINGO SAVIO:
UN SIMPÁTICO SANTO

La biografía juvenil más leída en el mundo

P. Eliécer Sálesman

14a. EDICIÓN

DOMINGO SAVIO
Un simpático Santo

Un joven que muere cuando va a cumplirlos 15 años y tiene la fortuna de que su biografía la escriba el más simpático de los educadores modernos: San Juan Bosco. La biografía de Domingo Savio ha tenido ya más de 56 ediciones en más de 40 idiomas. Los jóvenes al leer esta historia exclaman: "¿Por qué será que al leer la biografía de Domingo Savio se sienten tantos deseos de portarse mejor?". Regale a los jóvenes la biografía de Domingo Savio. No se imagina el inmenso bien que su lectura les puede traer. Y Dios le recompensará.

UNA AUTOBIOGRAFÍA IMPRESIONANTE

¿Desea conocer hechos impresionantes y desconocidos de un gran Santo? Consiga y lea la:

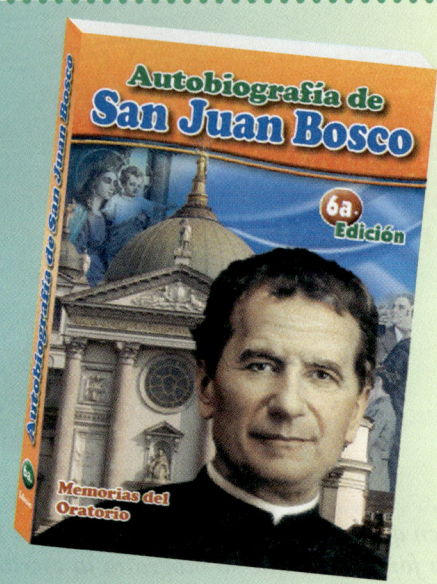

AUTOBIOGRAFÍA DE SAN JUAN BOSCO.

El libro escrito por orden expresa del Sumo pontífice y en el cual Don Bosco narra hechos interesantísimos. Le va a gustar. No deje de leerlo. Su lectura le puede hacer mucho bien.

INDICE